만족을 알다

만족을 알다

녹색삶을 실천한 일본 에도시대로 떠나는 시간여행

애즈비 브라운 지음/ 정보희 옮김

JUST ENOUGH

개정판을 내며

    이 책의 초판을 펴낸 지 3년이란 시간이 흘렀다. 나는 이 책을 향한 독자들의 호응이 너무 반가웠다. 일본뿐만 아니라 여러 나라에서 이 책에 관심을 보이며 강연을 해달라는 제안을 받았다. 이메일이나 강연에 참석한 청중들한테 받은 논평을 확인하면서 반갑고 기뻤다. 해외강연에 참여한 사람들은 유기농업, 지속가능한 건설, 그 밖에도 이와 관련된 주제를 이미 잘 알고 있었다. 그들은 일본의 역사와 문화, 사상에도 지대한 관심을 보였다. 이 책이 자신들의 관행을 알리고 다른 이들에게 현안을 해결할 수 있는 방법을 모색하는 데 유용할 거라고 생각했다.

    나는 세계 각지에서 온 사람들에게 "이런 생각을 우리나라에도 적용할 수 있다고 생각하는가?"라는 질문을 많이 받았다. 그것은 인도든 태국이든 스페인이든 그리고 잠비아든 자신들의 고유한 문화와 전통에는 환경과 조화롭게 사는 방법이 최대한 녹아 있었다고 믿었기에 할 수 있는 질문이었을 것이다. 그들은 땅, 공기, 물, 그리고 사회에 엄청난 비용을 들이지 않고도 개발과 산업화를 이룰 거라고 믿었다. 이미 첫걸음을 내딛은 사람들도 있었다. 더 많이 배우려고 했으며 이 책을 유용한 모델로 생각하고 있었다. 이는 매우 만족스러운 일이다.

2011년 2월 말, 『에도시대에서 배우는 친환경 생활방식』이라는 제목으로 일본어판이 출간되었다. 그런데 책을 내고나서 2주 뒤에 동일본대지진이 일어났다. 독자들이 너무나 잘 알고 있듯이, 지진 직후 수백에 달하는 해안마을을 흔적 없이 삼켜버리고 2만여 명의 목숨을 앗아간 파괴적인 쓰나미가 뒤따랐다. 후쿠시마 제1원전의 원자로 3기에서 핵연료가 녹아내려 수백 제곱킬로미터의 농지와 숲이 오염되었고 많은 주민들은 흩어져 이주할 것을 강요당했다. 현실이 된 악몽 같은 시나리오였다.

일본이 도시를 건설하고 농지를 관리해온 방법, 그리고 에너지 공급방법 등 거의 모든 것이 잘못되었음을 보여주었다. 2백 년 전에 해안마을에 세워졌던 쓰나미 표지판을 현대인들은 무시했고 그 결과 수많은 인명과 재산 피해를 낳았다. 이는 과거의 생활방식과 축적된 지혜를 얼마나 많이 버리고 훼손했는지 증명해준다. 지진 피해 없이 살아난 도쿄 사람들은 우유, 쌀, 비상보급품 그리고 휘발유 등 어느 것 하나 자기 손으로 마련할 수 없다는 사실을 알았다. 또 수돗물에서 방사선 요오드가 검출되었다는 뉴스는 현대인의 생명줄이 얼마나 취약한지 새삼 일깨웠다. 도시와 떨어진 강 유역과 농업지대에서 발생하는 붕괴와 손상이 대도시에 얼마나 막대한 영향을 미치는지 실감했다.

여러 면에서 에도시대의 에도는 강건하고 회복력이 강했지만 오늘날 도쿄는 그렇지 못했다는 것을 깨닫게 한다. 강진과 쓰나미, 원전폭발 등 잇단 참사를 일컫는 3·11은 일본사회에 울리는 경종이고 질책이었다.

이 책의 일본어판 반응은 여러 번 증쇄를 할 만큼 좋았고 인터뷰와 강연 요청이 쏟아졌다. 일본에서는 많은 사람들이 3·11 재앙을 현대 일본인들의 삶의 방식에 대한 전환점으로 보았다. 긍정적인 사람들은 다시 생각하고 설계하며 바로잡기 위한 기회로 대규모 재건의 필요성을 강조했다.

많은 일본인들이 이 책을 읽고 자연이 우리에게 내어주는 것만으로도 현명하고 지속가능하게 살 수 있으며, 자신들의 선조들이야말로 지속가능한 생활방식을 누구보다 잘 알고 있었다는 교훈을 얻었다고 했다.

지역사회 관계망 속에서 상부상조하면서 에너지 소비를 줄이고 물을 중요한 자원으로 다루는 방법, 그리고 무엇보다도 땅의 풍부한 수용력을 유지하려면 숲을 건강하게 지키는 일이 먼저라는 사실을 깨닫게 되었다.

일본은 교육, 숙련된 노동력, 혁신적인 설계자, 진보적 발전을 위한 개방성, 그리고 무엇보다도 최상의 윤리가치와 자연의 이해에 뿌리를 둔 국가정체성을 갖고 있다. 내가 이 책에서 소개한 수세기 동안 유지해온 에도시대의 가치와 생활방식은 지금 일본인들에게 지속가능한 설계와 생활의 기술면에서 좋은 귀감이 된다.

나는 일본의 모든 국민이 지금 당장 이 프로젝트에 동참하리라고는 기대하지 않는다. 하지만 3·11의 참사와 여파가 서로 다른 목표와 계획을 가졌던 이질적인 집단들의 통합을 이뤄냈다. 그 집단들은 서로의 공통점과 협업 가능한 수많은 분야를 찾아냈다.

유기농을 추구하는 농부, 대체에너지 주창자, 지속가능성을 추구하는 건축업자, 정치적 참여와 공동체의 결속을 높이기 위해 일하는 활동가, 그리고 그 밖의 많은 사람들은 서로 협력하고 정보를 공유한다. 또 일본과 해외 곳곳에서 뜻을 같이 하는 사람들과 연대하여 일본 동북지방과 후쿠시마를 재건하는 데 중대한 의미와 기회를 발견했다. 트위터, 블로그, 페이스북을 통해 세계 곳곳의 다양한 분야의 실험자들이 일본인들의 경험에서 배우고 싶어 한다는 사실을 확인할 수 있다.

일본은 2011년 3월 이후 새로운 시대를 맞이했다. 이전과 비교할 때 사회적인 면에서 가장 큰 차이점은 위기 인식이 강력한 동기부여가 됐다는 것이다. 일본은 사회적 또는 기술적 개발에서 한 발 앞서며 다른 나라들의 선도자 역할을 해온 적이 많다.

인류가 만든 인공시스템의 결함 때문에 세계적으로 자연재해의 발생빈도가 증가하고 있는데, 이번에도 일본은 앞선 사례가 될 것이다. 3·11의 참사가 없었다면 일본은 위기를 인식해야 할 때임을 여전히 몰랐을 것이다. 우리 또한 일본의 위기가 우리의 위기임을 늦기 전에 깨달아야 한다.

2012년 11월
요코하마에서 애즈비 브라운

머리말

이 책은 몇 개의 짧은 이야기로 구성했다.

그렇다고 이 이야기들이 우화는 아니다. 현대인의 시점에서 지금은 사라진 생활양식에 대한 이야기이며 광범위한 연구를 바탕으로 썼다.

이야기는 2백여 년 전 일본 에도시대(1603~1868) 후기, 즉 전통기술과 문화가 무르익어 정점에 달했던 시대이자 서양에 문호를 개방하고 선진공업국 대열에 들어서기 직전 시대를 살았던 일본인들의 삶을 묘사했다. 당시 사람들도 오늘날 우리들이 직면한 문제 (에너지, 물, 자재, 식량, 인구 등)를 극복하고자 노력했다. 엄청난 난제에 맞닥트렸어도 환경을 소중히 여기며 쓰레기 배출을 줄이고 의식주 걱정 없이 경제적으로도 활기가 넘치는 사회를 이룩했다. 그리고 우리들에게 시대를 초월하고 감탄할 만한 지속적인 설계와 아름다움의 지표를 물려주었다.

나는 이 책이 지속가능한 사회에서 살아간다는 것이 무엇인지 헤아리는 통찰력을 길러주는 역할을 해주었으면 하는 바람이다. 구체적인 기술적 접근이 아니라 어떠한 사안에 대한 관심과 배려가 일상의 행동 지침이 되고, 사회와 환경을 둘러싼 상황이 우리의 행동을 어떻게 형성하는지에 대한 통찰력 말이다.

　나는 이 책에서 에도시대 농촌과 도시에 사는 사람들이 직면한 환경문제와 그들이 어떠한 개념적 틀 안에서 이 문제를 생각했는지, 그리고 어떻게 해결해 갔는지 보여주고자 했다. 무엇보다 가장 전하고 싶었던 건 당시 일본 사회에 널리 퍼져 있던 환경을 대하는 정신적 태도이다. 그 정신은 현재 지속가능한 사회를 실현하기 위해 우리가 어떤 노력을 기울여야 하는지 지침이 되어줄 것이다.

　이 책은 환경위기에 관한 중대한 질문과 해결책에 힘입어 썼다. 가장 위협적인 환경위기는 물론 지구온난화이다. 지구온난화는 산림, 하천유역의 파괴, 세계적 가난과 굶주림, 한정된 물질자원, 곧 닥쳐올 에너지자원의 고갈 등과 복잡하게 얽혀 있다. 그렇다면 '이러한 환경문제들이 서로 어떤 관련이 있는지' 파악하는 게 가장 시급한 문제가 아닐 수 없다.

　환경문제를 놓고 개인적 절망감이 희미하게나마 희망으로 바뀌었던 건 2006년 가을 미국 선밸리에서 열린 지속가능성 회의에 참석했을 때였다. 전 세계에서 개인과 단체가 지속적인 노력을 한데 모으기 시작했다. 그들의 결합된 지식과 경험이 큰 변화를 가져올 수준에 이르고 있음을 깨달았다.

　다양한 전문분야에서 자신들이 실천하는 일이 새로운 영역으로까지 확대되어 간다는 것을 깨닫고 한 목소리를 냈다. 도시설계자는 농부들의 토양지식을, 건축가는 수문학자의 빗물정화지식을, 산림관리자는 폐기물 전문가의 자연하수처리 지식을 알고 싶어 했다. 또 어떻게 하면 태양에너지를 이용해 동력을 공급하는지 알고 싶어 했다. 사람들은 모든 분야에서 한마음으로 해결책을 논의하려는 연대의식을 보였다. 환경 친화적이고 지속가능한 설계를 실행하는 전문가들 중 앞에 놓인 과제의 심각성을 과소평가하는 사람은 아무도 없었다. 변화가 필요하다면 실행해야 한다는 점에 모두들 동의했다.

하지만 '그것을 위해 노력할 가치가 있는지 또는 지속가능이란 그저 불편한 생활에 불과한 것이 아닌지' 납득하지 못하는 사람도 있을 것이다. 문제는 지속가능한 사회에서 살아본 사람이 아무도 없기 때문에 그 사회가 어떤 모습일지 상상하기 힘들다는 점이다. '자동차는 소유할 수 있을까? 에어컨은? 음식쓰레기를 비료로 쓰지 않았다고 이웃들이 나를 신고하지는 않을까? 12월에 망고가 먹고 싶어지면 어쩌지?' 이런 질문에 대한 답은 환경개선을 위한 최선의 권고가 얼마나 잘, 그리고 신속히 실행되는지에 달려있다.

가장 낙관적인 시나리오는 전력 기반시설을 재검토하여 화석연료를 사용하지 않아도 현재처럼 변함없이 전력을 사용하는 것이다. 또한 플러그인 하이브리드 자동차를 일반화하고 재활용과 상품설계를 개선해 대량 생산과 구매가 이루어진다 해도 쓰레기 배출 제로인 순환형 사회로 다가서는 것이다.

또한 대규모로 나무를 심고 가꿔 산림파괴가 더는 일어나지 않도록 한다. 환경파괴 없이 지속가능한 산림관리로 건축자재 등을 공급한다. 필요한 물을 확보해 현재처럼 마시고 쓴다. 이 시나리오대로라면 미래의 삶이 현재의 삶과 거의 다르지 않고 우리의 요구를 충족하는 새로운 방식으로 이행할 수 있다.

그러나 우리는 시간과의 경쟁에서 거의 지고 말았다. 정부와 산업계가 망설이고 개인은 이동 수단과 식생활, 가정 에너지 사용에서 획기적 변화를 주저했다. 타성과 현실도피는 주도적 의사결정을 어렵게 만들었다. 지금과 같은 삶의 방식을 고수하는 한 우리는 사회적 혼란과 자원 부족, 그리고 스스로 선택하는 영역에서조차 견디기 힘든 변화와 결핍을 각오해야 한다.

지속가능한 사회는 반드시 와야 한다. 지속가능성을 실현하지 않으면 사회 자체가 소멸하고 말 테니까. 문명사회가 붕괴될지도 모른다는 암울한 전망을 많은 사람들은 믿지 않는다. 그러나 대부분 환경문제 전문가들은 바로 그 암울한 전망을 시사하는 비관적인 시나리오를 내놓을 수밖에 없다.

환경을 파괴한 탓에 붕괴의 위기에 처했지만 그 위기를 극복한 에도시대 일본의 사례는 시사하는 바가 크다. 1603년 에도시대 초 일본은 건축용 목재가 부족했다. 그 때문에 목재를 얻으려고 많은 산에서 나무를 마구 베어냈고 결국 토양이 침식되고 하천유역이 파괴되는 상황을 겪었다. 또한 늘어나는 인구를 먹여 살리는 데 필요한 만큼 농업생산을 확대하는 것도 사실상 불가능했다. 도시사람들(특히 수도인 에도를 비롯해 오사카, 나고야, 그 밖의 성장하고 있는 수많은 도시사람들)의 수요는 농촌사람들의 수요와 대립했다. 농민들은 수확한 양의 삼분의 일 또는 그 이상을 무사계급에게 연공으로 바쳐야 할 의무가 있었기 때문에 삶은 더 궁핍해져갔다.

일본의 자연환경과 기후는 혜택이기도 했지만 어려움도 있었다. 국토는 대부분 산이었고 경작할 만한 곳은 해안평야의 아주 일부와 좁은 산골짜기 정도였다. 이는 국토의 사분의 일에 불과한 면적이었다. 에도시대 초기, 경작 가능한 토지란 토지는 거의 모두 농지로 돌렸지만 약 천이백만 명의 인구를 간신히 먹여 살릴 규모였다. 많은 지역에서 농지가 고갈되고 지력이 떨어져 생산량도 줄어들었다. 하지만 일본은 따뜻한 기후와 난류, 그리고 풍부한 강수량 때문에 작물 재배 기간이 길었다. 눈이 녹으면 풍부한 물이 빠르게 흘러 비옥한 골짜기와 습지를 적신다. 산마다 빽빽하고 드넓은 원시림은 활엽수와 침엽수 등 다양한 식물로 가득하고 온갖 동식물들이 자라는 매우 풍족한 서식지를 제공한다. 이러한 자연은 사람들에게 살기 좋은 환경을 아낌없이 내주었지만 1600년대 초 이 땅은 인구가 늘고 토지와 자원의 난개발로 수난을 겪었다.

그런데 놀랍게도 그로부터 2백 년 뒤, 환경악화의 조짐은 거의 사라지고 같은 땅 위에서 2.5배가 많아진 3천만 명의 사람들이 먹고 살았다. 그런데도 산림파괴는 없었고 원래의 상태를 회복했으며 농지개량으로 생산성이 증가했다. 도시 지방 할 것 없이 사회 전체가 자원보호에 힘썼다. 생활수준이 전반적으로 높아졌고 사람들은 의식주가 개선되고 건강해졌다. 어떤 객관적인 지표를 보더라도 이러한 결과는 주목할 만한 성과이자 세계에서 찾기 힘든 전무후무한 사례이다.

이러한 성과는 일정부분 과학기술의 발전과 막부정책에 힘입은 결과다. 품종개량과 수문학의 진보가 성과에 일조했으며 우수한 설계기술과 시기적절한 정보의 수집과 전달 또한 결정적 역할을 했다. 하지만 무엇보다도 성공의 원동력은 사람들 사이에 널리 퍼진 개선하고자 하는 정신적 태도였다. 이러한 태도는 자연생태를 거스르지 않고 환경 개발의 한계를 잘 이해하는 데에서 나왔다. 이는 겸손함을 존중하고 낭비를 금기로 여기며 서로 협력하는 해결책을 제안했다. 그리고 각자가 필요한 만큼만 얻고 더는 원하지 않는 소박한 삶에서 의미와 만족감을 찾았다.

이 책에 나오는 여러 이야기는 에도시대의 사회, 정치, 경제 배경뿐만 아니라 뛰어난 생활기술들을 보여준다. 하지만 이 책의 진짜 목적은 당시 수백만 명의 일상생활을 이끌었던 '만족할 줄 아는 정신'을 전하는 것이다.

이 책을 쓰면서 많은 정보와 자료를 이용했다. 연이은 화재, 지진, 폭격, 그리고 애석하게도 무관심 때문에 도쿄에는 에도시대의 문화가 거의 남아있지 않다. 그래도 현재까지 남아있는 것들을 관찰하고 조사했으며 일본어와 영어로 기록한 자료, 그림, 박물관, 공문서를 참고하고 전문가들의 자문도 구했다. 그 결과 족히 학술서 한두 권 정도의 자료가 모아졌다. 많은 전문가들이 다양한 분야에서 최고의 해설서를 내놓았다. 그렇지만 나는 이 책의 독자층을 일반대중으로 삼았기 때문에 의식주를 주제로 일화를 그림과 함께 설명하는 형식을 택했다.

도시와 농촌, 음식과 폐기물, 생산과 재활용, 자연과 인공 등의 관점에서 각각의 요소들이 어떻게 영향을 미치는지 그리고 그것을 통해 오늘날 무엇을 배울지 설명한 책은 거의 없었다. 이 책의 전체적인 주제는 '서로 밀접한 관계가 있다'는 시각이다. 나 자신도 한 분야의 전문가로서 이 주제에 도전할 수 있다고 생각했다. 하지만 상호관계와 연계성을 얼마나 명료하게 밝혔는지에 대한 판단은 독자들의 몫이다.

오늘날 일본은 공해억제, 에너지효율 향상, 산림관리에 따른 숲의 재생, 대중교통의 높은 이용률, 엄격한 재활용 기준, 뛰어난 소형화 디자인, 에너지 효율이 좋은 주택 등의 놀랄 만한 성과를 냈다. 하지만 이러한 것들을 지속가능성의 모델로 진지하게 평가하는 사람은 없다. 다양한 영역에서 꾸준한 노력으로 무언가를 만들어내고 지속적인 향상을 보이지만 대책없이 방치해둔 것들이 너무 많다. 여전히 일본은 환경파괴를 계속하고 있다. 에도시대 사람들이 실현한 삶을 현대의 일본 사람들은 과소평가하거나 그 가치를 전혀 이해하지 못한다.

에도시대의 일본을 '지속가능성'이라는 말로 설명할 수 있을까? 에도시대와 현재를 비교하는 건 본질적으로 잘못되었다고 하는 사람도 있다. 하지만 나는 단호하게 말한다. "현재 가장 일반적으로 인정받는 정의에 따르면 에도시대는 지속가능한 사회였다고."

1987년 유엔환경계획 산하 환경과 개발에 관한 세계위원회(WECD)는 <부룬트란트 보고서>에서 지속가능한 발전이란 "현세대의 수요를 충족시키면서도 미래세대가 스스로의 수요를 충족시킬 능력을 잃지 않게 하는 발전이다"라고 정의했다. 이는 에도가 이룩한 것을 꽤 간결하게 말해준다. 더 구체적으로 말하자면 2000년 하노버 박람회 설계를 담당한 윌리엄 맥도너와 미하엘 브라운가르트의 지속가능한 디자인을 위한 <하노버 원칙> 중에서 인권 개념을 제외하면 에도시대 일본은 모두 충족한다. <하노버 원칙>을 요약하면 다음과 같다.

· 인권과 지속가능성을 주장하자.
· 환경과 함께하는 디자인의 상호작용을 인식하자.
· 건물과 디자인된 제품의 사회적이며 정신적인 양상을 고려하자.
· 디자인 결정의 결과에 책임을 지자.
· 사물의 장기적인 가치를 보장하자.
· 쓰레기를 없애자. 그리고 디자인된 제품의 생애주기를 고려하자.
· 태양열과 같은 자연에너지의 흐름을 활용하자.
· 겸손하자. 그리고 자연을 디자인 모델로 이용하자.
· 지식을 공유하고 지속적인 개선을 위해 노력하며 이해관계자들 간에 열린 의사소통을 장려하자.

에도시대 일본은 지속가능하고 재생 가능한 임업, 농업, 건축, 도시계획, 운송수단, 그리고 에너지를 이용할 줄 알았다. 그때 일본은 범지구적 시각은 부족했지만 환경에 악영향을 끼치는 일 없이 지역적으로 잘 운용되었으며, 2백 년 동안 3천만 명에 달하는 인구를 안정적으로 살아가게 했다.

환경에 부담이 적은 재료, 고품질과 내구성, 재사용과 재활용하기 쉬운 설계, 높은 에너지 효율성, 공중목욕탕과 조리된 음식을 파는 식품시장처럼 집단에 제공하는 서비스로 소비를 억제했다. 당시의 설계와 기술은 가능한 한 자연의 생물학적 프로세스와 태양에너지를 이용하고 그렇지 않은 부분도 자연의 프로세스를 모방했다. 이 모든 에도시대의 과학적 해결책들은 현대의 새로운 설계에 필요한 특징을 이미 모두 갖추고 있었다.

일본이 한정된 자원과 전통적인 방법으로 이루어낸 중요성을 생각한 사람들이 있었다. 농업분야에서 특히 그랬다. 1911년으로 거슬러 올라가 『4천 년의 농부-중국, 한국 그리고 일본의 영구적인 농업』의 저자인 미국인 농학자 E.F. 킹은 여전히 전통적인 방식을 따르고 있는 일본의 복합농작물과 간작, 비료로 사용하는 분뇨, 수력학, 그리고 농업 생산의 보편적인 효율성을 열렬하게 기록했다. 미국 농장의 농지는 몇 세대를 사용하고 나면 못 쓰게 되는 것과 달리, 일본에서는 한국과 중국처럼 전통적 방법으로 수세기 동안 같은 농지에서 생산성을 지속시킨다고 저자는 강조한다.

에도시대 때 고심해서 구축한 지속가능한 시스템들이 산업화의 영향으로 훗날 완전히 붕괴돼 버린 것은 우리 모두에게 비극이다. 왜냐하면 오늘날 우리가 몹시 필요로 하는 축적된 경험이 급격히 사라져버렸기 때문이다. 에도의 해결책들은 순전히 자력으로 이루어낸 성과였다. 그런데 1860년대 문호개방 이후 무역과 산업화로 자급자족의 원칙은 세계의 생산과 잉여를 결합한 수출입경제로 바뀌었고, 이러한 상황은 곧 모든 생활양상에 영향을 주었다.

20세기에 들어서 제2차 세계대전 초까지만 해도 일본의 환경보존 윤리는 잘 지속되었다. 하지만 한 세기 이상 유럽과 미국의 생산과 소비 패턴을 기본적으로 공유해왔다. 현재로선 에도 방식으로 되돌아가는 건 불가능하다.

오늘날 우리에게 남은 과제는 에도시대 사람들의 미덕을 공유하기 위해 생산과 소비를 재설계하는 것이다. 그래서 현대인들의 수준 높은 과학시스템과 에도시대 사람들의 지혜로운 선견지명을 연계하는 것이다.

우리는 "만족할 줄 안다는 것"이 무슨 의미인지 다시 생각해볼 필요가 있다. 그리고 우리가 물려받은 세상의 한계를 깊이 이해하고, 우리보다 후손들에게 더 나은 가능성을 남겨주려는 마음으로 행동할 필요가 있다.

오유족지(吾唯足知)

교토의 료안지(龍安寺)에 있는
석조 물그릇에 새겨진 글자로
"나는 오로지 만족함을 알 뿐이다"
는 선종(禪宗)의 참뜻을 나타낸다

신분제도

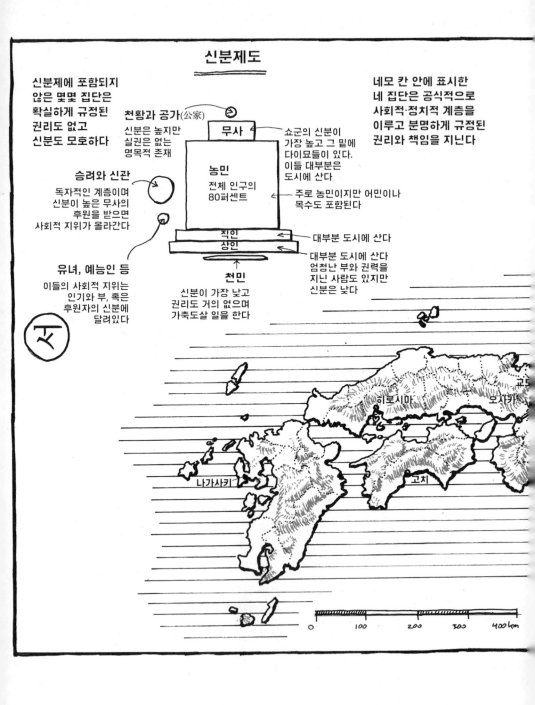

신분제에 포함되지 않은 몇몇 집단은 확실하게 규정된 권리도 없고 신분도 모호하다

네모 칸 안에 표시한 네 집단은 공식적으로 사회적·정치적 계층을 이루고 분명하게 규정된 권리와 책임을 지닌다

천황과 공가(公家)
신분은 높지만 실권은 없는 명목적 존재

무사

쇼군의 신분이 가장 높고 그 밑에 다이묘들이 있다. 이들 대부분은 도시에 산다

승려와 신관
독자적인 계층이며 신분이 높은 무사의 후원을 받으면 사회적 지위가 올라간다

농민
전체 인구의 80퍼센트

주로 농민이지만 어민이나 목수도 포함된다

직인

상인

대부분 도시에 산다

대부분 도시에 산다 엄청난 부와 권력을 지닌 사람도 있지만 신분은 낮다

유녀, 예능인 등
이들의 사회적 지위는 인기와 부, 혹은 후원자의 신분에 달려있다

천민
신분이 가장 낮고 권리도 거의 없으며 가축도살 일을 한다

히로시마

교토

오사카

나가사키

고치

0   100   200   300   400km

북

홋카이도

지역경계

일본
- 약 1800년경 -
도쿠가와 쇼군 통치 하의
에도시대 후기

센다이

니가타

오슈카이도

나카센도

고슈카이도

나코우카이도

에도

나고야
도카이도

가이노쿠니

동

남

정치구조 - 막번체제

막부가 직접
관할하는
지방도 있다

쇼군이 이끄는
에도의 막부
(중앙정부)

쇼군
(將軍)

번

번

번

번

번

번(藩)
다이묘가 지배하는 지방은
영지와 징세권을 얻는 대신
막부에 자금, 노동력, 군대를 제공한다

마을은
지방정부의
관할권
아래에 있다

목차

吾
唯
足
知

1장. 논밭과 숲 자급자족하는 농민의 풍족한 삶 25

논밭과 숲

자급자족하는 농민의 풍족한 삶

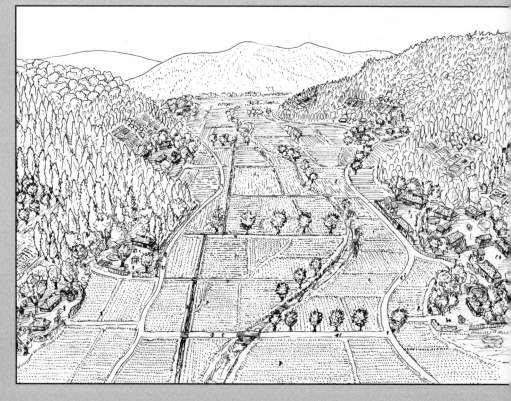

때는 1798년, 일본 연호로는 간세이(寛政) 9년이자 도쿠가와 이에나리(德川家斉, 1773~1841 일본 에도 막부의 제11대 쇼군-옮긴이)가 통치한지 11년이 되는 해이다. 한여름인 지금, 가이노쿠니(甲斐国, 오늘날 야마시 현山梨県-옮긴이)의 산중턱은 짙은 녹음으로 덮여있다. 짧은 여름 동안 무성히 자라다 가을이 오면 열매를 맺고 시들어가는 덩굴식물이 가득하다. 아주 작고 알록달록한 꽃들이 지피식물을 점점이 물들이고, 매미가 귀를 먹먹하게 할 정도로 시끄럽게 울어댄다.

우리는 에도(江戸, 지금의 도쿄-옮긴이)에서 출발해 주로 고슈카이도(甲州街道)를 따라 며칠을 걸어왔다. 고슈카이도는 에도와 주변지방을 연결하는 다섯 개의 큰도로(五街道, 도카이도, 나카센도, 고슈카이도, 오슈카이도, 닛코카이도) 중 하나이다. 우리는 에도에서 서쪽 방향을 향해 왔다. 첫날은 에도를 에워싸고 있는 평탄하고 단조로운 농업지대를, 그 다음 이틀은 가파른 산길과 깊은 골짜기를 지나왔다.

고슈카이도는 군대가 지나갈 만큼 넓은 도로이다. 그러나 가끔 말을 타고 지나가는 사람만 있을 뿐 마차나 짐수레는 전혀 보이지 않았다. 길목마다 호객행위를 하는 가마꾼들이 있었지만 북쪽으로 나있는 좁은 길로 들어서자 그마저 보이지 않았다. 길은 좁고 먼지로 가득했다. 그래도 걷기에 그리 힘들지는 않았다. 하룻밤 편하게 묵을 만한 농가나 마을까지는 반나절은 더 가야 한다.

마지막으로 구불구불한 오르막길을 힘겹게 올라 드디어 산 정상에 도착했다. 아래로 우리의 목적지인 아오야기 마을(지역 특성을 반영한 가상의 마을)이 한눈에 보였다. 아오야기 마을은 골짜기에 펼쳐져 있었다. 초가지붕 사이로 연기가 모락모락 피어올랐다. 산들바람이 불어 안락한 집안 살림 냄새가 풍겨왔다. 아오야기 마을은 고립된 채 독립생활을 이어가고 있는 것처럼 보였다.

주변 숲은 옷자락을 들어 올려 마을을 위해 공간을 내어준 듯 보였다. 숲은 대부분 삼나무 같은 침엽수로 채워져 있고 그 사이사이에 밤나무, 느티나무, 참나무 같은 낙엽활엽수가 섞여있다. 대나무 숲도 넓게 퍼져있다. 숲속에는 떨기나무와 양치식물, 덩굴식물, 이끼, 버섯도 풍부하다.

우리는 이곳으로 오는 길에 자생 자작나무로 덮인 산비탈과 마을사람들이 관상용으로 심은 벚나무가 늘어선 좁은 길과 들을 지나왔다. 하늘로 쭉 뻗어 자라는 편백나무와 삼나무가 가득한 널찍한 조림지(造林地)도 이따금 마주쳤다. '출입금지. 출입하면 쇼군 수하의 숲 관리자 권한으로 엄벌에 처함'이라는 푯말도 눈에 띄었다. 자연림도 인간의 손에 관리되기 시작한 모양이다.

마을까지 30분은 더 가야 했지만 근처 산비탈은 아침부터 가족 단위의 여성과 아이들로 북적였다. 그들은 대바구니나 볏짚으로 만든 큰 자루를 메고 풀숲을 헤치며 식재료를 채집하고 있었다. 계절에 따라 채집할 종류도 달랐다. 특히 야생에서 대량으로 자생하는 식재료가 그렇다.

늦봄에는 죽순, 유채꽃, 양치식물 같은 산나물을 캔다. 가을에는 특히 더 풍족한데 밤, 호두, 도토리처럼 식용 나무열매와 씨앗이 바닥에 아주 많이 떨어져 있다. 우엉뿌리와 그 밖에 덩이줄기, 여러 종류의 맛있는 버섯들도 풍족하게 채취한다. 일본에서는 1월 7일에 나나쿠사가유(七草粥, 미나리, 냉이, 떡쑥, 별꽃, 광대나물, 순무, 무 등

일곱 가지 푸성귀를 넣어 만든 죽-옮긴이)라는 특별한 음식을 먹는다. 겨울이 되면 이 요리에 들어가는 냉이, 별꽃, 그 밖에 약초나 식재료를 구한다.

지금은 한여름이라서 마을 사람들은 마름, 쑥, 머위와 산나물을 캐고 있다. 그들은 아는지 모르겠지만 석기시대 선조들도 지금처럼 똑같은 식재료를 찾아다녔다. 이 주변에서 채취한 것만으로도 어느 정도 인구는 먹고 살았고, 흉년일 때도 변함없이 중요한 영양원이었다.

따뜻한 계절이 되면 마을 사람들은 풋거름과 부엽토로 쓸 낙엽 같은 유기물을 모아 사람의 대소변과 함께 퇴비구덩이에 넣어 섞는다. 이때 박테리아가 분해하며 발생하는 열로 대부분의 병원균이 죽는다. 이렇게 만든 거름은 정기적으로 논밭에 뿌린다.

마을에서는 모든 연료를 나무로 충당한다. 그런데 나무를 베는 일은 엄격히 제한했다. 주로 나뭇가지만 사용하고 쓰러진 통나무를

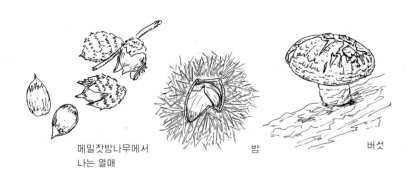

메밀잣밤나무에서   밤   버섯
나는 열매

가을에는 숲에서 나무열매와 버섯을
풍족하게 얻을 수 있다

가져가려면 특별허가를 받아야 한다. 막부정책에 따라 시행된 이 관행은 영향력이 컸다. 원칙적으로 연료는 여러 세기 동안 거의 예외 없이 재생가능한 자원인 나무로 충족해왔다. 하지만 연료용 벌목을 금지하자 농민들 때문에 일어나는 숲 파괴의 잠재적 주요 원인이 사라졌다. 그 대신 더 많은 목재를 도시 건축 자재와 연료용 숯을 만드는데 사용했다.

아오야기 마을을 걷다 보면 식재료를 채집하고 산림보호도 중요한 활동이지만 이 마을의 생업은 농업임을 알 수 있다. 마을을 이루는 100여 호의 농가는 모두 논밭을 일군다. 한 농가가 소유하는 논의 평균 면적은 1헥타르(약 3천 평)이고, 밭은 평균 2천5백 제곱미터(약 750평)를 넘지 않으며, 그보다 작을 때가 많다. 전형적인 농가주택 면적은 약 150제곱미터(약 45평)이다. 그러므로 환경에 가장 큰 영향을 미치는 건 단연코 논이다.

농지 크기와 터를 결정할 때 영향을 미치는 요소는 경사도이다.

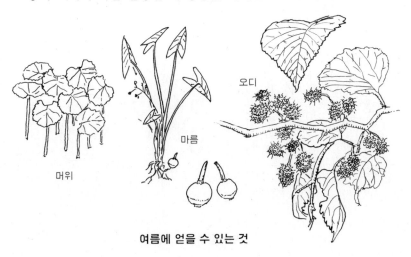

오디

마름

머위

여름에 얻을 수 있는 것

일본은 원래 평지가 부족해 거의 모든 평지는 논으로 개간되었다. 경사지를 논으로 바꾸는 가장 일반적인 방법은 계단식 논이다. 계단식 논을 유지하거나 물을 대려면 더 많은 수고가 들지만 이미 너무 많은 면적이 계단식 논으로 바뀌었다. 특히 오지나 험준한 지역에선 더 그렇다.

지형에 따라 논농사를 지을지 밭농사를 지을지 결정한다. 모든 평지는 쌀농사에 이용하고 주변 산기슭에 있는 낮은 경사지에서는 채소와 곡물(밀, 수수, 보리), 참마, 그리고 환금 작물로 목화나 삼 등을 재배한다. 경사가 더 심한 땅은 과수원이나 차밭 등으로 이용한다. 농가는 주로 넓은 분지나 연안의 평야를 제외하면, 주로 자신들의 논밭에서 조금 떨어져 있는 산기슭의 구석진 곳이나 우묵한 곳에 가까이 모여 마을을 이루고 있다.

쑥갓은 겨울에도 볼 수 있다

쇠뜨기

쑥

죽순

봄에 얻을 수 있는 것

숲을 훼손하지 않고 얻는 연료

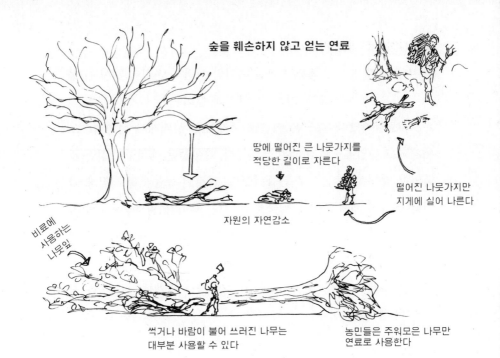

땅에 떨어진 큰 나뭇가지를
적당한 길이로 자른다

떨어진 나뭇가지만
지게에 실어 나른다

자원의 자연감소

비료에
사용하는
나뭇잎

썩거나 바람이 불어 쓰러진 나무는
대부분 사용할 수 있다

농민들은 주위모은 나무만
연료로 사용한다

'가마도'라는 일본 화덕은
잔가지와 장작 등 불에 타는 건 뭐든
사용할 수 있어 연료 효율이 높다

숯

참나무와 떡깔나무는
활엽수림에서 섞여 자란다

그 나무들은 다시
빠르게 자란다

농가에서는 겨울에 흔히
숯을 만든다. 완성된 숯은
시장에 내다팔아 도시에서
사용할 수 있게 한다.
숯가마는 산 속에 지어진다

운반되는 숯

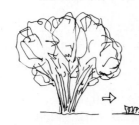

지형을 최대한 이용하는 지혜

마을로 다가가자 녹음이 짙긴 하지만 사람의 손길이 많이 간 풍경이 눈에 들어왔다. 가장 큰 환경의 변화는 골짜기 아래 평지에서 일어났다. 그곳은 이전에 존재했던 생태계가 선별적으로 해체되고 농업용으로 대체된 상태였다. 나무들은 베어졌고 땅은 분할되어 얕게 파내 논으로 만들어졌다. 인간이 논농사를 시작해 일어난 변화에 혜택을 받는 생물종도 있다. 쌀이라는 새로운 식량자원이 생기면서 곤충이 늘고 그 곤충을 먹고 사는 개구리와 물고기가 번식한다. 개구리와 물고기는 오리, 왜가리 그리고 또 다른 포식자를 차례차례 끌어들인다. 상위 먹이사슬 관계에서도 이와 같은 일이 반복된다.

계단식 관개구조와 유역

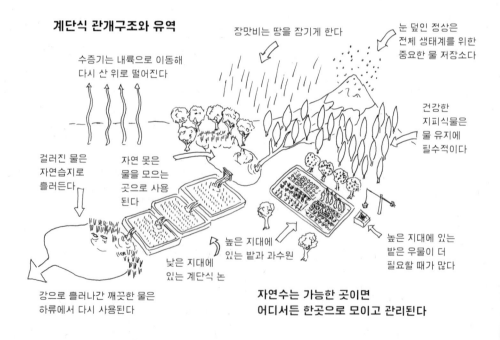

장맛비는 땅을 잠기게 한다

눈 덮인 정상은 전체 생태계를 위한 중요한 물 저장소다

수증기는 내륙으로 이동해 다시 산 위로 떨어진다

건강한 지피식물은 물 유지에 필수적이다

걸러진 물은 자연습지로 흘러든다

자연 못은 물을 모으는 곳으로 사용된다

높은 지대에 있는 밭과 과수원

높은 지대에 있는 밭은 우물이 더 필요할 때가 많다

낮은 지대에 있는 계단식 논

강으로 흘러나간 깨끗한 물은 하류에서 다시 사용된다

자연수는 가능한 곳이면 어디서든 한곳으로 모이고 관리된다

반면 잡초, 떨기나무, 잔디 같은 식물과 야생돼지, 여우, 설치류, 뱀, 그리고 여름 동안 땅 위에서 활동하는 동물은 감소했다. 오로지 자연의 관점에서만 보면 논을 일궈 자연이 파괴되었다고 볼 수도 있다. 하지만 농민들은 자연의 특성을 최대한 이용하며 비옥함과 생산성을 유지하려 했다. 어떤 종들에게는 논밭이 이상적인 환경을 제공하는 부수적 효과를 만들어내기도 했다. 따라서 순수한 자연생태계를 모방한 농업생태계를 발전시켜왔다는 중요한 면도 있다. 생태계의 균형이 변한 건 사실이지만 에도시대 사람들은 환경을 저하시키지 않고 수많은 사람들의 생계를 유지했다.

논농사에서 관개시설은 중요하다. 주요 도시에 물을 공급하는 상수도와 배가 다니거나 목재수송을 용이하게 하는 대규모 하천공사는 고도의 기술적 정교함이 필요하다. 논에 물을 댈 때 사용하는 기술도 단순하지만 정교하고 우수하게 설계하기는 마찬가지다.

또한 채집활동과 마찬가지로 논의 관개시설도 주민들의 협력과 환경감시를 중요시한다. 농지를 개간하려면 주민 모두가 공동급수시설에 미치는 변화를 받아들여야 한다. 그러므로 방죽이나 제방을 쌓는 일은 공동 작업으로 이루어진다. 농민들은 자신들이 사용하는 급수시설을 신중하고 선견지명 있게 관리한다.

수원지에서 목적지까지 물을 흘려보낼 때는 가능한 한 중력을 이용한다. 지형에 따라 비교적 쉽게 물을 공급할 때도 있지만, 대개는 자원과 에너지를 들여 먼 수원지에서 중력으로 물이 흐르게 하는 수로를 건설한다. 낮은 지대 수원지에서 위쪽 논에 물을 댈 때는 사람 힘을 들여 양수작업을 하기도 한다.

가장 선호하는 방법은 수로 건설이다. 일본 최초의 관개시설이 등장한 것은 논농사를 시작한 직후인 기원전 약 400년쯤이다. 저수지에 물을 저장해두었다가 논으로 흘려보내는 방식으로 지금도 널리 이용된다. 상황에 따라서는 인공으로 못을 파야 할 때도 있지만, 대개는 자연 못에 둑, 통문, 수문을 만들면 관개역할을 훌륭히 해낸다.

추운 지역에서는 내리쬐는 햇빛에 못의 물이 따뜻해져 작물에 물을 줄 때쯤이면 사용하기에 알맞은 온도가 된다. 구불구불하고 긴 용수로도 이와 같은 기능을 한다. 이러한 설계방법은 자연적인 지형의 특징과 힘을 응용하여 강화하는 것이다. 자연적인 못은 물

제방에서 시작되는 관개구조

침식을 막기 위해
자연제방 주위에는
나무가 빽빽하게
심어져 있다

두꺼운 널빤지를 빼
둑문을 열고 흐름을 관리한다

물은 저수지로 흘러들고
다시 넓은 수로로 흘러든다.
수로는 주로 돌이나 널빤지를
길게 이어붙여 만들고,
주변 땅보다 높게 솟아있다

이 구조는 자연 흐름에 지장을 주지 않고
흘러넘치는 물을 사용할 수 있도록 설계되었다

이 들고 나는 줄기가 주변 유역과 함께 공생하며 변화해왔다는 이점이 있다. 이렇듯 자연적인 못이 주변생태계와 균형을 이루는 방식은 인공적 기술만으로는 재연하기 어렵다. 계절에 따른 홍수 피해를 최대한 줄이기 위해 도랑을 파거나 제방을 쌓는 큰 공사는 대개 원리가 비슷하다. 강의 곡류는 자연 그대로 둔 채 강바닥을 넓히고 낮은 제방을 쌓아 범람한 강물이 넓은 저수지로 흘러들도록 했다.

고슈(甲州, 가이노쿠니(지금의 야마나시 현)의 약칭-옮긴이) 부근에서 처음 시작해 널리 보급된 관개방식은 신겐둑(信玄堤, 일본 센고쿠 시대의 다이묘인 다케다 신겐(1521~1573)이 치수를 위해 구축한 제방-옮긴이)으로 불리는데 홍수로 불어난 물길을 돌리기 위해 팔(八)자형의 불연속 제방(제방과 하천이 맞닿은 곳은 군데군데 트고, 그 부분을 두세 겹으로 다시 쌓은 것을 말한다. 홍수가 일어날 경우 둑과 둑 사이 혹은 그 바깥으로 일정량의 물이 넘치게 해 수위를 낮춘다-옮긴이)을 쌓았다. 제방 주변에는 나무와 대나무를 심어 제방을 튼튼히 하고 자연스럽게 토사가 쌓이도록 했다. 이전 세기 동안 이루어진 이러한 호안공사(강, 바다 따위의 기슭이나 둑

줌력만으로 모든 논밭에
물을 댈 수 있는 건 아니다.
가볍고 나무로 만든
이 무자위는 필요한 곳으로
물을 쉽게 보낼 수 있다

이 깎이거나 패지 않도록 시설을 하는 공사-옮긴이) 덕분에 위험한 범람원이 될 수도 있었던 땅을 개간해 경작지가 눈에 띄게 늘었다. 하지만 지금은 이와 같은 경작지가 늘 여지는 거의 없다.

급경사지의 계단식 논과 저지대의 논에서 이용하는 관개역학은 다르지만 둘 다 중력을 이용한 계단식 관개구조라는 점은 같다. 하천 같은 수원지에서 흘러나온 물은 저수지로 흘러들고, 저수지의 물은 정기적으로 논으로 흘려보낸다. 물은 위에서 아래로 흐르며 남은 물은 수로로 다시 돌아간다. 계단식 관개구조는 오염된 진흙과 유기물을 제거해 물을 여과하고 정화하는 효과도 있다. 사실상 그 지역의 급수시설을 개선하고 하류에도 좋은 영향을 미친다.

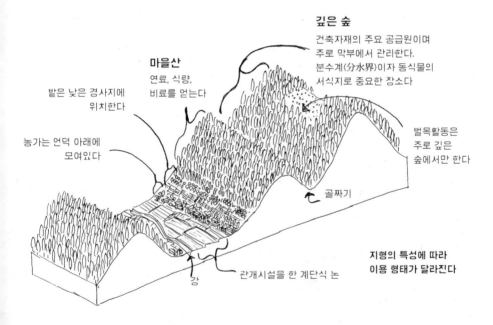

깊은 숲
건축자재의 주요 공급원이며 주로 막부에서 관리한다. 분수계(分水界)이자 동식물의 서식지로 중요한 장소다

마을산
연료, 식량, 비료를 얻는다

밭은 낮은 경사지에 위치한다

농가는 언덕 아래에 모여있다

벌목활동은 주로 깊은 숲에서만 한다

골짜기

강

관개시설을 한 계단식 논

지형의 특성에 따라 이용 형태가 달라진다

풍부한 물을 공유하다

계단식 관개시설을 계획하고 건설해 이용하기까지 마을사람들의 긴밀한 협력이 필요하다. 또한 마을 간 협력이 필요할 때도 많다. 연이은 개척이나 개간, 다른 마을 사람과의 결혼, 자산 재분배 과정에서 두 농가의 경작지가 서로 섞여 있을 수가 있어 마을 간 협력은 특히 필요하다. 따라서 어느 논에 먼저 물을 댈지 결정하려고 해도 복잡한 조정과 합의가 필요하다. 논 사이를 구분하는 농수로는 보통 두 농가 이상이 공유하는 자산으로 여겨야 한다. 수로, 못, 수문, 그 밖에 관개시설과 관련된 주요 요소는 마을의 수리조합이 관할하고 있으며 촌장이나 경우에 따라서는 막부관리의 조정과 지도가 필요하다. 그러므로 관개시설은 마을 전체의 공유 자산이다.

농민들은 재배한 쌀의 절반은 연공으로 낸다. 그리고 남은 양 중 일부는 팔고 나머지는 마을 공동의 비상용으로 저장하며, 그러면 안 되지만 자신들이 먹을 쌀도 일부 남겨둔다. 인구의 80퍼센트를 차지하는 농민들이 연공을 바쳐 전체 지배계급과 나머지 10퍼센트에 해당하는 도시인구도 먹여 살린다.

마을을 에워싸고 있는 산의 경사면은 밭으로 개간되었지만 그 면적은 전체 경작지의 절반에도 미치지 못한다. 환금작물 시장이 잘 발달되어 작물을 팔아 연공을 내는 일부 지역에서는 면적 비율이 다르겠지만, 가장 좋은 땅은 쌀을 재배했고 그 밖에 작물은 나머지 산기슭에서 재배했다.

계단식 논을 만들기에는 너무 가파르지만 그렇다고 토양이 유실될 정도로는 가파르지 않은 산 중턱의 경사지는 층을 두 개로 나누어 작물을 재배한다.

산기슭 근처에서는 채소, 참마, 곡물(밀, 수수, 보리 등), 섬유식물(삼, 목화 등)을 재배하고, 높고 가파른 경사지에서는 사과, 감, 복숭아, 귤과 같은 과수나무와 차나무, 누에를 치기 위한 뽕나무를 재배한다. 이러한 밭은 가정텃밭이나 한 농가가 겨우 먹고 살거나 마을에서 필요한 만큼만 채울 정도로 규모가 작을 수도 있지만, 자원과 시장 규모가 허락된다면 진정한 상업적 규모로까지 발전하게 될 것이다. 빗물만으로도 잘 자라는 밭작물이 있지만 밭에는 반드시 따로 물을 줘야 한다. 보통은 용수지나 예비우물(마을 수리조합의 승인과 도움이 필요하다)을 이용하지만 극단의 조치가 필요한

콩
(내륙지역에서 나는
주요 단백질 공급원)

↖ 호박이 많다

땅 위에서 나는 작물

↑ 순무

무
↙ 참마가 많다

뿌리작물

시금치는
잎작물

과수원

가을에 익는
감이 있다

경우에는 양수펌프를 사용하거나 물통으로 물을 퍼 나르기도 한다.

100호 정도 되는 아오야기 마을의 농가는 여기저기 취락을 이루고 있다. 골짜기 한쪽 끝에 자리 잡은 이곳에도 우리가 언덕에서 내려올 때 지나온 비포장도로 양쪽으로 약 스무 농가가 모여 있다. 농가의 크기와 형태는 대부분 비슷하지만 세부적인 부분과 배치 등은 집집마다 다르다. 2층 이상의 농가주택이 흔한 지역도 있지만 이마을에서는 두껍고 경사진 초가지붕이 덮인 단층집이 흔하고 가끔 2층으로 증축하거나 개조한 집도 있다.

농가는 용도에 따라 몇몇 건물이 장방형의 마당을 에워싼 형태로 이루어져 있다. 가장 큰 건물인 안채는 햇빛이 잘 드는 마당 북쪽에 있다. 집터는 사방이 막혀 있지 않다. 건물과 생울타리, 낮은 담과 오솔길, 작은 뜰, 문 없이 훤히 터져 있어 알아보기 쉬운 입구, 바람막이 역할을 해줄 삼나무가 주변을 꽤 너그럽게 감싸고 있다. 이러한 구조는 처음부터 건축학적으로 설계한 구조라기보다 꽤 오랜 동안 상당한 변화와 손질을 거쳐 만들어졌다.

농가마다 안채와 마찬가지로 별채의 형태나 크기, 배치 또한 다양하다. 여기에도 실용성과 검소함이 묻어난다. 부유한 농가는 귀중품과 기록물을 보관하는 흰색 도료를 바르고 내화성을 갖춘 2층 창고가 있다. 그리고 마을에는 작은 대장간이 적어도 한 곳은 있어서 도구를 수리하거나 철물을 만들어 쓴다. 직조나 양조 같은 가내수공업을 할 때는 필요한 작업공간과 저장고를 더 짓기도 한다.

장남의 농가

우리는 신이치(伸一)라는 남자의 집으로 향했다. 다른 농민들처럼 신이치도 성이 없다. 성이 없어 가끔 헷갈릴 때도 있지만 집이 어디에 있는지(대나무숲 근처, 강가, 우물 위쪽 언덕), 집이 어떻게 생겼는지(넓은 지붕, 널 울타리, 큰 창고), 무슨 일을 하는지(지붕 이는 직공, 목수, 대장장이)에 따라 구별한다. 신이치라는 이름은 '신이라는 사람의 첫째아들'을 뜻한다. 그런 사람은 이 마을에 딱 한 명밖에 없다.

신이치의 집은 전형적으로 소박한 형태이다. 장작을 쌓아두는 간소한 곳간, 집에서 사용할 볏짚을 쌓아 두고 말리거나 풋거름을 보관하는 곳간, 분뇨로 퇴비를

농가의 배치
① 숲으로 뒤덮인 산비탈
② 대나무 숲
③ 큰 나무
④ 본채
⑤ 마당
⑥ 식료품이나 비료,
　재를 보관하는 곳간
⑦ 연못과 우물
⑧ 텃밭
⑨ 입구
⑩ 용수로
⑪ 논
⑫ 위쪽 밭으로 가는 길

만들고 재를 쌓아두는 작은 곳간, 그리고 가족이 일년 동안 먹을 식재료나 쌀을 저장해놓는 곳간이 있다. 사다리와 대나무 장대, 양동이, 잡동사니 등은 간단한 덮개로 덮어놓았다. 간장과 된장을 보관하는 저장고와 면직물을 짜거나 다른 가내수공업 또는 특별한 작업을 하는 공간을 갖춘 집들도 있다. 이러한 별채는 보통 흙바닥이다.

그런데 눈에 띄는 건 큰 헛간이나 독립된 외양간이 없다는 점이다. 농민들은 고기를 거의 먹지 않고 유제품도 먹지 않는다. 그리고 농사일에 소나 말을 이용하는 일도 서서히 줄어들어 지금은 그런 모습을 거의 찾아볼 수 없다. 가장 큰 이유는 가축사료를 재배할 만한 땅이 부족하기 때문이다. 말이나 소를 키우는 농가(전체 인구의 약 10퍼센트)의 안채에는 외양간이 있기도 하지만 대개 복합적인 작업장 기능도 겸한다.

우리를 본 신이치의 어린 아들이 집 안으로 뛰어 들어갔다. 신이치는 엉덩이까지 덮는 무명 윗도리에 손을 닦으면서 나왔다. 여름이라 마을에 사는 다른 남자들처럼 그도 상의 아래에는 훈도시(일본 성인 남성이 입는 전통 속옷-옮긴이)만 입은 채 맨다리를 드러내고 있었다.

신이치는 아내인 미사키와 함께 우리를 반갑게 맞아주며 우물로 안내했다. 미사키는 두레박으로 퍼올린 우물물을 나무바가지로 퍼서 우리에게 건넸다. 우물물은 맑고 차가웠다. 우리는 물을 번갈아 마시며 자연의 풍족함에 감사하는 마음을 담아 인사를 나눴다. 미사키가 차를 준비하러 서둘러 집 안으로 들어가자 우리는 신이치와 함께 투박한 나무의자에 앉았다.

우리가 물을 마셨던 우물에는 지붕이 있고, 서너 명이 함께 물을 퍼 올리고 채소를 씻거나 통에 물을 채울 만한 공간이 있다. 우물에서 물을 길어 올리다 흘러내린 물은 얕은 목제 물받이대로 떨어지고 양쪽으로 돌을 쌓아 만든 간소한 돌수로를 지나 작은 연못으로 흘러들어간다. 실용성과 관상용을 겸비한 이 인공연못은 주변에서 흐르는 물이 흘러들게끔 꼼꼼하게 고려해 만들었다. 그렇지만 자연 연못을 이용하는 농가도 많다.

일본은 비가 많이 내리기 때문에 농가를 지을 때 먼저 물 빠짐이 잘 되도록 설계한다. 농가에는 먹는 물로 사용하는 우물과 일반용수로 사용하는 연못이 있다. 하수는 일반용수로 사용하기 위해 모아둔다. 가까이에 있는 강물과 시냇물을 이용하거나 인공으로 만든 급수설비를 가정용으로 사용하는 마을도 있다. 시냇가를 공동 빨래터로 삼는 마을도 많다. 채소를 신선하게 보관하기 위해 바구니에 담아 집 옆으로 흐르는 수로에 매달아 놓은 모습도 쉽게 눈에 띈다. 하지만 이러한 공동시설과는 달리 가정용 급수시설은 각 가정에서 만들고 관리해야 한다.

마당은 안채보다 조금 더 넓다. 마당은 밖에서 하기에 적합한 거의 모든 농가일이 이루어지는 다목적 공간이다. 햇볕에 말리려고 널어놓은 빨래와 시렁 위로 채소들이 보였다. 마당에서는 목공과 수리도 한다. 마당 한쪽 끝에는 작은 텃밭과 거름으로 쓸 퇴비더미가 있다. 이러한 마당은 수확한 벼를 탈곡하고 키질을 해 쌀을 선별할 만큼 넓어야 한다.

이 집은 지어진 지 백 년이 넘었고 그 세월을 훌륭하게 견뎌왔다. 나무 재질이나 색이 고색창연하고 널찍하며 주변 환경과 조화를 잘 이루고 있다. 거대하고 두터운 초가지붕이 집 전체를 뒤덮고 있는 듯하다. 처마가 거의 사람 눈높이까지 내려와 있어 안채 바깥쪽에 넉넉한 처마 밑 공간을 만들어주고 있다. 처마 끝에 별도의 차양을 덧대어 생긴 공간은 집 안팎의 중간역할을 하며 여러 작업을 할 정도로 넓다. 그곳은 또한 농기구 등이 비바람을 맞지 않게 해주며, 과일과 채소도 손쉽게 매달아 말리기도 한다. 차양의 일부는 엔가와(緣側)라는 툇마루를 가려주어 사람들이 뜨거운 태양이나 비를 피하여 편하게 대화를 나누도록 해준다. 단순한 구조이지만 기능과 편의성 면에서 뛰어나며 독특한 구조이다.

우물

물을 써야 할 일을 하기 위해 실외에 만들어 놓은 방과 같다

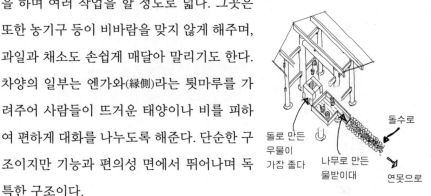

돌로 만든 우물이 가장 좋다

나무로 만든 물받이대

돌수로

연못으로

농가 본채

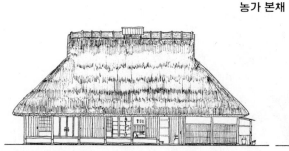

앞면

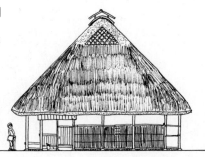

옆면

지붕

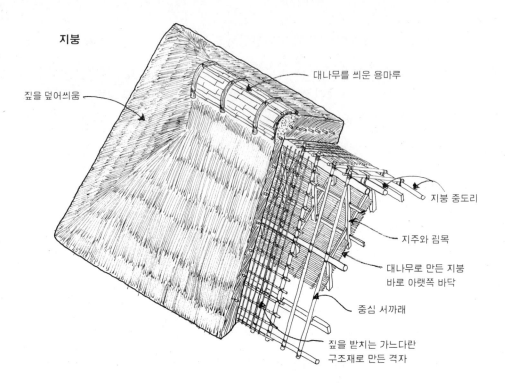

대나무를 씌운 용마루

짚을 덮어씌움

지붕 중도리

지주와 굄목

대나무로 만든 지붕
바로 아랫쪽 바닥

중심 서까래

짚을 받치는 가느다란
구조재로 만든 격자

대들보

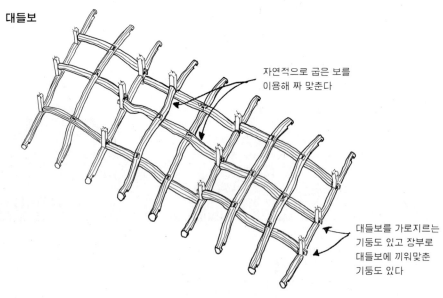

자연적으로 굽은 보를
이용해 짜 맞춘다

대들보를 가로지르는
기둥도 있고 장부로
대들보에 끼워맞춘
기둥도 있다

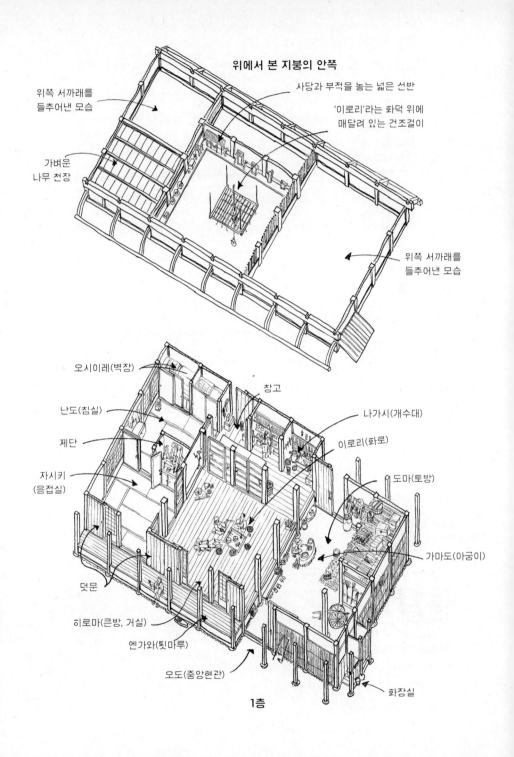

위에서 본 지붕의 안쪽

위쪽 서까래를
들추어낸 모습

사당과 부적을 놓는 넓은 선반

'이로리'라는 화덕 위에
매달려 있는 건조걸이

가벼운
나무 천장

위쪽 서까래를
들추어낸 모습

오시이레(벽장)

창고

난도(침실)

나가시(개수대)

제단

이로리(화로)

자시키
(응접실)

도마(토방)

가마도(아궁이)

덧문

히로마(큰방, 거실)

엔가와(툇마루)

오도(중앙현관)

화장실

1층

서까래 구조 - 버팀대 없음

동자기둥 구조 - 긴 버팀대

서까래 - 동자기둥 혼합구조

일식덧지붕 - 뒤얽힌 버팀대

농가의 벽 형태는 다양하다. 외벽에 사용하는 자재는 구하기 쉽고 값이 적당한지, 지역 풍토와 날씨에 적합한지, 그리고 집의 구조와 위치에 맞는 내구성 등을 따져 선택한다. 예를 들어 산이 많고 눈이 많은 히다 지역(현재의 기후 현-옮긴이)에서는 큰 농가의 아래쪽 벽에 내습성이 높고 교체가 쉬운 삼나무 껍질을 붙이는 형태가 일반적이다. 작은 널을 수직으로 붙이는 지역도 흔하다. 최북단에 있는 아키타 지방에서는 추위를 막는 뛰어난 단열을 위해 벽을 지붕처럼 짚으로 감싼다. 그렇지만 초벽(벽에 종이나 흙을 애벌로 바르는 일-옮긴이)처럼 격자형으로 짠 나무골조에 점토와 짚을 혼합해서

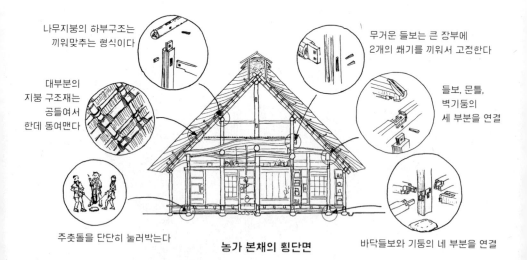

나무지붕의 하부구조는 끼워맞추는 형식이다

무거운 들보는 큰 장부에 2개의 쐐기를 끼워서 고정한다

대부분의 지붕 구조재는 공들여서 한데 동여맨다

들보, 문틀, 벽기둥의 세 부분을 연결

주춧돌을 단단히 눌러박는다

농가 본채의 횡단면

바닥들보와 기둥의 네 부분을 연결

바르는 방식이 가장 일반적이다. 신이치의 집
도 이러한 방식으로 지어졌다.

대나무 장대

자른 대나무

짚 또는 삼으로
만든 밧줄

　　때로는 사원건물과 무사저택, 또는 부유
한 도시상인의 주택 벽처럼 점토로 밑칠
을 하고 그 위에 단단하고 하얀 회반
죽을 바른 농가도 있다. 뚜렷한 차이
를 보이는 벽이다. 하지만 신이치의 집은 흙
의 표면을 제대로 보여준다. 가장자리에 튼튼
한 목재가 둘러진 모래 섞인 황토색 벽은 오
랜 세월을 견뎌왔

잘게 썬 짚

섞기 위한 괭이

점토 함유량이
많은 진흙

기에 예스러운 풍
치를 띠고 무너진
곳은 덧대어져 있
다. 처마 밑 몇몇
작업공간의 벽은
잘라 만든 대나무
판으로 보강해두

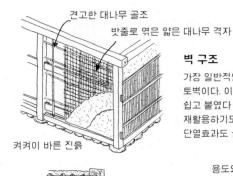

견고한 대나무 골조

밧줄로 엮은 얇은 대나무 격자

켜켜이 바른 진흙

벽 구조

가장 일반적인 벽은
토벽이다. 이 흙벽은 만들기
쉽고 붙였다 떼기 편하며
재활용하기도 용이하다.
단열효과도 상당히 좋다!!

었다. 제3의 재료를 덧대더라도 흙이 빚어낸
빛깔의 조화는 경이롭다.

용도와 기후에 따라
널을 붙인 벽이
적합할 때도 있다

　　오도(大戶)라는 소박한 격자문을 열고 집 안
으로 들어선다. 오도의 문틀과 처마를 보조하
며 받치는 가로대에는 문양이 새겨져 있다. 이
집에서 진정한 장식으로써 꾸밈새를 보여주

는 요소는 이것뿐이다. 한편 처마 안쪽을 올려다보면 지붕의 도리를 다른 부분과 새끼줄로 단단하고 정교하게 묶어놓은 모습을 볼 수 있다. 이러한 양식은 합리성과 경제성에 뿌리를 둔 설계이면서 지나칠 정도로 공을 들여 만들어졌다. 집 외관을 둘러싸는 모든 것들은 강단(剛斷)과 적절성, 그리고 중요성에 대한 인식을 보여준다. 신이치는 우리를 집 안으로 안내했다.

뛰어난 기능을 갖춘 공간

우리는 흙바닥으로 된 어둡고 널찍한 공간으로 들어갔다. 화로에서 나오는 연기가 천장 끝까지 피어올라 공간 전체가 연기냄

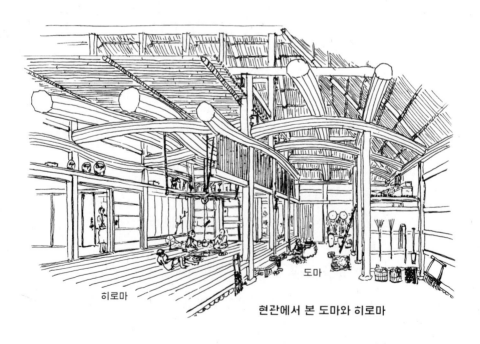

히로마

도마

현관에서 본 도마와 히로마

새로 가득했다. 한여름인데도 공기가 눅눅하고 꽤 쌀쌀하게 느껴졌다. 흙바닥이 소리를 흡수해 주변은 고요했다.

　우리가 서 있는 이곳은 도마(土間, 일종의 토방-옮긴이)라고 부른다. 기능적이면서도 옛 전통이 살아있는 공간이다. 이곳은 작업공간이기도 해서 갈퀴, 낫, 바구니, 체, 밧줄, 상자, 절구, 덧신, 모자 같은 농사일에 필요한 도구들이 벽에 걸려 있다. 도구나 식재료를 저장하기 위한 공간도 충분하다. 양수기나 베틀 같은 몇 안 되는 큰 기계는 바닥에 놓여 있지만 나머지 도구들은 대부분 어딘가에 수납되어 있

약 2~3미터

차양을 덧댄 공간은
처마가 비바람을
막아주는 실외
작업공간이다

툇마루

툇마루는 다용도 매개 공간
이다. 농가에서 툇마루는
보통 처마 밑에 자리하고,
마루나 다다미가 깔린 방과
연결되어 있다. 집 안과는
적당한 거리감이 있지만
활발하게 대화를 나눌 수
있는 거리이기도 하다

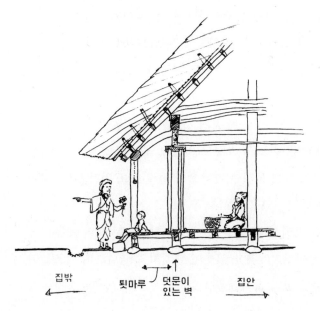

집밖　　　툇마루　덧문이　　집안
　　　　　　　　있는 벽

다. 갈퀴, 밧줄, 공구, 바구니, 선반 등은 오른쪽 구석에 놓여있다. 정면으로는 흙으로 만든 아궁이와 뒷문이 보이고 그 주변에는 여러 가지 찬장과 용기가 놓여있다. 왼쪽에는 우리가 서 있는 곳보다 한 단을 높여 마루를 깔아놓은 히로마(廣間)라는 공간이 있다. 그곳에는 가느다란 대나무로 만들어진 달반자(지붕틀에 매달은 반자[방·마루의 천장을 평평하게 만드는 시설]-옮긴이)가 보였다. 히로마와 도마 사이에는 우람한 사각의 나무기둥이 세워져 있지만 두 공간을 구별하는 벽이나 칸막이는 없다.

도마 바닥은 보기보다 정교하게 만들어졌고 내구성도 좋다. 석회와 섞은 점토를 세심하게 겹겹이 다져 굳히면 표면은 콘크리트처럼 단단해진다. 청소하기도 편하고 물도 잘 배지 않는다. 또한 오랜 세월 사용하고 나면 그 표면은 자갈을 깐 것처럼 질감이 좋고 눈도 피로하지 않으며, 디뎠을 때도 부드럽다. 자연광은 우리가 들어왔던 큰 문으로만 들어온다. 이처럼 낮은 각도에서 들어오는 빛이 광택이 있는 바닥에 반사돼 위쪽으로 퍼져나가고 불규칙적인 바닥의 굴곡을 돋보이게 한다.

일본인들은 3천 년 전 집을 짓기 시작한 이래 줄곧 흙으로 다진 바닥을 사용해왔다. 화로도 그렇고 밧줄로 묶고 짚으로 이은 지붕도 마찬가지이다. 사실 도마는 마당으로 불릴 때도 있다. 처음 지어졌을 때는 외부공간이었음을 시사해준다.

신이치는 집 안에서 거의 절반 가깝게 차지하는 도마를 우리에게 보여주었다. 신이치에게는 이곳이 널찍하고 넉넉하며 선조들이 몇 세대에 걸쳐 열심히 일해왔음을 말해주는 자랑스러운 공간이었

쭈그려 앉은 자세로 사용한다.
연기 때문에 매캐하다

시골에서 사용하는 아궁이는 대부분 둥근 형태이지만 네모난 형태도 있다

곡옥 모양의 아궁이

부유한 대가족이 사는 집의 아궁이는 솥을 놓는 구멍이 많다

염색 같은 가내수공업에 사용하기 위해 아주 큰 아궁이를 만들 때도 있다

아궁이

작고 연료효율이 좋은 조리용 설비. 흙으로 만들며 견고해서 여러 세대에 걸쳐 사용할 수 있다

바닥에 댓조각을 댄 나무 찜통은 겹겹이 쌓아올릴 수 있고 빵과 떡을 찔 때 사용한다

밥을 짓거나 물을 끓이는 등 다목적으로 사용하는 가마솥

솥 날개는 아궁이 구멍을 꽉 막아 열효율을 높이고 가마솥이 밑으로 떨어지지 않게 지탱한다

땔감을 자를 때 쓰는 작은 톱

널찍하고 얕은 냄비도 자주 사용한다

가마솥을 걸 수 있는 구멍은 보통 두 개 인데 하나는 크고 하나는 작다

불을 피울 때는 가느다란 불쏘시개를 주로 사용하는데 불에 타는 것이라면 뭐든 사용할 수 있다

타다만 장작을 나중에 다시 쓸 목적으로 담아두는 단지

꺼져 가는 불에 입으로 바람을 불어넣는 대나무관

아궁이 앞쪽 바닥은 흙으로 다지고 돌이나 나무를 일렬로 두른다

지만, 어수선하고 낡아서인지 약간은 멋쩍어했다.

부엌일은 도마 한쪽과 히로마에서 이뤄진다. 히로마에서 몇 걸음만 가면 아궁이가 있다. 전문 직인이 흙벽돌용 점토를 이용해 크기, 모양, 용량 등 주문에 따라 만든 아궁이는 연료효율이 좋다. 신이치 집에 있는 아궁이는 표준 크기이며 50년 넘게 사용해왔다고 한다. 위에서 볼 때 콩깍지처럼 생긴 아궁이는 무릎 정도 높이로 쪼그려 앉아 사용한다.

아궁이에는 가마솥을 거는 구멍이 두 개 있다. 하나는 크고 하나는 작다. 가마솥의 크기에 맞춰 만든 것이다. 큰 쪽은 밥을 지을 때 사용한다. 작은 쪽도 밥을 지을 때 사용하기도 하지만 주로 채소를 삶거나 국을 끓일 때 그리고 찜 요리를 할 때 쓴다. 서로 독립된 화구에는 주워온 땔감으로 불을 지핀다. 짚, 나뭇조각, 못 입게 된 옷, 숯도 땔감으로 쓰는데 요리를 할 때는 자주 들여다봐야 하고 막대기나 잔가지를 자주 넣어줘야 한다. 아궁이를 사용할 때 들여야 하는 시간과 주의는 이만저만이 아니다.

또 하나의 부엌은 히로마 벽 뒤쪽에 있다. 바닥에 앉아서 사용하는 목제 개수대가 만들어져 있는 것이 특징이다. 작은 비늘창(비늘판을 3cm 정도 간격으로 45도쯤 비스듬히 가로 댄 창. 햇빛을 막고 통풍이 잘 되게 만들었다-옮긴이) 앞에 놓인 개수대는 물이 새지 않도록 나무판자를 꼼꼼하게 붙여 만들었다. 신이치의 어머니는 개수대 앞에 앉아 잘 자란 무를 씻고 있었다. 가벼운 나무뚜껑이 달린 큰 항아리에서 나무바가지로 물을 떠 사용했다. 항아리의 물이 줄면 집 밖에 있는 우물에서 물을 길어와 다시 채운다. 개수대 한쪽 구석에는 창문 아래쪽 벽에 난 구멍 사이로 빠져나가는 배수관이 있다. 그 배수관으로 흘러나간 물은 좁은 돌수로로 떨어지고 우물의 배수와 마찬가지로 연못으로 흘러든다. 이 개수대에서 흘러나온 물에는 채소나 식재료를 씻을 때 나온 흙이나 유기물이 들어있지만 비누나 독성화학물질이라고 할 만한 것들은 전혀 없다. 실제로 비누는 거의 쓰지 않고 대부분 왕겨 같은 순한 연마제를 쓰기 때문에 하수는 꽤 깨끗하다.

부엌에는 다양한 찬장이 갖춰져 있는데 접시와 요리도구는 많지 않다. 내구성이 좋은 접시는 옹기장이나 목수 같은 전문 직인들에게 살 테지만 대부분의 농민들처럼 신이치의 가족도 직접 만들어 사용하려고 노력하며 현금지출을 최소화한다. 공기, 컵, 직접 만든 수저는 식구 수만큼 갖춰져 있고 다른 식기는 거의 없다. 한편 내구성이 있는 저장용 항아리는 돈을 주고라도 살 만한 가치가 있다고 여긴다.

신이치 가족은 고기를 거의 먹지 않는다. 밭에서 직접 기른 채소를 신선할 때 생으로 먹고 말리거나 소금에 절여서 먹는다. 다양한 절임기술은 실로 놀랍다. 부엌에는 절임을 보관하는 뚜껑 달린 항아리가 여러 개 있다. 각 항아리마다 무, 매실, 오이, 양배추 등 여러 종류의 절임이 들어있다. 자연냉방을 이용하기 위해 뚜껑만 보일 정도로 땅 속 깊이 묻어놓은 항아리도 몇 개 눈에 띈다. 모양은 비슷하지만 더 작은 항아리도 있다. 이 항아리에는 된장과 간장, 그리고 식용유가 담겨있다. 매일 먹는 쌀은 정교하게 만든 뒤주에 저장한다.

조왕
(부엌을 지켜주는 신)

아궁이는 매우 중요하게
여겨 근처에 제단을
만들어 둔다. 정월에는
아궁이에도 공물(供物)을
바친다

▌부정(不淨)한 공간에서 순수한 공간으로

도마에서 히로마로 올라서는 곳에 아가리
카마치(앞귀틀-옮긴이)라는 굵은 가로목이
수평으로 깔려있다. 그곳은 대대로 사람들
이 드나들어 반들반들하게 닳았으며 걸터앉
기에 적합한 높이다. 신발을 신고 들어가는 지
저분한 도마와 신발을 벗고 들어가야 하는 깨
끗한 집 안을 분명하게 나눠주는 경계선이다.
넓은 마루방인 히로마를 둘러보니 가장 먼저
그을린 나무와 대나무가 가장 인상 깊게 다가
왔다. 히로마로 올라서는 입구는 벽 없이 개
방되어 있고 오른쪽에는 부엌의 벽면과 선반
이, 왼쪽에는 툇마루로 이어지는 넓은 미닫이
문이 있다. 안쪽 벽면은 마름질한 널빤지로 짜
맞춰져 있는데 이쪽도 연기에 그을려 있다. 우리는 신발을 벗고 신
이치를 따라 히로마로 올라갔다.

히로마 바닥은 두껍고 넓은 떡갈나무 널빤지가 깔려있다. 옻칠
을 전혀 하지 않았지만 오랫동안 손으로 닦고 맨발로 또는 실내화
를 신은 채 다니다 보니 검게 윤이 났다. 툇마루와 히로마 사이에
놓인 넓은 미닫이문 사이로 들어오는 빛이 마룻바닥에 반사되어 빛
났다. 많은 농가의 히로마에는 천장이 따로 없고 지붕보 역할을 하
는 투박한 통나무가 가로세로로 얽혀 있을 뿐이다. 하지만 이 집의
히로마에는 소박한 품위와 섬세함을 자아내는 대나무 천장이 있어

마치 집 안에 머리 위를 가려주는 간단한 지붕이 만들어져 있는 듯
하다. 오랫동안 연기에 그을려 변색된 대나무는 따뜻한 적갈색 빛
을 띤다. 이 방은 소박하고 울림이 있고 단단하고 시원하며 기분 좋
은 향이 난다.

히로마에는 여러 설비도 잘 갖추어져 있다. 언뜻 보기에 단단한
벽처럼 보이는 것은 사실 널찍한 수납장을 가리는 미닫이문이다.
자세히 들여다보니 이들 중 몇 개는 이동식 수납공간으로 벽 틈이
나 벽감에 꼭 끼워져 있다. 히로마의 출입구 위쪽에는 두꺼운 가로
대가 주위를 빙 둘러 저마다 깊이가 다른 선반들을 받치고 있다. 이

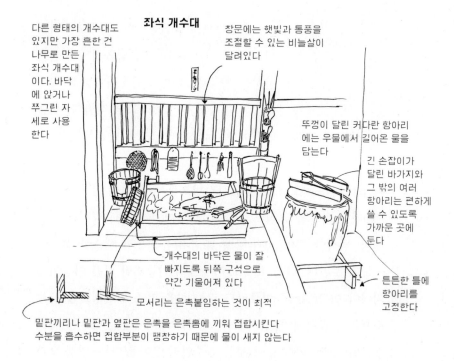

좌식 개수대

다른 형태의 개수대도
있지만 가장 흔한 건
나무로 만든
좌식 개수대
이다. 바닥
에 앉거나
쭈그린 자
세로 사용
한다

창문에는 햇빛과 통풍을
조절할 수 있는 비늘살이
달려있다

뚜껑이 달린 커다란 항아리
에는 우물에서 길어온 물을
담는다

긴 손잡이가
달린 바가지와
그 밖의 여러
항아리는 편하게
쓸 수 있도록
가까운 곳에
둔다

개수대의 바닥은 물이 잘
빠지도록 뒤쪽 구석으로
약간 기울어져 있다

튼튼한 틀에
항아리를
고정한다

모서리는 은촉붙임하는 것이 최적

밑판끼리나 밑판과 옆판은 은촉을 은촉홈에 끼워 접합시킨다
수분을 흡수하면 접합부분이 팽창하기 때문에 물이 새지 않는다

부엌에서 나온 하수는 바깥에 있는 통에 담겼다가 연못으로 흘러가 다른 용도로 사용한다. 연못까지 거리가 멀면 대나무관을 사용할 때도 있다

오랫동안 서서 일하기보다 바닥에 앉거나 쭈그린 자세로 일하는 것이 더 편하다

선반에는 그릇과 가정용 도구, 그리고 상자와 바구니 등이 놓여있다.

그 중에서도 가미다나(神棚, 집 안에 신을 모셔 놓은 감실-옮긴이)를 가장 중요하게 여긴다. 가미다나에는 작은 사당 모형과 자연의 신에게 바치는 공물이 올려져 있다. 그리고 앞쪽에는 오시이타(押板)라는 크고 소박한 벽감이 있고 여러 장의 부적이 붙어있다. 가미다나와 오시이타가 히로마 전체를 경건하고 정신적 중요성을 지닌 공간으로 바꿔놓는다. 그리고 신이치의 가족과 이 집을 찾는 손님들에게는 삼라만상을 창조한 자연의 신들이야말로 인간생활의 진정한 중심이라고 생각한다. 신들이 허락해주어 비로소 인간이 이 세상에서 살고 있다는 점을 상기시켜준다.

이 집에서는 히로마 바닥을 사각형으로 움푹 파내 만든 이로리(囲炉裏)라는 화로를 중심으로 생활한다. 이 화로는 조리시설 기능도 한다. 냄비를 걸어 국과 죽을 끓이거나 생선과 채소를 꼬치에 꽂아 굽기도 한다. 다른 요리도 이곳에서 만들지만 밥은 아궁이에서 지어야 더 잘 된다. 이로리가 있는 곳은 가족끼리 정보를 나누고 소통하는 공간이기도 하다. 이 자리는 도마가 한눈에 내려다보이는 곳이어서 이곳에 앉아(보통 안주인이 앉아 있다) 도마를 오가는 사람들의 행동을 관찰하거나 그들에게 일을 시킬 수도 있다. 우리가 도착했을 때는 신이치 가족이 점심식사를 막 끝낼 즈음이었다. 장작불 위로 찻물을 끓이는 주전자가 길이 조정이 가능한 갈고리에 걸려 있었다.

신이치의 아내와 어머니는 부엌에서 바쁘게 움직였다. 나머지 가족은 멍석 위에 편하게 앉아있거나 시원한 마룻바닥에 누워 낮잠을 청하고 있었다. 이 집의 식구는 여섯 명인데 농가에서는 이 정도가 평균이라고 한다.

신이치는 가장으로 30대이다. 그가 나고 자란 이 집은 증조할아버지가 일군 땅에 할아버지가 지었다. 신이치보다 서너 살 아래인 아내 미사키는 이웃 마을에서 자랐는데 둘은 중매결혼을 했다. 이 집의 실질적인 안주인은 신이치의 어머니인데 50세가 넘은 분이다. 신이치의 어머니는 여러모로 며느리의 의견을 따라주지만 히로마는 어머니의 영역이자 하루 중 많은 시간을 보내는 장소이기도 하다.

신이치와 미사키 사이엔 12살 난 아들과 10살 난 딸이 있다. 미사키는 이 아이들을 낳은 이후에도 두 명의 아이를 더 가졌었다. 두 번 모두 열 달을 다 채우고 낳았지만 산파가 막 태어난 아이를 거두어 갔다. 다산을 노골적으로 금지한 건 아니지만 대가족은 사회적 규범 때문에 제한할 수밖에 없었다. 마을 인구를 적정하게 유지해야만 모두가 충분한 자원을 얻기 때문이다. 여섯 번째 식구인 신이치의 남동생 쓰요시가 결혼하지 않고 신이치의 집에서 같이 살고 있는 것도 바로 그런 이유에서였다.

넓은 토지를 소유한 부자들은 둘째나 셋째 아들을 분가시켜 가정을 꾸리게 할 수도 있지만, 대부분은 아이가 없는 집이나 딸만 있는 집에 후계자로 보낸다. 그러나 보통 종교적 이유에서 독신을 고집하는 것이 아니라면 둘째 아들은 혼자 외롭게 살아야 할 운명으로 여긴다. 사회 전체의 이익을 위해 개인의 자유를 희생시켜야 한다는 가치관이다. 이러한 가치관은 불공평해 보이며 영아살해 같은 풍습들은 극단적이기까지 하다. 하지만 출생률과 가족 규모를 자발적으로 제한한 결과, 약 2백 년 동안 일본의 인구는 안정됐고 모두에게 이익을 가져왔다.

우리가 앉아 있는 곳에서는 집 안 전체가 거의 한눈에 들어온다. 히로마 뒤편으로는 그다지 크지 않은 방이 몇 개 있다. 각 방은 모두 연결되어 있고 큰 미닫이문을 열면 히로마와도 이어진다. 춥거나 날씨가 궂을 때는 각 방문을 닫아 독립된 공간으로 분리하고 필

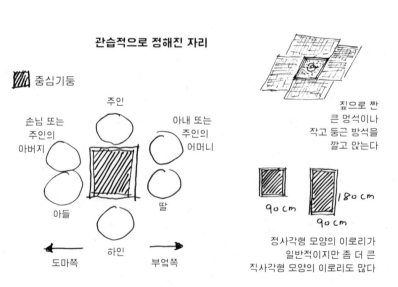

관습적으로 정해진 자리

중심기둥

주인

손님 또는 주인의 아버지

아내 또는 주인의 어머니

아들

딸

도마쪽

하인

부엌쪽

짚으로 짠 큰 멍석이나 작고 둥근 방석을 깔고 앉는다

90cm

180cm

90cm

정사각형 모양의 이로리가 일반적이지만 좀 더 큰 직사각형 모양의 이로리도 많다

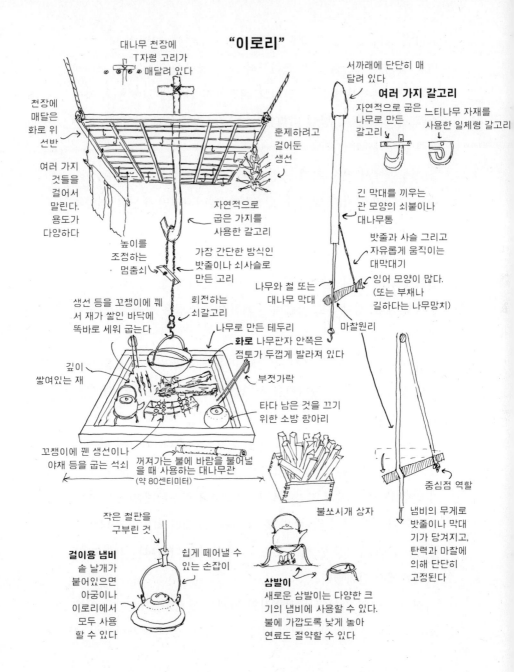

요하면 방마다 작은 화로를 놓아 따뜻하게 한다. 그런데 요즘처럼 더운 날씨에는 바람이 잘 통하도록 모든 방문을 열어둔다. 그래서인지 도마에서부터 안쪽, 그리고 뒤뜰까지 한눈에 들어온다. 자연스레 서로 다른 각 방이 막힘없이 하나의 생활공간으로 이어지는 흐름을 보여준다.

히로마에서 가장 가까운 방은 자시키(座敷, 일종의 응접실-옮긴이)라는 다다미가 깔린 방이다. 실용성은 떨어지지만 손님을 편안하게 맞이하거나 그 밖의 다양한 목적으로 사용하는 공간이다. 이 집에서 가장 격식을 갖춘 방이자 가미다나와 오시이타에 이은 정신생활에 관련된 세 번째 공간으로 미닫이문이나 접문 뒤에 불단이 모셔져 있다. 장례식도 치르며 정기적으로 스님을 불러 재를 올리기도 한다.

자시키의 설계와 특징은 그 집과 마을 전체의 번영 정도를 보여주는 좋은 지표이다. 자시키를 꾸미는데 공을 들이는 귀족의 생활양식이 서서히 사회 전체로 퍼져 나갔다. 이는 신이치 같은 평범한 가정에까지 스며들게 된 문화적 변화를 보여준다. 지역에 따라서는 다다미를 깐 자시키를 불필요한 사치로 여기는 곳도 많다. 이들 지역에서는 자시키의 벽과 바닥을 히로마와 비슷하게 만들고 반자도 드리지 않을 때가 많다. 바닥에는 다다미 대신 최초의 다다미로 알려진 큰 돗자리를 깐 집도 있을 것이다(사실 다다미는 거칠고 얇은 깔개에서 진화했다).

신이치 집의 자시키는 전형적인 자시키 양식을 보여준다. 지붕들보 아래에 반자널이 드려져 있다. 이는 실력 있는 목수의 기술이 필요한 양식이다. 좋은 나무틀에 화지(和紙, 일본 전통종이)를 바른 명장지(빛이 잘 들도록 얇은 종이를 바른 장지[방과 방 사이, 방과 마루 사이에 칸을 막아 끼우는 문]-옮긴이)뿐만 아니라 맹장지(광선을 막으려고 안과 밖에 두꺼운 종이를 겹바른 장지-옮긴이)도 있다. 이 미닫이문들은 내구성이 좋고 찢어져도 수리하기 쉽다는 점이 입증됐다. 하지만 장지를 만들려면 전문기술을 보유한 소목장이와 화지 같은 종이가 필요하다. 종이는 집에서 만들기 어렵기 때문에 장지문의 보급은 자급자족에서 화폐경제로 한발 나아갔음을 보여준다. 한편 장지문은 검소하다고 할 정도로 소박하고 수수하며 아무런 장식이 없지만 자연소재들과 조화와 대비를 이뤄 아름다움이 한결 돋보인다.

공간의 아름다운 확장

자시키도 툇마루의 이점을 최대한 살릴 수 있는 곳에 있다. 외부 덧문을 열면 처마 밑으로는 마치 자시키를 연장시켜놓은 것 같은 공간이 펼쳐진다. 낮게 드리워진 깊은 처마는 집 안에 그늘을 만들어주고 방으로 들어가는 빛을 조절하며 명장지를 자유롭게 여닫아 빛을 조절해 준다. 툇마루는 집의 안과 밖의 중간적 장소로 가장 쾌적한 공간이기도 하다. 또한 가족과 대화를 하면서 일도 하는 공간이다. 잠깐 들른 손님이 처마 아래에 선 채 또는 툇마루 끝에 걸터앉은 채로 주인과 편하게 이야기를 나눌 수도 있다.

손님이 신을 벗고 집 안으로 들어가는 건 오랫동안 머무른다는 의미이다. 따라서 다과를 내와 정식으로 대접해야 함을 의미한다.

그러나 중간구역인 툇마루는 '그 집에 있지만 실제로 집 안으로 들어간 것은 아닌' 모호함이 있어 집주인과 손님이 쉽게 대화를 끝내고 언제든 하던 일을 하러 돌아갈 수 있는 장소다.

이 집에서 가장 안쪽에 있는 방은 난도(納戶)라는 침실이다. 난도도 자시키와 마찬가지로 과학과 경제가 발전한 최근 수십 년 동안 많이 달라졌다. 아주 먼 옛날부터 난도는 다른 방보다 방바닥을 더 깊이 판 다음 널빤지를 깐 작은 방으로 온 가족이 모여 짚을 덮고 잠을 잤다. 그때는 무명이불을 구하기가 쉽지 않았다. 사실 어떤 침구든 오직 부유한 계급만이 사용했다. 서민은 한 벌밖에 없는 평상복을 입은 채 널브러진 짚더미를 덮고, 온기를 위해 함께 붙어서 잤다. 불편했고 특별히 따뜻하지도 위생적이지도 않았다.

그런데 18세기 초에 농업혁명이 일어났고, 막부의 장려와 지원으로 엄청난 규모의 목화를 재배하기 시작했다. 막부의 시각에서 보면, 면직물은 그때까지 가장 흔하게 사용했던 삼에 비해 내구성과 견고함이 뛰어나 무사들의 옷을 만들기에 분명한 이점이 있었다(그런 점에서는 비단이 단연 최고지만 여전히 사치품이다). 면이 널리 보급되면서 서민들조차 한 벌 이상의 옷과 이부자리를 마련할 정도로 비용이 저렴해졌다. 면제품은 뜨거운 물에 여러 번 빨아도 잘 해지지 않았다. 당시 사망률을 봐도 면이 들어오면서 농민들의 건강이 전반적으로 향상되었다는 것을 알 수 있다.

신이치 집의 난도에는 자시키처럼 다다미가 깔려있다. 이 시기에 널리 보급된 이부자리를 넣기 위한 깊은 벽장도 있다. 난도는 여전히 꽤 좁지만 깨끗하고 따뜻한 가족 모두의 편안한 잠자리다.

변소는 어디 있냐고 묻자 신이치의 딸이 안내해 주었다. 변소는 이 집에서 가장 작은 공간이고 현관 입구 가까이에 있지만 거의 독립된 구조이다. 가운데를 칸막이로 막아 두 공간으로 나눠놓았다. 왼쪽에는 남성용 소변기가 놓여있고 한쪽 벽이 훤히 뚫려있다. 오른쪽은 널빤지가 깔린 바닥 가운데에 쪼그리고 앉아 사용하는 재래식 변기가 있고 그만큼 넓다. 재래식 변기가 있는 쪽은 나무로 만든 가벼운 문과 걸쇠가 달려 있고, 성별이나 나이 또는 지위 구분 없이 누구나 사용하는 공간이다. 구조가 간소해서 청소하기가 쉽

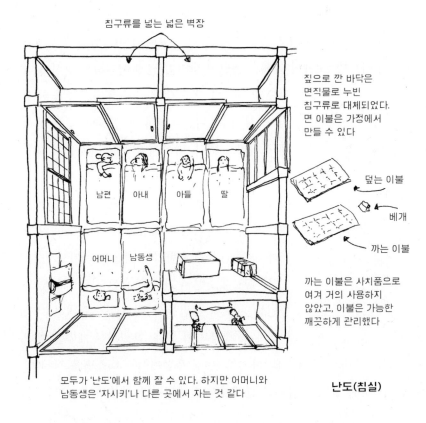

침구류를 넣는 넓은 벽장

짚으로 깐 바닥은 면직물로 누빈 침구류로 대체되었다. 면 이불은 가정에서 만들 수 있다

남편   아내   아들   딸

덮는 이불

베개

까는 이불

어머니   남동생

까는 이불은 사치품으로 여겨 거의 사용하지 않았고, 이불은 가능한 깨끗하게 관리했다

모두가 '난도'에서 함께 잘 수 있다. 하지만 어머니와 남동생은 '자시키'나 다른 곳에서 자는 것 같다

난도(침실)

다. 변소를 쾌적하게 여길 사람은 설마 없겠지만 꽃을 놓거나 향을 피워 불쾌감을 완화해 주었다. 변소로서의 제구실은 충분히 해내고 있다. 환기도 잘 되고(그래서 겨울에 매우 춥다), 옆에 손 씻는 통을 두어 위생에 신경을 썼다. 아무리 가난한 집이라도 변소의 모습은 대체로 비슷하다.

집에서 변소는 꼭 필요하고 확실한 경제가치가 있다. 사람의 똥오줌은 둘도 없는 거름이 되기 때문에 쉽게 퍼내고 처리하도록 여러 가지 독창적인 설비를 갖추었다. 변소 바닥 속에는 큰 나무통이나 항아리를 묻어 놓았는데 밖에서 퍼내기 쉬운 쪽에 뚜껑이 달려 있다. 소변기를 따로 만들어 놓은 건 사용자의 편의만을 생각해서가 아니다. 고체와 액체는 논밭에 뿌리기 전에 처리하는 방식이 다

대소변은 뚜껑이 달린 높고 좁은 통에 담아 퇴비더미로 옮긴다

르므로 용도에 맞게 각각 다른 통을 묻어놓은 것이다. 집 밖의 거름더미 위에 만들어 놓은 야외용 소변기도 있다. 밖에서 일하는 남자들이 사용하기 편한 곳에 만들어 들판에 방뇨하는 대신 이곳에 오줌을 모아 거름에 쓰도록 했다. 농민들은 거름의 양을 늘리려고 사람들이 많이 다니는 길가에 공용 변소와 소변기를 만들어 놓기도 한다.

실제로 대소변 수거는 중요한 사업이 되었고 농민들은 도시 사람들의 대소변을 수거하고(자신의 논밭에 뿌리기 위해) 운반하는 계약을 따내려고 어떤 고생도 마다하지 않는다. 유럽에서는 대소변을 강에 버린 탓에 물이 오염되고 콜레라가 발생했지만 일본에서는 자주 수

변소

보통은 안채 현관
가까이에 붙어 있고,
밖에서도 드나들 수 있다.
그런데 독립된
옥외 변소도 많다

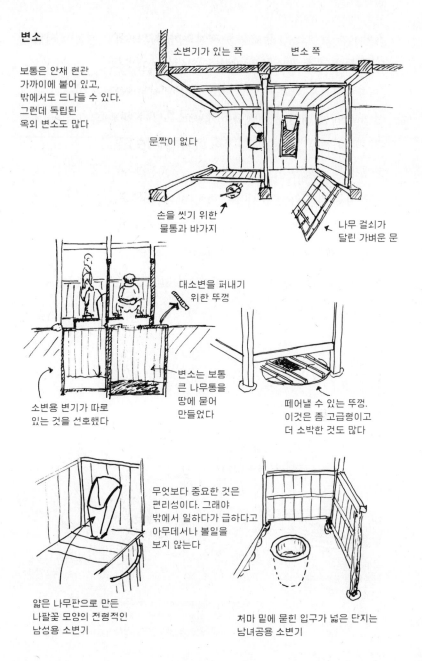

소변기가 있는 쪽　　변소 쪽

문짝이 없다

손을 씻기 위한
물통과 바가지

나무 걸쇠가
달린 가벼운 문

대소변을 퍼내기
위한 뚜껑

변소는 보통
큰 나무통을
땅에 묻어
만들었다

소변용 변기가 따로
있는 것을 선호했다

떼어낼 수 있는 뚜껑.
이것은 좀 고급형이고
더 소박한 것도 많다

무엇보다 중요한 것은
편리성이다. 그래야
밖에서 일하다가 급하다고
아무데서나 볼일을
보지 않는다

얇은 나무판으로 만든
나팔꽃 모양의 전형적인
남성용 소변기

처마 밑에 묻힌 입구가 넓은 단지는
남녀공용 소변기

거하고 누출되는 양과 손실을 최소화하려고 노력한 덕분에 사람들의 건강에도 좋은 영향을 미쳤다.

정기적으로 목욕하는 습관도 건강에 매우 이롭다. 인구가 밀집된 도시에는 개인이 운영하는 공중목욕탕이 매우 흔했지만, 농촌에서는 가까운 곳에 자연온천이 있지 않는 한 집에서 목욕을 한다.

목욕통 제조와 물을 데우는 방법이나 배수 등 목욕시설은 빠르게 발전하고 있지만 신이치 같은 농민에게 직접 미치는 혜택은 거의 없다. 보통 농가가 실제 욕실과 욕조, 그리고 급

수세미

천 조각으로 만든 주머니에 쌀겨를 넣고 꿰맸다

그리고 때수건으로 사용했다 (비누는 쓰지 않음)

넓은 통 : 목욕하기에는 통이 클수록 좋겠지만 그만큼 물도 많이 필요하다

물을 빨리 끓이기 위해 여러 냄비와 주전자를 동시에 사용한다

깊이가 얕은 목욕통도 충분하다!

평균적인 목욕에도 많은 연료가 들어간다

목욕 목욕은 에너지를 소비하는 면에서 사치일 수 있지만 건강상 큰 이점이 많다

탕장치를 갖추려면 백 년 이상이 걸릴 것이다.

신이치네는 일주일에 한 번 도마나 마당에 큰 통을 꺼내 놓고 끓인 물을 통에 채운 뒤에 가족 모두가 교대로 씻는다.

목욕을 할 때는 쌀겨를 넣은 작은 직물 주머니를 쓰는데, 때 밀기에 아주 좋다. 비누를 사용하지 않기 때문에 목욕하고 난 물은 연못으로 흘려보내도 문제될 게 없다. 목욕할 때 필요한 만큼 물을 데우려면 힘이 많이 들고 하루치 식사를 준비하는 데 드는 것만큼 연료가 들어가기 때문에 일주일에 한 번 이상 목욕하기가 어렵다.

에너지가 적게 드는 목욕방법 중 가장 일반적인 방법은 바로 한증탕이다. 보통 두 사람이 간신히 들어갈 만한 덧문이 달린 벽장 같은 공간에 작은 화로와 냄비가 있다. 냄비의 물이 끓으면 열기로 땀

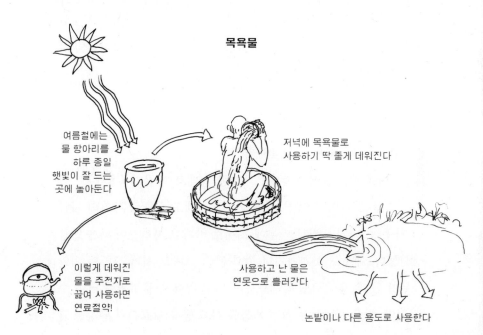

목욕물

여름철에는
물 항아리를
하루 종일
햇빛이 잘 드는
곳에 놓아둔다

저녁에 목욕물로
사용하기 딱 좋게 데워진다

이렇게 데워진
물을 주전자로
끓여 사용하면
연료절약!

사용하고 난 물은
연못으로 흘러간다

논밭이나 다른 용도로 사용한다

을 흘리고 노폐물이 배출된다. 마지막으로 때를 밀고 시원한 물로 헹구고 나면 아주 깨끗하고 상쾌해진다. 여름에는 연료를 아끼기 위해 태양에너지를 이용한다. 태양이 내리쬐는 마당에 물을 채운 큰항아리를 아침부터 내놓으면 저녁에 목욕물로 쓸 정도로 따뜻해진다. 이와 같은 방식으로 데운 물은 차를 끓일 때도 사용한다. 이역시 연료 절감 방식이다.

나중에는 가마솥과 비슷한 고에몬부로(五右衛門風呂, 밑바닥에 직접 불을 때 물을 데우는 방식의 철제목욕통 - 옮긴이)부터 목욕통 없이 바닥에 배수구만 있는 작은 욕실까지 다양한 목욕설비가 등장했다. 그러나 목욕의 핵심요소는 온수이다. 온수를 소중히 여긴다는 건 온수를 얻으려면 상당한 양의 연료를 소비해야 하고 따라서 환경에도 큰 영향이 미친다는 인식이 있었다는 뜻이다. 뜨거운 목욕물을 절약하려는 정신은 후세기까지 이어져 욕실 설계에도 끊임없이 영향을 미친다.

삶의 방식으로써의 자급자족

이 마을에서 눈에 띄는 건 다양한 형태로 자급자족을 하며 살아가는 모습이다. 다른 집처럼 신이치네도 식재료를 거의 자급자족하고 있다. 쌀도 막부에 조세로 바치고 자기들이 먹을 만큼 생산한다. 채소도 마찬가지다. 농가에는 적어도 서너 그루의 과일나무가 있다. 숲에서도 식재료를 구하고 강에서 물고기를 낚을 수도 있다. 마을 사람들은 직접 기름을 짜고 콩을 발효시켜 된장을 담

근다. 집집마다 남거나 부족한 것들이 생기기 마련이다. 그러면 대개 사회적 상호작용에 따라 비공식적으로 물물교환을 한다. 예를 들어 한 사람이 친척에게 감을 받으면 대신 생선 한 바구니를 내어주는 식이다. 아마 손님을 접대해야 하는 특별한 경우라면 평소에 잘 먹지 않는 식재료를 돈을 주고 사지만 이런 경우는 흔치 않다.

　농가에서는 에너지도 자급자족한다. 신이치네 역시 필요한 만큼의 연료만 사용한다. 마을 전체로 봐도 적당량 이상은 결코 넘지 않는다. 또한 우물을 파 마실 물로 사용하고 집과 마당은 태양에너지를 이용하게끔 설계했다. 농사일도 태양에너지를 떠나서는 생각할 수 없다. 신이치의 집은 자연의 그늘과 시원한 산들바람을 최대한 이용하려고 주변 나무들과의 방향을 고려해 지어졌다. 기름을 짜고 곡물을 빻고 광물을 분쇄하는 소규모 작업에는 수력을 사용하지만 마을에서 기르고 있는 가축 몇 마리가 하는 일을 빼고는 거의 모든 일을 인력으로 한다.

　도구와 비품들도 거의 직접 만들어 쓰고 옷도 지어 입는다. 옷을 지을 때는 실을 뽑아 피륙을 짜고 마름질해서 바느질까지 모든 과정을 직접 한다. 그러나 마을 전체 자원에 의존하는 것도 있다. 예를 들어 목화가 부족할 때면 근처에서 재배한 목화로 보충하고, 자기가 만든 것보다 훨씬 전문적인 기술이 필요한 직물도 구한다. 또한 특별한 도구를 만들기 위해 숙련된 금속세공 기술자의 힘을 빌려야 할 때도 있다. 그런가 하면 도자기 그릇이나 다다미, 또는 창호지 등도 필요한데, 이런 것까지 자급자족할 수는 없지만 마을 전체로 봤을 때 대개 자급자족을 한다. 사실, 마을 밖에서만 들여오는 생필품은 소금밖에 없다. 물론 다른 품목도 들여온다. 행상인이 돌아다니며 해초, 찻잎, 기름, 나무바가지, 냄비, 밥솥, 종이, 부채, 자 등 다양한 품목을 판다. 고급 정종과 가구, 훌륭하게 빚은 도자기, 장식품, 장신구 같은 사치품과 고급품도 구할 수 있다. 이러한 것들은 농민의 생활수준이 높아지고 더 광범위한 화폐경제로 들어서고 있음을 보여준다. 그렇더라도 생필품은 마을 안에서 조달한다.

자원의 재활용은 놀랍다. 여러 가지 방법으로 많은 식물을 뿌리부터 줄기까지 완전히 이용해 농업폐기물이 거의 나오지 않는다. 그나마 나오는 농업폐기물도 퇴비나 부엽토로 이용한다. 뿐만 아니

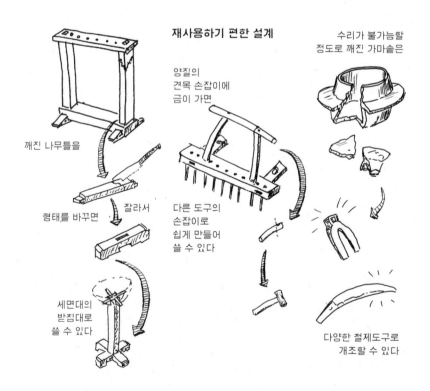

재사용하기 편한 설계

깨진 나무틀을

형태를 바꾸면

잘라서

세면대의 받침대로 쓸 수 있다

양질의 견목 손잡이에 금이 가면

다른 도구의 손잡이로 쉽게 만들어 쓸 수 있다

수리가 불가능할 정도로 깨진 가마솥은

다양한 철제도구로 개조할 수 있다

라 아궁이에서 나오는 재는 비료와 섞어 재활용한다. 골풀과 짚으로 만든 물건이 낡으면 그것 또한 재활용한다. 금속(주로 철)은 계속 고쳐서 쓴다. 깨진 솥은 낫날로 만들어 쓰고 깨진 날은 두들겨서 작은 도구와 갈고리로 쓴다.

　나무는 특히 생명 주기가 길다. 고장난 농기구의 나무틀은 도끼 손잡이로 만들고 도끼 손잡이가 부서지면 이번에는 주걱으로 고쳐서 쓰고 그 주걱이 부러지면 땔감으로 쓴다. 그리고 태우고 남은 재는 비료로 밭에 뿌린다. 옷도 수선하여 새롭게 만든다. 낡은 상의에서 가장 온전한 부분을 정교하게 떼어내 다른 옷을 기우는데 쓰

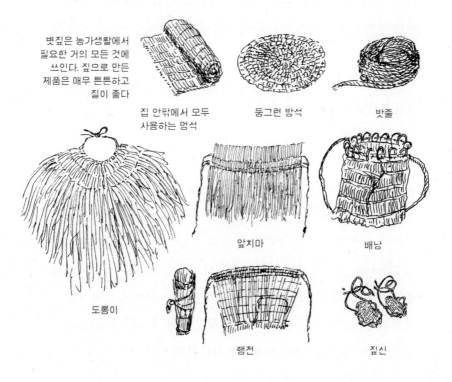

볏짚은 농가생활에서 필요한 거의 모든 것에 쓰인다. 짚으로 만든 제품은 매우 튼튼하고 질이 좋다

집 안팎에서 모두 사용하는 멍석

둥그런 방석

밧줄

앞치마

배낭

도롱이

행전

짚신

고 그것도 낡으면 휴대용 주머니를 만들었다가 걸레로 재활용한다. 낡은 걸레는 다시 얇은 줄 모양으로 잘라 실내화나 작은 방석을 짜는 데 이용하고 이것 또한 닳아서 못쓰게 되면 퇴비나 연료로 사용한다. 이런 식의 재활용은 농촌에서는 보통 신이치의 집과 같은 농가에서 하지만, 사실 재활용은 일본 전역에서 제도화되고 상업화되었다.

자급자족은 농산물을 넘어 가내수공업으로 발전했다. 도쿠가와 이에야스(德川家康 1543~1616)가 1603년 막부의 쇼군이 되었을 때 농민들의 주된 목적과 책임은 국가를 위한 식량 생산이었다. 그런데 1649년(게이안 2년) 막부는 농민들이 하루 일을 끝내고 소득을 보완할 공예품을 부지런히 만들며 저녁시간을 보내라는 포고령을 내렸다. 가내수공업도 계절적 작업이고 주로 겨울이 적절했다. 온 가족이 농사일에 매달릴 필요도 없기 때문에 가내수공업은 노동력을 효율적으로 활용하는 방법이다.

가내수공업 중에 가장 많이 보급한 작업은 짚공예, 바구니공예, 옷감짜기 등이다. 수확한 볏짚은 다양한 가정 생필품을 만들 때 가장 손쉽게 이용하는 재료이자 매년 풍부하게 구할 수 있는 재생가능한 자원이다. 짚으로 만든 생필품은 다양하다. 신이치의 가족은 멍석이나 방석 또는 냄비받침 등 모든 종류의 깔개와 장식품을 짚으로 짠다. 큰 멍석을 만들려면 전용 직기가 필요한데, 방법은 직물을 짜는 방법과 다르지 않다. 신이치의 가족은 짚으로 주머니와 휴대용 가방도 짠다. 농사 용도로는 거칠고 성글게 짜고 볼품 있게 만들려면 장식문양을 넣어 촘촘하고 아름답게 짠다.

그뿐만 아니라 신발류와 앞치마, 그리고 우비 같은 의류도 짚으로 많이 짠다. 짚으로 만든 신발은 각반과 덧신은 물론이고 가벼운 짚신부터 묵직한 눈장화까지 다양하다. 말에게 신기는 방수화도 만든다. 주로 밖에서 쓰는 앞치마는 신축성이 있고 무늬를 넣어 정교하게 엮어 만든다. 도롱이는 물기가 최대한 스며들지 않도록 두껍고 촘촘하게 만든다. 생각보다 가볍고 깃과 목 부분이 얇고 신축성이 있어 편하다. 삿갓과 장갑도 짚을 이용해 다양하게 만든다. 짚을 꼬아 만든 새끼줄은 다양한 용도로 사용한다.

그리고 가마니, 빗자루, 솔, 장난감도 볏짚으로 만든다. 볏짚으로 만든 물건은 한 계절이나 한 해 동안 사용할 만큼 내구성이 있지만 대부분(특히 신발)은 정기적으로 교체해야 한다. 신이치의 가족이 짚으로 만든 물건은 다 쓰고 나면 퇴비나 연료로 사용해 폐기물을 배출하지 않는 재활용의 순환이 이루어질 것이다.

한편 갈대와 대나무를 얇게 쪼개 바구니나 모자와 같은 내구성 있는 물건도 엮어 만들었다. 대나무는 탄력성이 있어 강하고 유연성이

직접 만든 대바구니

무거운 물건을 넣는 큰 바구니
- 지게에 얹을 수도 있다

상자와 뚜껑

성글게 만든 큰 바구니

휴대용 바구니   체

깔때기 - 촘촘하게 짬

키 - 성글게 짬

요구되는 곳에 특히 적합하다. 체, 깔때기, 뚜껑, 칸막이, 상자, 욕조, 천장과 같은 다양한 곳에 바구니세공기술을 활용했다. 대나무는 매우 단단하고 번식력이 강하다. 성장속도도 빠르고 짚처럼 쉽게 재활용된다.

친환경 가내수공업

가내수공업에 적합한 직물은 여러 가지가 있다. 그 중에는 대량 생산으로 발전한 것도 있다. 직물에는 인피섬유(삼과 모시), 무명, 비단이 있다. 사실 삼이 가장 오래되었고 생산하기도 가장 쉽다. 신이치 가족은 필요한 만큼 삼을 직접 생산한다. 비단은 많은 노동력이 들어가는 최고급 직물이다. 서기 약 300년에 중국에서 전해졌지만 신이치 집에서는 만들지 않는다. 무명은 12세기에 처음 한국과 중국에서 들어왔지만 17세기 후반까지는 대규모로 생산하지 않았다. 신이치 집에서는 목화재배는 하지 않지만 친척에게 얻어와 천을 짜고 염색을 한다.

이 모든 가내수공업은 자원배분과 환경에 미치는 영향, 그리고 완성품의 가치와 유용성 등을 따져볼 때 저마다 장단점이 있다. 이러한 관점에서 보면 짚공예야말로 가장 이상적이다. 한편 생산성이 떨어지는 섬유식물을 대신해 목화를 재배하는 것은 친환경적 판단이라고 하겠다. 무명은 재배하고 천을 짜서 염색하는 과정에서 환경오염이 적으며 생산품들을 재사용하거나 재활용하기도 한다. 그리고 재배 뒤 공정은 주로 실내에서 이루어지기 때문에 집 안을 작업공간으로 활용해 효율적이다.

가내수공업 규모로 술을 빚거나 발효식품을 만드는 것도 연료
와 물이 많이 들지 않는다. 또한 만드는 과정에서 필요한 장비는 나
무통과 항아리인데 몇 년 동안 사용한다. 중간생성물은 소비하거나
퇴비로 만든다. 이러한 작업은 환경에 미치는 부담도 적다.

팔려고 숯을 만드는 일은 특별한 경우이다. 왜냐하면 고효율의
열 공급원인 나무를 효율은 떨어지지만 운송
이 쉬운 형태로 바꿔 한정된 산림자원을 직접

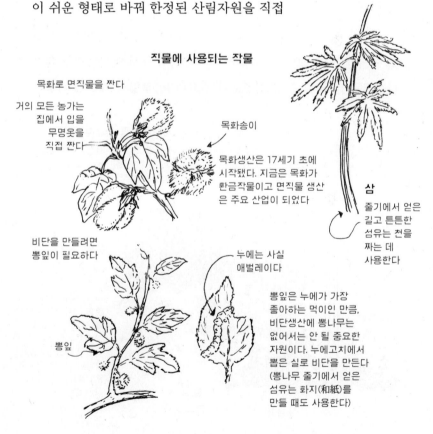

직물에 사용되는 작물

목화로 면직물을 짠다

거의 모든 농가는
집에서 입을
무명옷을
직접 짠다

목화송이

목화생산은 17세기 초에
시작됐다. 지금은 목화가
환금작물이고 면직물 생산
은 주요 산업이 되었다

삼
줄기에서 얻은
길고 튼튼한
섬유는 천을
짜는 데
사용한다

비단을 만들려면
뽕잎이 필요하다

누에는 사실
애벌레이다

뽕잎은 누에가 가장
좋아하는 먹이인 만큼,
비단생산에 뽕나무는
없어서는 안 될 중요한
자원이다. 누에고치에서
뽑은 실로 비단을 만든다
(뽕나무 줄기에서 얻은
섬유는 화지(和紙)를
만들 때도 사용한다)

뽕잎

소비하게 만들기 때문이다. 숯은 인구의 상당 부분을 차지하는 도시 사람들에게 연료로 공급된다.

앞에서 말한 가내수공업 중 비단생산은 그 과정이 사치를 상징한다. 비단을 만들려면 누에를 쳐야 하는데, 그러려면 뽕나무를 심을 넓은 땅이 있어야 한다. 거기에 누에를 키울 큰 집, 사육선반이 필요하다. 그런 공간을 지으려면 많은 건축자재가 들어간다. 그리고 누에치기에 적정한 온도를 유지하려면 많은 연료와 노동력이 필요하다.

대장장이 일이나 옹기를 만드는 가내수공업은 연료와 자원사용을 생각해 봐야 한다. 두 작업은 가내수공업 규모라 하더라도 보통 가정보다 훨씬 많은 양의 연료가 필요하다. 그렇기 때문에 마을사

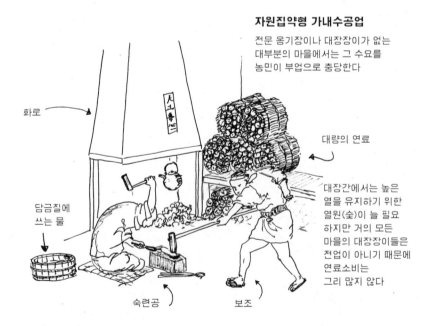

자원집약형 가내수공업

전문 옹기장이나 대장장이가 없는 대부분의 마을에서는 그 수요를 농민이 부업으로 충당한다

화로

대량의 연료

대장간에서는 높은 열을 유지하기 위한 열원(숯)이 늘 필요하지만 거의 모든 마을의 대장장이들은 전업이 아니기 때문에 연료소비는 그리 많지 않다

담금질에 쓰는 물

숙련공

보조

람들이 사용하는 연료가 그만큼 줄어들 수도 있다. 대장간에는 항상 불을 피워두기 때문에 화력 좋은 숯불이 필요하고, 옹기장이는 몇 주에 한 번씩 토기를 구울 때마다 많은 양의 장작을 쓴다. 점토는 재생 불가능하다. 또한 땅을 조금만 판다고 해도 점토를 얻는 일은 어쨌든 채굴작업이다. 도기제작에 적합한 질 좋은 점토는 그리 많지 않기 때문에 접근권과 이용권의 논란을 불러일으킬 수도 있다.

그런가 하면 양질의 선철은 보통 아주 먼 거리에서 가져와야 한다. 원가는 높지만 쉽게 재활용할 수 있어서 최대한 이용한다. 철기는 대부분 집에서 고치지만 마을 사람들에겐 반드시 대장간이 필요하다. 설사 대장장이가 겸업으로 농사를 짓는다고 해도 말이다. 하지만 그에 비해 옹기장이는 지역경제와 그 밖에 가내수공업에 도

도기제조

적당한 점토는 간단히 구할 수 있지만 특히 질이 좋은 재료를 두고 쟁탈전이 벌어지는 일도 아주 가끔 있다. 가마의 설계는 연소효율을 높이기 위해 지속적으로 개선된다

작은 가마.
큰 가마는 이것보다 열 배가 크다

나무의 개체 수 조사

기가 많이 필요하지 않다면 마을에 꼭 있어야 하는 건 아니다. 그런 면에서 옹기장이들이 질 좋은 점토가 풍부한 곳에 모여서 전문화된 도기마을을 이루는 것은 어쩌면 당연한 일일지 모른다.

훌륭한 산림 관리

신이치를 비롯한 아오야기 마을 사람들은 자신의 집이나 근처 논밭에서 주로 시간을 보낸다. 집이나 논밭이 낮은 산비탈에 있기도 하다. 식재료와 연료를 채집하려고 좀 더 깊은 숲 속으로 들어갈 때도 많다. 때로는 훨씬 더 깊은 숲 속으로 들어가 일정기간 벌목에 참여 한다. 마을 사람들이 생산한 농산물은 일부 직접 먹기도 하지만 쌀은 대부분 에도 같은 대도시로 보낸다. 뿐만 아니라 공동으로 생산하는 목재도 거의 모두 도시로 보낸다. 바로 이러한 점이 도시의 윤택한 삶과 농촌 환경의 건전성이 밀접하게 연결되어 있음을 보여준다.

농업과 마찬가지로 산림관리에도 자원보호와 절약정신이 일반화되어 있다. 신이치가 살고 있는 마을 주변의 숲은 농민들의 최저 생계와 탐욕적인 도시 사람들의 목재수요를 모두 충족시킬 만큼 식림과 벌목이 이루어진다.

사람들은 일본열도에 서식하는 자연종들의 균형을 바꿔놓았다. 우리는 숲에서 그러한 변화를 보았다. 신이치가 살고 있는 이 시대에도 자연 그대로의 산림은 거의 남아있지 않다. 신이치의 먼 선조 때 가치가 높은 삼나무와 편백나무 같은 극상림(極相林, 식물군상이 서서히 변화해가다 맨 마지막 단계에 이르러 안정된 상태로 지속되는 숲-옮긴이)을 거의 베어버렸기 때문이다. 위로 곧게 자라고 향기롭고 결이 고우며 가공하기도 쉬운 삼나무나 편백나무 같은 침엽수는 문화적 또는 경제적인 면에서 건축자재로 인기가 많다. 그래서 질 좋은 침엽수를 찾아 잘 키워서 베어낸 다음 그 자리에 똑같은 나무를 더 많이 심는 작업에 많은 노력을 기울이며 산림을 관리해왔다. 그렇다고 다른 수종(樹種)을 하찮게 여기는 건 아니다. 저마다 용도가 다르기 때문에 그 나름의 가치와 시장성은 있지만 뭐니 뭐니 해도 숲의 새로운 왕은 삼나무이다.

원시림은 천이(遷移)를 거치며 성장한다. 초원 위에 관목이 자라고 시간이 지나면 그 관목림은 활엽수림으로 변해가고 환경이 허락하면 침엽수림이 되기도 한다. 일본 중부지역의 원시림에는 인류가 정착하기 전에는 말할 것도 없고 그 뒤에도 오랫동안 낙엽성 활엽수와 침엽수가 뒤섞여 있었다. 밤나무, 떡갈나무, 월계수, 너도밤나무 같은 수관(樹冠)이 넓은 활엽수가 무성했고 그 밑으로는 햇빛을 듬뿍 받은 풀과 관목을 비롯한 다양한 식물과 동물들이 살기에 좋은 환경이었다. 활엽수림은 원래 다양한 변화가 일어나는 곳이다. 삼나무와 편백나무는 활엽수보다 키가 크고 둘레가 작아 함께 밀집해서 자란다. 그렇기 때문에 침엽수로 뒤덮인 숲의 지면은 보통 나무에서 떨어진 침엽과 양치식물로 덮여있을

일본의 원시림은 활엽수와 주변에서 함께 자라는 식물군집이 압도적이었다. 활엽수림은 인간을 위한 식재료와 연료의 공급원이자 건전한 생태계를 유지하는 데 중요한 역할을 하는 동물의 서식지로도 매우 유용하다

숲의 왕 - 활엽수

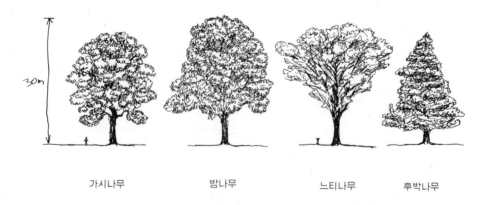

30m

가시나무　　　　밤나무　　　　느티나무　　　후박나무

뿐 그 밖의 것들은 거의 찾아볼 수 없다. 고도
가 더 높거나 추운 지역에서는 침엽수 이외의
식물은 잘 자라지 않지만 사람들이 처음 일
본 중부지역에 들어왔을 때는 활엽수림이 많
았고 그 사이사이 침엽수림이 풍부하게 산재
해 있었다.

　일본이 처음 국지적으로 숲을 훼손하고
부작용을 겪은 건 훨씬 오래전 일이다. 바로
8~10세기에 일본을 통치했던 왕들이 헤이조
쿄(平城京, 현재의 나라 현 북부)와 헤이안쿄(平安
京, 현재의 교토 남부)에 수도를 세우려고 사실상
주변 산기슭을 밀어냈을 때였다. 수도에 세운
건축물들은 크기가 어마어마했고 호화스러웠

일본은 원래 침엽수가 산의
고지대에서만 두드러졌다.
하지만 사람들이 침엽수를
많이 심은 덕분에 대부분의
산기슭에서도 볼 수 있게
되었다. 각각의 나무는
좋은 특성이 몇 가지씩 있고
용도도 다양하지만 침엽수는
주로 목재용으로 가치가 있다

숲의 왕 - 침엽수

| 삼나무 | 편백나무 | 적송 | 낙엽송 |

으며 원시림에서 베어낸 목재가 막대하게 들어갔다. 도다이지(東大寺, 나라 현에 있는 절)의 대불 같은 거대한 청동조형물을 만드는 제련(製鍊)과정에서는 활엽수림이 통째로 들어가기도 했다.

일반적으로 자연의 천이과정에서 활엽수림의 성장이 빠르기 때문에 침엽수림을 모두 베어내면 더 건강하고 유용한 활엽수림이 자란다. 활엽수는 좋은 연료로 쓰이며 활엽수의 그루터기와 뿌리는 토양침식을 막아주는 역할을 한다. 그루터기에서는 금방 새싹이 나고 시간이 지나 이윽고 다 자라면 또 베어낸다. 이렇게 세대교체가 일어난 숲에서 자라는 관목은 생태학적으로 풍부하고 다양하다.

하지만 불행하게도 난벌(특히 새로운 경작지를 만들기 위한 벌채) 때문에 과거 수백 년 동안 이러한 긍정적인 균형을 거의 찾아볼 수 없었다. 신이치의 조부 같은 농민들은 양질의 침엽수를 그다지 필요로 하지 않았다. 오히려 연료로 쓰기 위한 활엽수와 퇴비로 쓸 잡목들, 그리고 다양한 야생 식재료를 더 원했다. 농민들의 이러한 수요가 고급목재를 필요로 하는 지배층 수요와 정면으로 충돌하기 시작했다. 막부는 농민들이 더는 숲을 이용하지 못하게 막아야 한다는 생각을 하게 되었고 자원을 보호한다는 미명 하에 벌목과 운송, 그리고 소비를 제한하는 금지규정과 처벌을 시행했다.

사람들은 산의 경사면 한곳에서 필요한 목재와 땔감, 비료, 경작지를 내줄 거라고 기대한다. 그러나 어떤 것이 되었든 이중 두 가지는 충분히 채워질지 모르지만 세 가지를 충족하는 건 쉽지 않다. 네 가지 모두 충족하는 건 불가능하다. 그래도 지금은 숲이 전보다 훨씬 많은 것들을 생산하므로 농민과 지배계급 모두 자신이 필요한 많은 것들을 숲에서 얻고 있다. 권한과 법적 수단을 명확히 규정해 숲을 장기간 다목적으로 이용하는 제도가 마련되었다. 즉, 벌목 후 숲을 새롭게 조성하는 기술 개발과 보급이 이루어지고 하천 이용을 놓고 벌어지는 벌목업자와 농민의 갈등도 최소화되었다. 또한 규제와 뿌리 깊은 자연보호정신, 그리고 다양한 기술적 요소의 영향으로 소비도 제한되었다. 이러한 새로운 산림관리체제는 농민을 매우 중요한 공동협력자로 여기며 그들의 지식과 기술을 활용하는 대가로 분명한 경제적 혜택을 제공한다.

숲의 관리와 복원은 17세기 중반 철저하고 상세한 산림조사를 하면서 시작되었다. 실제 그루 수와 나무의 종류가 조사내용에 포함되었다. 이러한 조사내용은 산림기록부로 만들어져 정기적으로 갱신되었다. 이 기록은 막부관료, 산림관리자, 목재상들의 활동을 계획하고 조정할 때 중요한 참고자료로 사용했다. 또한 새로운 산림재생법 보급을 위한 산림관리안내서를 만들고 발행하는 정책입안자나 학자들에게도 중요한 정보자료가 됐다.

한편 막부가 직접 관할하는 오하야시(御林)라는 드넓은 숲도 있다. 그 숲은 대부분 건축목재용으로 가장 적합하고 고지대에서 자라는 침엽수림이다. 아오야기 마을 근처에는 어떤 목적으로든 허가 없이는 농민이 들어갈 수 없는 구역이 있다. 이 구역 안에서는 관목을 베어 내거나 둑 같은 관개시설을 만드는 등 반드시 필요할 때만 벌목을 허가한다. 대신 농민들은 숲에 들어가려면 돈을 내야 하고 나무가 죽거나 쓰러졌을 때, 또 타인의 위법행위를 목격했을 때는 보고할 의무가 있다.

신이치의 조부가 살았던 시대에 비하면 지금의 막부는 마을사람들이 무엇을 필요로 하는지 좀 더 잘 이해한다. 그러나 숲에 접근하는 일만은 강력하게 규제해야 한다는 생각은 변함이 없다. 거의 매년 신이치와 마을사람들은 벌목이 끝난 근처 숲에 들어가 쓸 만한 것들을 주워가도록 허가를 받지만, 그 뒤에는 숲을 복원해야 하므로 몇 년 동안 출입이 금지된다.

저지대에는 주로 활엽수림이 많고 대나무숲과 초원도 있다. 이러한 숲을 관리하는 일도 마을사람에게 맡겨진다. 그 중 가장 큰 부분을 차지하는 것은 '입회지(入會地)'라는 공유지로 신중하게 정한 규칙에 따라 관리되고 있다. 신이치와 마을사람들은 임의 처분할 기본권이 보장된 임지가 있지만 실제로 공유지와의 경계는 분명하지 않을 때가 많다. 사실상 대부분을 차지하는 공유지는 까다롭게 선정된 입회권(入會權, 한 지역에 사는 주민이 그 지방 관례나 법규에 따라 일정한 산림, 원야(原野), 늪, 못 따위에서 공동으로 이익을 얻을 수 있는 권리 - 옮긴이)에 따라 이용한다. 그 밖에 마을사람들은 와리야마(割山, 입회권을 가진 자에게 공유지를 분할 배분하고 일정 기간 피배분자의 점유로 일임하며 기한이 다가오면 재분할하는 방식 - 옮긴이)라는 방식으로 근처에 있는 산을 공유하며 이용한다. 이것은 매우 일반적인 방식이지만 때로는 분할 방식 때문에 다투기도 한다. 모든 당사자에게 평등하게 산림을 분할하지만 각 세대의 경지면적에 따라 결정하거나 시기에 따라 목적별로 이용 형태가 결정되는 경우도 있다. 매우 복잡한 방식인데다 기록문서가 존재하는데도 의견다툼이 일어나 다른 마을 장로의 중재가 필요할 때도 있다.

그래도 마을 주변에 있는 숲은 대부분 마을사람들이 직접 관리하며 자신들이 원하는 것은 충분히 얻는다. 신이치는 마을숲에 들어가서 집에서 쓰거나 특별한 목적으로 쓸 나무를 베거나 관목을 주워 모을 수 있는 상시 허가권이 있다. 마을사람에게 필요한 것은 건축용 목재보다는 땔감과 퇴비, 그리고 숲에서 나는 식재료이기 때문에 직접 나무를 베는 일은 드물다.

마을사람들의 기본적인 산림이용권과 상관없이 막부는 특히 가치가 높은 나무를 보잔목(保殘木)으로 지정했다. 마을사람들은 그 보

° 교목 - 원래는 자연히 공존하는 활엽수림이며 수관이 맞닿아 있다

° 그 밑에서 자라는 아교목은 더 어둡고 습한 미기후를 형성한다

° 아교목 - 그늘에 강한 종

° 관목층 - 목질의 관목이나 묘목

° 초본층 - 키가 작고 잎이 무성한 식물

° 선태층 - 나무의 뿌리, 뿌리줄기, 균류

° 망토 - 햇빛과 바람을 조절하며 숲 내부를 보호하는 완충지대

° 소매 - 직사광선에서 잘 자라는 번식이 빠른 풀과 잡초

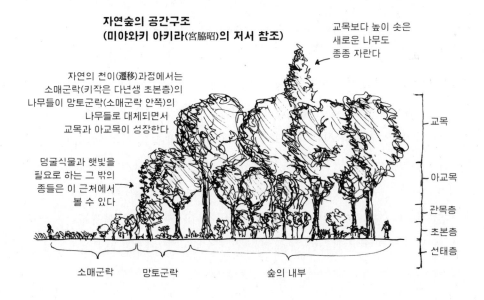

자연숲의 공간구조 (미야와키 아키라(宮脇昭)의 저서 참조)

교목보다 높이 솟은 새로운 나무도 종종 자란다

자연의 천이(遷移)과정에서는 소매군락(키작은 다년생 초본층)의 나무들이 망토군락(소매군락 안쪽)의 나무들로 대체되면서 교목과 아교목이 성장한다

덩굴식물과 햇빛을 필요로 하는 그 밖의 종들은 이 근처에서 볼 수 있다

교목
아교목
관목층
초본층
선태층

소매군락   망토군락   숲의 내부

잔목이 어디에 있든 결코 베어선 안 된다. 사실 신이치의 집 마당에 있는 약 2백 년 된 눈에 띄게 높고 곧게 자란 편백나무는 신이치의 조부 때부터 지금까지 마당에 그늘을 만들어주고 있다. 이 나무도 보잔목으로 지정되어 대대로 이 자리를 지키고 있었다. 하지만 신이치는 자신이나 가족에게 아무런 보상 없이 막부가 필요하면 언제든 이 나무를 베어갈 것을 알고 있다. 전체적으로 보면 숲에서 거두는 생산물에 대한 권리는 지리적으로 나누어지는 것이 기본이지만, 그 경계가 모호하거나 중복되는 부분도 많다. 그러므로 상반되는 많은 요구를 만족시키려면 충분한 감시가 필요하다.

숲 관리인

신이치와 마을사람들은 오하야시마모리(御林守)라는 숲 관리자이자 아오야기 마을 장로 중 한 명인 오바야시 다이스케에게 산림관리에 어떤 문제가 있는지 설명해야 한다. 숲 관리자라는 직책은 백 년 전에 만들어졌다. 당시에도 막부는 숲 출입을 막아 자기들이 쓸 충분한 목재를 확보했다. 오바야시의 조부 같은 농민출신 관리자들은 관리직 신분과 증표를 얻었다. 예컨대 칼을 차고 다니는 권한이 생겼고 공식적으로 성(姓)을 부여받았다. 게다가 적게나마 봉미(俸米)도 받았다. 즉 그들은 숲을 지키는 대가로 하급무사가 된 것이다. 숲을 지키는 일은 정말 힘들었다. 마을사람들은 선조들이 물려준 땅에서 필요한 것을 얻는 건 당연하다고 여겼기 때문에 막부의 숲에 몰래 들어갈 방법을 궁리했다. 따라서 숲 관리자들이 숲을 온전하게 지키는 건 불가능했다.

숲 관리자는 경계표시판을 보수하고 절도를 예방하며 허가 없이 숲을 만들지 못하게 감시하고 또한 허가된 벌목활동을 감시하는 등 다양한 임무를 맡았다. 그런데 막부의 중심 정책이 사람의 출입을 금지시켜 숲을 보호하는 데서 대규모 식림으로 바뀌자 숲 관리자가 하는 일도 달라졌다 그 덕분에 지금 오바야시가 하는 일은 그의 조부나 아버지 때보다 훨씬 수월해졌다. 오바야시는 산불과 태풍피해 그리고 절도를 감시하지만 이러한 감시활동은 관리자들 대

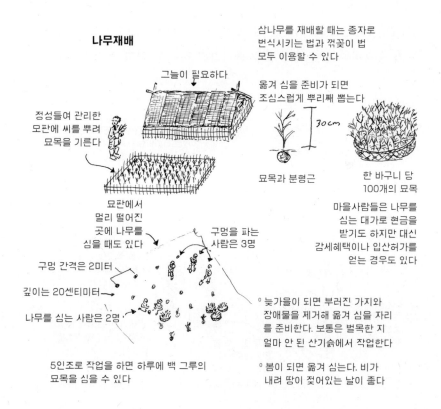

나무재배

그늘이 필요하다

정성들여 관리한 모판에 씨를 뿌려 묘목을 기른다

묘판에서 멀리 떨어진 곳에 나무를 심을 때도 있다

구멍 간격은 2미터

깊이는 20센티미터

나무를 심는 사람은 2명

5인조로 작업을 하면 하루에 백 그루의 묘목을 심을 수 있다

삼나무를 재배할 때는 종자로 번식시키는 법과 꺾꽂이 법 모두 이용할 수 있다

옮겨 심을 준비가 되면 조심스럽게 뿌리째 뽑는다

30cm

묘목과 분형근

한 바구니 당 100개의 묘목

마을사람들은 나무를 심는 대가로 현금을 받기도 하지만 대신 감세혜택이나 입산허가를 얻는 경우도 있다

구멍을 파는 사람은 3명

° 늦가을이 되면 부러진 가지와 장애물을 제거해 옮겨 심을 자리를 준비한다. 보통은 벌목한 지 얼마 안 된 산기슭에서 작업한다

° 봄이 되면 옮겨 심는다. 비가 내려 땅이 젖어있는 날이 좋다

신 마을사람들이 공동으로 할 때가 더 많다. 그 대신 관리자들은 마을사람들의 활동을 감독하는 역할을 한다. 더 중요한 건 신이치 같은 마을사람은 숲을 돌보거나 농한기 때는 품삯을 받고 벌목작업을 하고 묘목을 기르며 건강한 숲을 유지하는 일에 적극적으로 참여한다는 것이다.

숲이 잘 재생되고 있는 것은 축적된 농업지식을 잘 활용하기 때문이다. 이러한 지식은 대부분 예전부터 실천하며 전해지고, 나무꾼이나 농민, 정원사 등이 수백 년에 걸쳐 개량하고 이어져 온 것에 새로운 지식과 최근의 경험이 더해져 인쇄된 문서로 널리 퍼졌다. 이 지식은 존속 가능한 강 유역을 유지하려면 풍부한 숲의 존재가 중요하다는 인식과 강을 관리하고 침식을 막고 농지를 지키

꺾꽂이 법

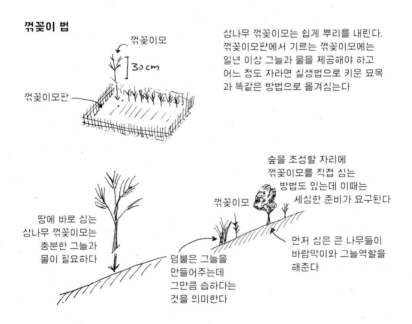

꺾꽂이모

30 cm

꺾꽂이모판

삼나무 꺾꽂이모는 쉽게 뿌리를 내린다. 꺾꽂이모판에서 기르는 꺾꽂이모에는 일년 이상 그늘과 물을 제공해야 하고 어느 정도 자라면 실생법으로 키운 묘목과 똑같은 방법으로 옮겨심는다

숲을 조성할 자리에 꺾꽂이모를 직접 심는 방법도 있는데 이때는 세심한 준비가 요구된다

꺾꽂이모

먼저 심은 큰 나무들이 바람막이와 그늘역할을 해준다

땅에 바로 심는 삼나무 꺾꽂이모는 충분한 그늘과 물이 필요하다

덤불은 그늘을 만들어주는데 그만큼 습하다는 것을 의미한다

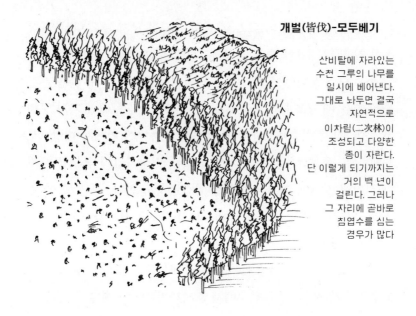

개벌(皆伐)-모두베기

산비탈에 자라있는
수천 그루의 나무를
일시에 베어낸다.
그대로 놔두면 결국
자연적으로
이차림(二次林)이
조성되고 다양한
종이 자란다.
단 이렇게 되기까지는
거의 백 년이
걸린다. 그러나
그 자리에 곧바로
침엽수를 심는
경우가 많다

기 위해 조림학을 활용해 온 체험에 근거하고 있다. 숲을 재생시키는 최대의 목적은 대량의 건축용 자재를 생산하는 것이지만, 중요한 것은 용재림(用材林), 광엽수림, 초지, 수로, 경작지가 어디까지 균형 있게 유지되고 통합되는가이다. 그것이 발아, 육묘, 벌목, 목림 운송 등의 기술에서 나타나고 있다. 산림의 재생은 항상 진행중인 과정이고 조정, 감시, 적응, 그리고 재조정이 단계적으로 진행되고, 많은 정보원한테서 피드백을 받아들이는 태세도 갖춰져 있다. 비록 불완전하다고는 하나, 그것은 도시의 주민과 농민 모두가 질 높은 생활을 영위하는 데 큰 역할을 다하고 있다.

18세기 후반 일본은 몇몇 종은 특별히 힘을 기울여 기르고 또 다른 몇몇 종은 적당히 기르고, 사람의 손길이 닿지 않은 나무 중 유용한 건 뭐든 이용해 숲을 조성하고 가꾼다. 가장 집중해서 재배하는 종은 단연 삼나무이고 그 다음은 편백나무이다. 이 두 수종은 건물을 지을 때 구조재와 마감재로 사용하기에 아주 좋아 가치가 매우 높다. 삼나무는 목재상이 세운 넓은 전용 식림지에서 대량으로 재배한다. 목재상은 막부와 계약을 맺어 막부사업에 목재를 대거나 직거래 장터에 가져가 백성들에게 팔기도 한다. 최근 몇 십 년 동안 목재상들은 주요 목재 공급자로서 막부의 산림관리사업을 능가했다.

주요 시장인 대도시에 본부를 둔 목재상들은 중개인, 숲 소유자, 운송업자, 일꾼 등 깊은 산골에서 도시까지 복잡하게 얽힌 관계 속에서 활동한다. 하지만 거의 모든 단계마다 막부의 감시를 받는다.

나무재배 과정
나무재배에는 수십 년이 걸린다. 그에 대한 책임과 지식은 그 세월 동안 대를 잇지 않으면 안 된다

식림지는 일본에 있는 산림 중 약 5퍼센트에 불과하지만 생산성이 매우 높다. 게다가 원시림에서 얻는 수확량을 극대화하기 위한 많은 방법들이 구축되어 왔다.

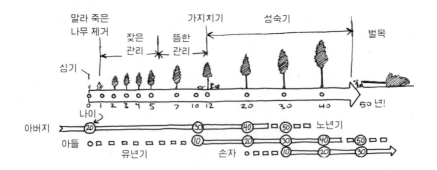

씨를 뿌려 키우든 꺾꽂이를 해서 키우든 나무를 재배할 때는 실패할 확률이 높다. 그래도 처음 한두 해 동안 말라죽은 나무들을 새묘목으로 교체하는 등 사후관리를 충분히 하면 그만큼 실패율은 줄어든다. 신이치와 그의 아들은 이러한 사후관리를 위해 일년에 여러 번 깊은 숲 속으로 들어간다. 나무를 심고 일년 동안은 죽은 나무를 교체하고 그 뒤로 5년 동안은 숲을 감시하고 관리하며 풀을 매고 폭설로 휜 나무를 바로잡기도 한다.

12년 정도가 지나면 신이치의 아들은 수관(樹冠) 성장을 촉진하고 가장 사용하기 좋은 나무줄기에 옹이가 거의 생기지 않도록 가지 치는 일을 돕게 될 것이다. 나무들이 빽빽이 밀집해서 자라면, 나무가 건강하게 자랄 수 없고 벌목을 수월하게 할 수 없으므로 주기적으로 솎아줘야 한다. 대체로 인공으로 조성한 숲을 관리하는 데는 약 50년이 넘게 걸린다. 그 세월 동안 나무에 대한 지식과 특정 나무에 쏟는 애착은 신이치에서 신이치의 아들과 손자에게 대대로 전해질 것이다. 막부나 나무를 파는 상인들도 수익을 거두기까지는 긴 세월을 기다려야 한다. 여기에 바로 농업을 생각하는 긴 안목이 필요한 것이다.

▮ 벌목꾼들의 공동생활

신이치는 가끔 벌목꾼과 함께 깊은 숲 속으로 들어간다. 나오키는 벌목꾼 중 한 명인데 신이치는 그의 성만 알고 이름은 모른다. 그들의 활동영역은 서로 나눠져 있기 때문에 잠깐 인사를

나눌 때 빼고는 거의 대
화를 나누지 않는다.
사실 벌목꾼들은
일본에서 제일
오래 격리된 생
활을 한다. 그들
의 말에는 허풍이 많
고 늘 거들먹거린다. 그들끼리는 결속력이
매우 강하며 우월감이 넘친다.

벌목꾼들의 임시숙소

벌목꾼들은 깊은
산 속에 지어놓은
오두막에서 생활한다

　　나오키는 깊은 골짜기가 내려다보이는
언덕 위에 자리한 작은 마을에서 살고 있다.
아오야기마을에서는 몇 킬로미터 정도 떨어
져 있다. 그의 가족과 이웃들은 모두 목재로
생계를 꾸려나가는 전문 벌목꾼이다. 그들
이 사는 마을은 농경지로 쓰기에는 경사가
가팔라 경작이 가능한 땅은 넓지 않다. 벌목꾼들은 거의 일년 내내
바쁘지만 그 중에서도 벌목일이 몰려 있는 겨울이 가장 바쁘다. 그
때가 되면 벌목꾼들은 몇 달간 숙소로 쓸 엉성한 오두막을 짓고 커
다란 화로 앞에서 함께 식사하며 공동생활을 한다.

　　벌목을 할 때는 복잡한 벌목계획을 세우고 지휘 감독관은 세부
일정과 예상되는 일들을 생각해야 한다. 또한 숙련공과 미숙련공
모두의 노동력을 동원해야 한다. 방수로, 미끄럼판, 가대(架臺), 보
(洑), 뗏목, 합숙소, 운송선 등을 대규모로 일제히 만들어 깊은 숲 속

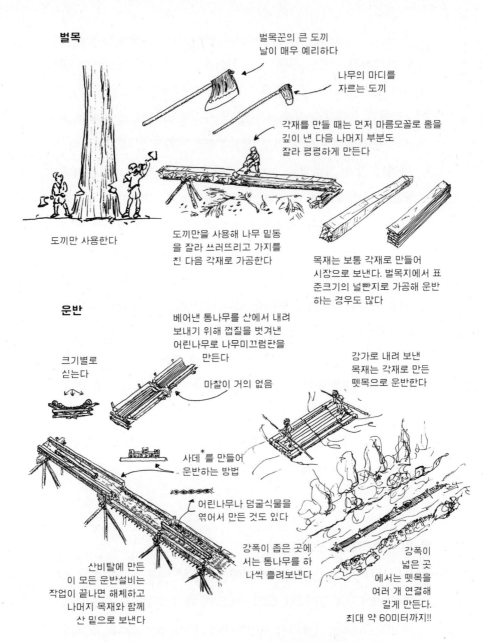

벌목

벌목꾼의 큰 도끼
날이 매우 예리하다

나무의 마디를
자르는 도끼

각재를 만들 때는 먼저 마름모꼴로 홈을
깊이 낸 다음 나머지 부분도
잘라 평평하게 만든다

도끼만 사용한다

도끼만을 사용해 나무 밑동
을 잘라 쓰러뜨리고 가지를
친 다음 각재로 가공한다

목재는 보통 각재로 만들어
시장으로 보낸다. 벌목지에서 표
준크기의 널빤지로 가공해 운반
하는 경우도 많다

운반

베어낸 통나무를 산에서 내려
보내기 위해 껍질을 벗겨낸
어린나무로 나무미끄럼판을
만든다

크기별로
싣는다

마찰이 거의 없음

강가로 내려 보낸
목재는 각재로 만든
뗏목으로 운반한다

사데*를 만들어
운반하는 방법

어린나무나 덩굴식물을
엮어서 만든 것도 있다

산비탈에 만든
이 모든 운반설비는
작업이 끝나면 해체하고
나머지 목재와 함께
산 밑으로 보낸다

강폭이 좁은 곳에
서는 통나무를 하
나씩 흘려보낸다

강폭이
넓은 곳
에서는 뗏목을
여러 개 연결해
길게 만든다.
최대 약 60미터까지!!

*두꺼운 나무판을 밑에 깔고, 양쪽에 각재를 대서
그 위로 미끄러지게 하여, 목재를 운반하는 장치-옮긴이

에서 벌목한 나무를 저지대로 내려 보낸다. 이러한 것들은 모두 임시로 설계하기 때문에 일정 지역에서 벌목이 끝나면 해체한다. 대부분의 운반 설비는 통나무를 그대로 사용하여 만들지만, 그것도 마지막에는 목재로 사용하기 위해 강 하류로 보낸다. 그렇기 때문에 작업이 끝나면 이런 운반설비는 대체로 흔적도 없이 사라진다.

바위가 많은 강바닥을 파내는 작업은 일정지역에 해당하지만 지형을 영구적으로 바꿔 물의 흐름을 바꿔놓게 된다. 그러나 장기적 영향을 예측하기는 어렵지만 유역의 자연적 기능 자체가 바뀌는 일은 없다.

숲에서 나무를 베어내 마지막 사용자에게 보내기까지 목재산업은 매우 조직적이고 전문화되어 있다. 장기적 의무와 계약 그리고 경쟁이 복잡하게 얽혀있는 것이 특징이다. 나오키가 베어낸 목재의 최종 목적지인 에도에는 500명이 넘는 목재 중개인과 특정 지역에서 온 특정 목재를 취급하는 몇몇 도매업자 조합이 있다. 모든 대도시에서는 각각의 목재상들이 특정 목재를 전문으로 취급하는 경우가 많은데, 그런 나무들은 이미 산에서 목적에 따른 형태로 가공한 뒤에 내려 보낼 때가 많다.

막부와 마을의 관계

1600년대 초, 쇼군 도쿠가와 이에야스는 한 마을 당 400호의 농가를 이루도록 했다. 실제로는 50호에 미치지 못하는 마을부터 1000호가 넘는 마을까지 다양하지만 100호에서 400호 정도가 모여 사는 마을이 가장 많다. 이 정도면 대규모 공사에 필요한 노동력과 자원이 충분하고 마을사람들이 원활한 의사소통과 의견 조율을 할 수 있다. 자치단체로서는 가장 이상적인 규모다. 또한 지역 환경을 유지하고 개선하기에도 무난하며 환경에 광범위한 피해를 끼치지 않을 규모이기도 하다.

마을 공동체는 좋은 농사법 활성화와 정보 공유, 자원낭비를 예방하고 마을사업도 함께한다. 서로 돕고 지원하는 이러한 효과적 체제로 유대를 강화하고 어려움에 처한 사람을 곤경에서 벗어나게 한다. 각 마을은 정치 경제가 자치적으로 돌아간다. 지방정부 관할 하에 있기는 하지만, 일상적인 의사결정은 마을사람들 손에 달려있다. 마을사람들은 구미(組)라는 자치조직을 결성한다. 덕분에 조세를 징수하거나 분쟁을 해결해야 할 때를 제외하면 막부는 마을 일에 거의 개입하지 않는다.

이 시대에는 조세를 쌀로 대신했다. 마을관료들이 각 농가에서 쌀을 징수하고 막부관료가 지켜보는 자리에서 집계를 했다. 막부관료는 보통 중간계급으로 조세를 거둘 시기에 지방을 돌아다니는 관료 중 한 명이다. 세금을 자주 걷지는 않지만 논쟁으로 불거지는 경우가 많은데 흉년일 때는 특히 더 그렇다. 흉년일 때는 명목상 세금 부과를 줄여주기도 하지만, 부족한 양은 각 농가가 할당된 만큼 채워야 한다. 이 일 때문에 굶주리는 일은 거의 없고, 기근이 발생하면 막부가 보유하고 있던 곡식을 나누어 줄 테지만, 그래도 농민의 재정부담은 크다.

농민들에게 징수한 쌀은 막부 중개상들이 공개시장에 내다 팔며 그 이윤은 막부의 재정에 보태진다. 그러므로 농민들은 이 나라를 먹여 살리는 동시에 재정지원도 하고 있는 셈이다. 그 중에서 특히 무사계급이 혜택을 가장 많이 받고 있다. 무사들은 녹봉을 받아 생계를 유지하는데 사실상 농민들에게 징수한 쌀을 팔아 받는 돈이나 마찬가지이다. 뿐만 아니라 직인과 상인들은 농민과 같은 조세부담에 시달리지 않는다. 이러한 체제는 농민들이 얼마나 큰 부담을 지고 있는지 여실히 보여준다.

막부는 마을에 강제노역을 요구할 수도 있다. 각 공동체는 보통 토목공사(예를 들어 도로와 수로 등)와 산림관리 같은 되풀이되는 과업의 기초 작업에 노동력을 제공할 책임이 있다. 대부분의 경우, 이러한 작업에 투입되는 일꾼들은 몇 주 또는 몇 달 동안 집을 떠나 있어야 하므로 마을사람들이 돌아가면서 일을 맡는다. 막부는 성 건축이나 그 밖에 대규모 건설사업 같은 특별한 사업을 위해 노동력을 추가로 요구하기도 한다. 지방영주가 세금명목으로 쌀 대신 노동력을 부과할 때도 있다.

막부는 정보 수집과 보급에 관여하기도 한다. 정기적으로 토지측량과 인구조사를 실시하고 촌장에 해당하는 나누시(名主)에게는 산림 또는 하천의 상태와 농업생산성에 영향을 미치는 요소, 그리고 이상기후 같은 마을의 경제와 환경상태를 공정하고 자세하게 보고하도록 한다. 막부는 산림벌목금지와 특정자원의 소비제한, 그리고 기타자원의 생산증가 등 마을사람 모두가 알아야 할 사항을 담은 안내서를 발행하기도 한다. 이 체제가 잘 돌아가야(거의 잘 돌아가지만) 막부는 마을의 반응을 바탕으로 전반적인 동향과 부족한 부분을 관찰하고 적당한 대응책을 세울 수 있다. 대체로 막부와 마을의 이러한 관계는 농업을 매우 정보 집약적인 활동으로 바꿔놓았다.

　이러한 상황은 막부의 지원으로 만든 농서(農書)를 보면 분명히 알 수 있다. 자세한 그림을 넣은 농서를 많이 출판하고 보급했다. 농서는 현장 관측과 학술적 연구, 농민들의 지혜를 집대성해서 만들었다. 훌륭한 농서에는 식물종류와 설명, 토양상태 분석, 비료와 관개시설, 농사력, 농기구 제작법을 설명한 그림, 건강과 농가경제에 대한 일반적인 조언이 담겨있다. 산림관리나 수력작업을 설명해놓은 책도 있다. 상당 부분 막부의 자금으로 출판된다(그리고 모방하거나 도용한 책도 꽤 많다). 농업생산성 향상에 주력한 막부는 가장 믿을 만한 정보를 활용할 줄 아는 사람들에게 전하려고 한다.

　농사법 보급이 쉬웠던 이유는 지역마다 차이가 나지만 평균 60

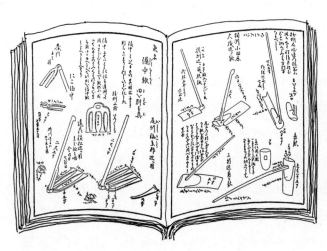

농서(農書)는 아주 자세하게 쓰여 있어 손쉽게 이용할 수 있다. 식물종류를 비롯해 농기구의 설계와 구성, 기후와 건강 문제에 이르기까지 농업과 관련된 설명이 담겨있다

퍼센트에 달하는 높은 문자 해독률이다. 마을의 관리들은 보통 산술과 주판에 뛰어나고 학식이 높아 자주 서신을 교환해야 하는 무사계급과 크게 다르지 않다. 실제로 촌장(나누시)이 마을사람들에게 농서를 읽어주는 모임이 열리기도 하고, 농서를 돌려보거나 대여도 한다. 무엇보다 그림이 아주 자세히 그려져 있어서 글자를 모르는 사람도 요점은 말할 것 없고 세부 내용까지 전부 이해할 수 있다. 18세기에 목화재배가 빠르게 퍼지고, 다양한 외래작물(감자, 옥수수, 당근, 강낭콩, 호박, 고추 등)을 들여왔으며, 이모작을 시작했다. 그렇게 해서 사람들의 영양상태도 높아졌다. 이는 1697년에 발행한 『농업전서(農業全書)』(미야자키 야스사다 저)나 그와 비슷한 농서들이 보급되었기 때문이라는 견해도 있다.

마을의 핵심 구성원들은 혼뱌쿠쇼(本百姓)라는 신이치 같은 자작농이다. 그들은 경제적으로 자급자족할 만한 1헥타르 정도의 논을 소유하고 안채와 별채로 이뤄진 집에 살며 농기구도 있다. 또 두어 명의 자녀와 노부모와 함께 한가족을 이루고 산다. 마을집회에서 의견을 낼 권리와 한 가지 이상의 마을조직에 소속되어 물을 끌어오거나 축제를 계획하는 역할 등을 해야 할 책임이 있다. 다른 사람들도 신이치의 가족처럼 몇 세대에 걸쳐 같은 집에서 살고 있다. 그들은 언제까지고 그 집에서 계속 살아갈 것이다. 이러한 생활은 서로의 관계에 오랫동안 긍정적인 영향을 미치게 된다.

또한 마을에는 미즈노미햐쿠쇼(水呑み百姓, 직역하면 물을 마시는 백성을 의미한다)라는 가난한 농가가 소수 있다. 이들은 농지가 거의 또는 전혀 없기 때문에 농지를 빌리거나 품삯을 받고 일한다. 이들 모

두 마을에서 충분한 권한은 갖지 못하지만 경제적으로 성공하거나 좋은 집안 사람과 결혼하면 간혹 지위가 올라간다.

막부는 <5인조>(다섯 농가를 한 조직으로 편성)라는 상호부조와 연대책임 정책을 도입했다. 이 조직은 농가와 마을 사이에서 정치적이고 사회적인 역할을 한다. 파종, 수확, 관개수로 청소, 가옥 보수 등을 포함한 여러 협력활동을 5인조 선에서 조직한다. 각 조직은 여러 다른 조직과 연락하는 대표자를 선출하고 조직원끼리 서로를 감시하기도 한다. 예를 들어 한 조직원이 위반을 했을 경우, 조직의 내부자가 아닌 외부자가 이를 밀고하면 조직 전체가 처벌을 받게 되므로 조직원들은 서로를 밀고하지 않을 수 없다.

각 가정과 공동체의 양쪽 노동력에 의존하는 이 상호부조제도는 그 역할을 잘 해내고 있어 괄목할 만한 긍정적 효과를 보인다. 또한 거의 모든 조가 단속 등 경찰기능을 행사하는 일 없이 여러 세대 이어져 왔다. 신이치의 아버지와 조부는 마을 구성원들에게 특히 존경을 받았다. 신이치도 이웃들과 대대로 좋은 관계를 유지해 온 덕분에 많은 혜택을 받고 있다. 마을사람들은 숨김없이 성실하게 논의를 하며 특히 억세거나 탐욕스러운 사람이 없기 때문에 그들 사이에서는 경쟁도 거의 일어나지 않는다. 그 대신 따뜻한 협력이 가득하다. 신이치는 자신의 아들도 이러한 좋은 관계를 유지하기를 바라는 마음에서 이웃들이 먼저 부탁하지 않아도 아들을 이웃집에 보내 자주 일손을 돕게 한다.

신이치는 고(講)라는 협동조직에도 소속되어 있다. 구성원들이 공동으로 출자한 돈을 모아두었다가 필요한 사람들에게 빌려주거나 재정을 지원해주는 조직이다. 결혼하기 전에는 야간 경비원, 소방대원, 축제준비위원, 기타 활동에 미혼남성들을 동원하는 청년조직인 와카모노구미(若者組)에도 소속되어 있다. 자립과 평등을 내건 청년조직은 자신들만의 집회장소와 도구, 그리고 기타 비품을 갖추고 있다. 청년들은 정해진 기간 동안 함께 생활하며 마을정책과 농업기술, 그리고 기타 가치 있는 지식을 자세히 배운다. 청년들은 자신들보다 어린 세대들에게 직접적인 전달자 역할을 하기도 한다.

마을에서는 한 해에 여러 차례 정기집회가 열리며 비상시에는 긴급집회가 열리기도 한다. 이 집회에는 자작농들만 참여하며 그들이 내린 결정은 문서화가 되든 안 되든 모두 마을 규율로 삼는다. 이런 의미에서 보면 마을은 횡적구조로 평등하게 다스려진다.

그런가 하면 마을집회는 막부의 법령이 마을사람들에게 전달되는 장소이기도 하다. 경우에 따라서는 무력으로 제압할 수 있다는 암묵적 위협이 존재하는 봉건제의 종적인 권력축의 말단이기도 하다. 여러 권위주의적 사회에서와 마찬가지로 에도시대 백성에게도 상당 부분 자치를 허용한다. 다만 그 자치가 침해당했을 때는 법적 대응도 하지만 막부가 인정한 권리 외에 진정한 기본적 권리는 없다. 마을집회는 농민들이 막부의 통치경향을 파악하고 그들이 나아갈 길을 모색하기 위한 장소이다.

지역사회를 운영해 나가는 협력정신

정월은 상서롭고 경사스러운 시기로 많은 사람들이 한 자리에 모여 즐거운 한때를 보내기에 이상적이다. 또한 가장 중요한 연례 회의를 열어 일년 계획을 논의하는 시기이기도 하다. 회의는 신사 (神社)나 절에서 열리지만 종교적 의미가 있어서가 아니라 마을사람 모두가 한곳에 모일 만한 큰 건물이 없기 때문이다.

마을 곳곳에 있는 신사나 절은 종교 행사이면서 마을 행사이기도 한 지역축제나 축일 때면 아주 중요한 역할을 한다. 그런데 이러한 종교기관은 전국적 신도조직이 있어서 서로 다른 종파와의 관계망을 통해 결속력 있게 행동하는 일은 거의 없다. 따라서 종교기관이 실제로 마을에 중요한 정치적 또는 경제적 영향력을 미치는 일은 없다. 한편 절에서는 신분을 막론하고 누구나 다닐 수 있는 데라

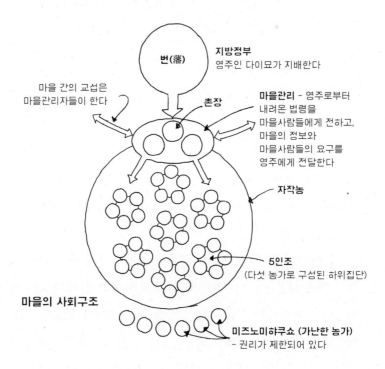

번(藩)

지방정부
영주인 다이묘가 지배한다

마을 간의 교섭은
마을관리자들이 한다

촌장

마을관리 - 영주로부터
내려온 법령을
마을사람들에게 전하고,
마을의 정보와
마을사람들의 요구를
영주에게 전달한다

자작농

5인조
(다섯 농가로 구성된 하위집단)

마을의 사회구조

미즈노미햐쿠쇼 (가난한 농가)
- 권리가 제한되어 있다

코야라는 사숙(私塾)을 운영한다. 에도시대 사람들이 문맹률이 낮았던 것도 이 데라코야 때문이기도 하다.

마을관리로는 나누시와 나누시를 보좌하는 구미카시라, 그리고 이 둘의 행정을 감시하는 햐쿠쇼다이로 구성된 <무라카타산야쿠(村方三役)>가 있다. 이들의 직위는 집안별로 세습되며 그 역할은 매우 중요하다. 이들은 지배체제에 통합된 행정적 지위이자 자치 운영을 할 수 있는 사회적 지위를 누리고 있다. 그들은 농민들 중에서 가장 지위가 높고 자작농을 대표해 일한다. 비유하자면 나누시는 촌장, 구미카시라는 반장, 그리고 햐쿠쇼다이는 순경쯤 된다. 사실 그들의 권한과 역할은 중복되기 때문에 함께 일하려면 리더십과 조정기능을 갖추어야 한다.

촌장은 명령을 하거나 자체적으로 법령을 집행할 수는 없고 그저 영주에게서 내려온 소식을 전하기만 할 뿐이다. 그러므로 의례적 역할과 실질적 역할을 모두 한다. 또한 마을의 중요한 일과 요구사항을 지방 영주에 전하는 역할도 하며 결혼과 토지양도, 그리고 공동자금과 보급품의 분배 등을 준비하고 허가하는 일에도 참여한다. 그뿐만 아니라 마을에 관한 기록을 남겨 지방 영주에게 정보를 전달하고, 보관을 위한 법령의 복사와 예산편성, 청구서 작성 등 많은 행정업무를 처리한다.

마을관리들은 일반적으로 마을에서 가장 부유한 농민이다. 그들 집안은 성공, 번영, 후원능력, 그리고 고급지식, 미덕, 훌륭한 운영기술을 보여주는 자질 덕분에 명망 있는 위치에 올랐다. 그들 중 대부분은 도쿠가와 이에야스가 새로운 사회체제를 세웠을 때 자신들의 고향에 남기로 한 무사의 후손이다. 도시로 간 사람들은 무사의 지위를 유지하고 새로운 특권을 축적한 반면 마을에 남은 몇 안 되는 이들은 무사의 지위는 잃었지만 정치적 권력을 가진 지주가 되어 혜택을 누리고 있다.

마을관리들은 지위는 하락했지만 자급자족하는 농부로 이웃과 먹고 사는 문제를 걱정하는 한편 무사의 특혜를 누리는 사람이기도 하다. 사치를 제한하는 규정도 그들에게만큼은 관대할 때가 많았다. 예컨대 비단옷이나 옻칠한 고급가구, 그리고 다실까지도 허용한다. 게다가 관리자 역할을 수행할 때는 칼도 지니고 다닌다. 이러한 것은 보통 농민에게는 금지되었다.

아오야기 마을 촌장의 성(姓)은 이타가키(板垣)인데 그의 가족이 2세대 전에 영주에게 공적을 쌓은 포상으로 이 성을 부여받았다. 이타가키의 집은 마을에서 가장 크다. 그 집에는 연공미(공물로 바치는 쌀-옮긴이)를 모아 집계하는, 큰 문이 달린 저장창고가 있어서 한눈에 알아볼 수 있다. 품질 좋은 백색도료를 발라 불에 강한 창고도 있다. 그곳에는 마을에 관한 기록물과 귀중품을 보관한다. 또한 이타가키의 집은 무사나 다른 막부관료들이 공식적으로 마을을 방문했을 때 접대하는 특별한 구조를 갖추고 있다.

예의를 가장 높은 가치의 하나로 보는 사회에서는, 예를 들어 막부관료를 도마를 거쳐 집 안으로 들어가게 하는 건 예의에 어긋난다고 본다. 그 때문에 격식을 갖춘 자시키로 바로 들어갈 수 있도록 별도의 지붕이 있고 나무귀틀이 낮게 깔린 현관이 마련되어 있다. 또한 무사를 제대로 접대하려면 도코노마(바닥을 한 단 높게 만들어 벽에는 족자를 걸고 바닥에는 꽃과 장식물을 꾸며놓는 공간-옮긴이)와 탁자를 갖춘 적당한 방이 있어야 하므로 별도의 자시키를 마련해두어야 한다. 다과를 대접할 때는 좋은 쟁반과 접시에 담아내야 하지만 결코 사치스럽거나 화려해서는 안 된다. 품질은 좋되 차분한 디자인이어야 한다. 또한 술도 대접해야 한다.

이러한 이유 때문에 이타가키와 다른 마을의 관리들은 이웃보다 높은 생활수준을 상징하는 집을 소유한다. 시간이 지나면서 부유한 사람들은 자신의 집에 이러한 기능을 일부 모방했지만, 사회질서를 위협하지 않는 한 법은 이러한 불경죄를 눈감아 주는 듯하다.

세 마을관리(나누시, 구미카시라, 햐쿠쇼다이)가 마을에서 사회적으로 눈에 띄는 역할을 할 때는 분쟁이 일어났을 때와 막부의 개입이나 지원이 필요할 때, 그리고 새로운 농지나 관개시설 공사에 관한 계획을 세울 때이다. 그들은 승려나 신관과 더불어 그 마을에서 교양 있는 사람들이자 막부의 운영과 의사전달 경로에 가장 정통한 사람들이다. 오랫동안 쌓인 불만사항과 인간관계, 그리고 마을사람들 사이에서 생기는 문제들을 누구보다 잘 알고 있다. 이웃마을 관리들과도 빈번하게 연락을 하기 때문에 이웃마을에서 일어나는 문제도 잘 파악하고 있다. 그들의 역할은 위로부터의 결정사항을 마을사람들에게 강요하는 것이 아니라 의견을 일치시켜 마을이 자치적으로 돌아가도록 하는 것이다. 이타가키는 능력 있는 중재자이며 화해를 이끄는 달인이다. 하지만 이타가키와 동료들이 계속 존경을 받으려면 공정성을 유지해야 한다. 마을관리들이 부패하면 주체하기 어려운 봉기가 일어나게 될 것이고 막부까지 개입하게 되면 마을 전체에 비참한 결과를 초래하게 될 것이다.

지금까지 봐온 것처럼 마을에서 추진되는 많은 일들은 마을사람들의 협력으로 이뤄진다. 한편 산림의 이용과 채집활동에 관한 결정은 공동으로 내리지만 실제 채집활동은 신이치의 가족처럼 세대별로 할 때가 많다. 관개시설의 유지와 보수를 포함한 주요 사업은 계획부터 실행까지 함께한다. 마을 전체가 관여하는 지역축제의 계획과 준비도 마찬가지다. 이 모든 활동은 환경을 함께 감시하고 정보를 공유하며 후세에게 물려줄 수 있도록 그동안 익혀온 기술과 지식의 축적을 수반한다. 이러한 활동 중에는 그 마을에서만 일어나는 독특한 방식도 있지만 대부분은 전역에 널리 적용된다. 상부상조의 형태로 빈번하게 실시되는 공동 작업을 유이(結, 문자 그대로 결합된다는 의미)라고 부르는데 그 대표적인 예가 모내기와 지붕이기이다.

우리는 신이치와 그의 가족과 작별을 했다. 신이치의 숙련된 농업과 그가 몸담고 있는 사회를 직접 보고 들은 덕분에 많은 것을 이해했다. 그 중에서도 농사의 바탕이 되는 자연에 대한 깊은 이해와 지식, 농업기술과 기반시설의 끊임없는 혁신, 그리고 삶의 질을 꾸준히 높여주는 정보의 문서화와 읽을 수 있는 능력에 깊은 감명을 받았다. 에너지 자원을 매우 효율적으로 사용한다는 점에서는 견줄 데가 없다. 삶이 넉넉지는 않지만 그렇다고 농민들의 생활이 곤궁하다는 인상은 받지 않았다.

농민들은 절약과 효율을 미학으로 승화시켰고 그러한 면은 삶의 모든 부분에 스며있다. 폐기물을 배출하지 않으려는 사고방식은 농민들이 사용하는 모든 도구의 설계단계에 기본으로 적용했다. 기술이나 주변 환경을 잘 돌보는 면에서 농민들은 지속가능한 농업형태를 이루어냈다.

마지막으로 자급자족하는 생활방식은 긴밀하게 협력하는 사회구조라는 점에서 매우 인상 깊었다. 신이치와 마을사람들이 무거운 조세부담에서 해방된다면 삶이 훨씬 풍요롭고 행복할 것이다.

고장의 수호신을 모신 숲

오래 전, 평지에 있던 천연림은 경작지로
사용하기 위해 베어지고 생태계는
회복될 수 없을 만큼 변하고 말았다.
하지만 논 사이에 남겨진 신사(神社)나
절 주변의 숲은 여전히 울창하다

벼농사

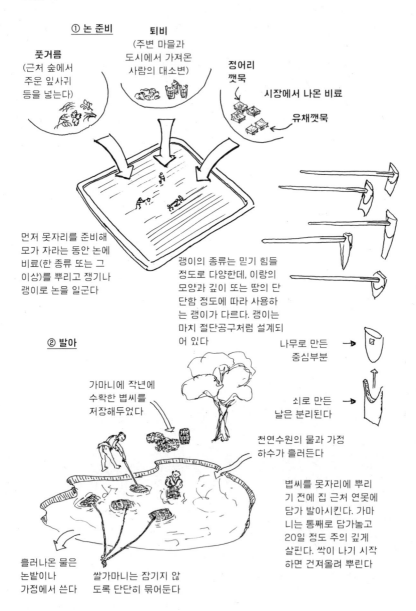

① 논 준비

풋거름
(근처 숲에서 주운 잎사귀 등을 넣는다)

퇴비
(주변 마을과 도시에서 가져온 사람의 대소변)

정어리 깻묵

시장에서 나온 비료

유채깻묵

먼저 못자리를 준비해 모가 자라는 동안 논에 비료(한 종류 또는 그 이상)를 뿌리고 쟁기나 괭이로 논을 일군다

괭이의 종류는 믿기 힘들 정도로 다양한데, 이랑의 모양과 깊이 또는 땅의 단단함 정도에 따라 사용하는 괭이가 다르다. 괭이는 마치 절단공구처럼 설계되어 있다

나무로 만든 중심부분 →

쇠로 만든 날은 분리된다 →

② 발아

가마니에 작년에 수확한 볍씨를 저장해두었다

천연수원의 물과 가정 하수가 흘러든다

볍씨를 못자리에 뿌리기 전에 집 근처 연못에 담가 발아시킨다. 가마니는 통째로 담가놓고 20일 정도 주의 깊게 살핀다. 싹이 나기 시작하면 건져올려 뿌린다

흘러나온 물은 논밭이나 가정에서 쓴다

쌀가마니는 잠기지 않도록 단단히 묶어둔다

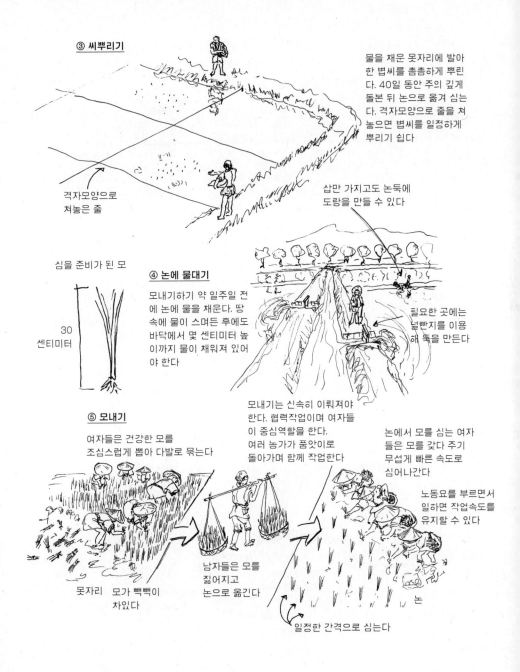

③ 씨뿌리기

물을 채운 못자리에 발아한 볍씨를 촘촘하게 뿌린다. 40일 동안 주의 깊게 돌본 뒤 논으로 옮겨 심는다. 격자모양으로 줄을 쳐놓으면 볍씨를 일정하게 뿌리기 쉽다

격자모양으로 쳐놓은 줄

삽만 가지고도 논둑에 도랑을 만들 수 있다

심을 준비가 된 모

30 센티미터

④ 논에 물대기

모내기하기 약 일주일 전에 논에 물을 채운다. 땅속에 물이 스며든 후에도 바닥에서 몇 센티미터 높이까지 물이 채워져 있어야 한다

필요한 곳에는 널빤지를 이용해 둑을 만든다

모내기는 신속히 이뤄져야 한다. 협력작업이며 여자들이 중심역할을 한다. 여러 농가가 품앗이로 돌아가며 함께 작업한다

논에서 모를 심는 여자들은 모를 갖다 주기 무섭게 빠른 속도로 심어나간다

⑤ 모내기

여자들은 건강한 모를 조심스럽게 뽑아 다발로 묶는다

노동요를 부르면서 일하면 작업속도를 유지할 수 있다

못자리 모가 빽빽이 차있다

남자들은 모를 짊어지고 논으로 옮긴다

논

일정한 간격으로 심는다

109

갈매기가 먹이를 찾아 먼 내륙까지 날아올 때도 있다

송골매가 하늘 높이 원을 그리며 난다

제비는 모기나 그 밖의 날아다니는 곤충을 먹고 산다

잠자리는 모기를 즐겨 먹는다

반딧불이

둑 위에 심은 콩

물이 자주 흘러든다

작은 민물고기가 용수로를 통해 들어오거나 방류되거나 한다

벼에 붙어있는 개구리 알에서 많은 올챙이가 태어나고 개구리로 성장한다

왜가리 같은 큰 새들이 먹이를 찾아온다

달팽이와 소금쟁이, 그리고 장구벌레도 잘 자란다

오리가 자주 온다. 논에 둥지를 트는 경우도 있다

늦여름, 관개수로의 따뜻한 물에 아마와 삼의 줄기를 담가 놓으면 결국 분해되어 섬유질을 쉽게 분리해낼 수 있다

벼가 자라는 동안 논은 다양하고 넓은 인공습지가 된다.
생물의 종류와 수는 계절에 따라 달라지는데
7월과 8월에 특히 잘 자란다

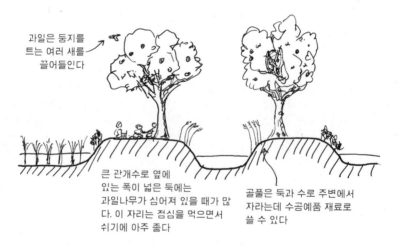

과일은 둥지를 트는 여러 새를 끌어들인다

큰 관개수로 옆에 있는 폭이 넓은 둑에는 과일나무가 심어져 있을 때가 많다. 이 자리는 점심을 먹으면서 쉬기에 아주 좋다

골풀은 둑과 수로 주변에서 자라는데 수공예품 재료로 쓸 수 있다

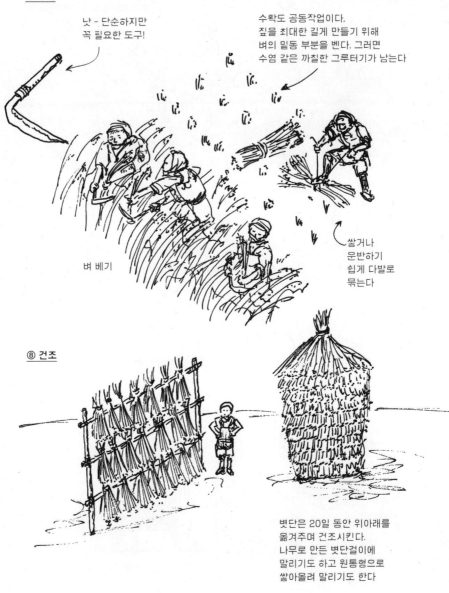

⑦ 수확

낫 - 단순하지만
꼭 필요한 도구!

수확도 공동작업이다.
짚을 최대한 길게 만들기 위해
벼의 밑동 부분을 벤다. 그러면
수염 같은 까칠한 그루터기가 남는다

벼 베기

쌓거나
운반하기
쉽게 다발로
묶는다

⑧ 건조

볏단은 20일 동안 위아래를
옮겨주며 건조시킨다.
나무로 만든 볏단걸이에
말리기도 하고 원통형으로
쌓아올려 말리기도 한다

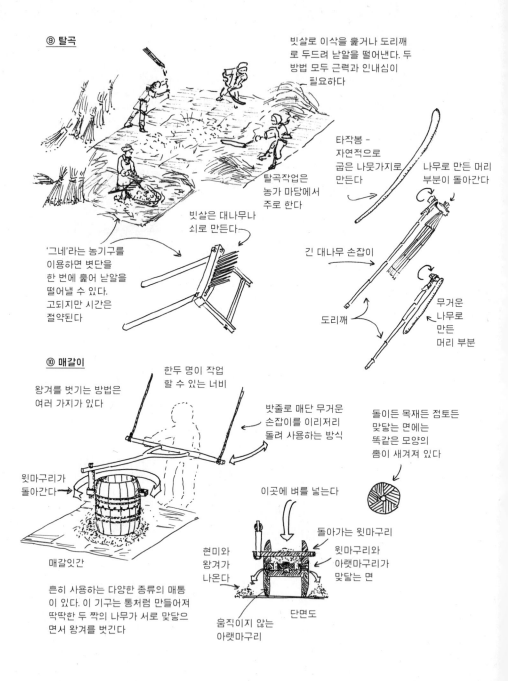

⑨ 탈곡

빗살로 이삭을 훑거나 도리깨로 두드려 낟알을 떨어낸다. 두 방법 모두 근력과 인내심이 필요하다

탈곡작업은 농가 마당에서 주로 한다

빗살은 대나무나 쇠로 만든다

'그네'라는 농기구를 이용하면 볏단을 한 번에 훑어 낟알을 떨어낼 수 있다. 고되지만 시간은 절약된다

타작봉 - 자연적으로 굽은 나뭇가지로 만든다

나무로 만든 머리 부분이 돌아간다

긴 대나무 손잡이

도리깨

무거운 나무로 만든 머리 부분

⑩ 매갈이

왕겨를 벗기는 방법은 여러 가지가 있다

한두 명이 작업할 수 있는 너비

밧줄로 매단 무거운 손잡이를 이리저리 돌려 사용하는 방식

돌이든 목재든 점토든 맞닿는 면에는 똑같은 모양의 홈이 새겨져 있다

윗마구리가 돌아간다

매갈잇간

흔히 사용하는 다양한 종류의 매통이 있다. 이 기구는 통처럼 만들어져 딱딱한 두 짝의 나무가 서로 맞닿으면서 왕겨를 벗긴다

이곳에 벼를 넣는다

돌아가는 윗마구리

윗마구리와 아랫마구리가 맞닿는 면

현미와 왕겨가 나온다

움직이지 않는 아랫마구리

단면도

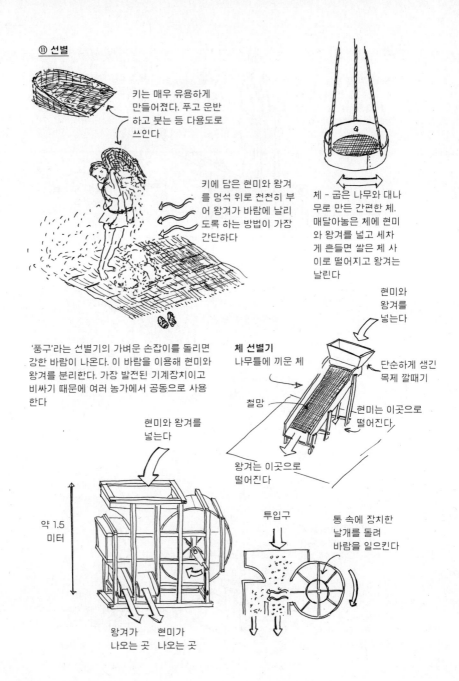

⑪ 선별

키는 매우 유용하게 만들어졌다. 푸고 운반하고 붓는 등 다용도로 쓰인다

키에 담은 현미와 왕겨를 멍석 위로 천천히 부어 왕겨가 바람에 날리도록 하는 방법이 가장 간단하다

체 - 굵은 나무와 대나무로 만든 간편한 체. 매달아놓은 체에 현미와 왕겨를 넣고 세차게 흔들면 쌀이 체 사이로 떨어지고 왕겨는 날린다

현미와 왕겨를 넣는다

'풍구'라는 선별기의 가벼운 손잡이를 돌리면 강한 바람이 나온다. 이 바람을 이용해 현미와 왕겨를 분리한다. 가장 발전된 기계장치이고 비싸기 때문에 여러 농가에서 공동으로 사용한다

체 선별기
나무틀에 끼운 체

단순하게 생긴 목제 깔때기

철망

현미는 이곳으로 떨어진다

왕겨는 이곳으로 떨어진다

현미와 왕겨를 넣는다

약 1.5 미터

투입구

통 속에 장치한 날개를 돌려 바람을 일으킨다

왕겨가 나오는 곳   현미가 나오는 곳

113

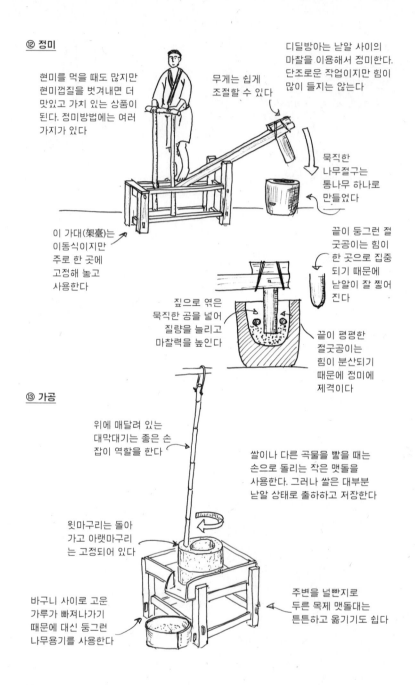

⑫ 정미

현미를 먹을 때도 많지만 현미껍질을 벗겨내면 더 맛있고 가치 있는 상품이 된다. 정미방법에는 여러 가지가 있다

무게는 쉽게 조절할 수 있다

디딜방아는 낟알 사이의 마찰을 이용해서 정미한다. 단조로운 작업이지만 힘이 많이 들지는 않는다

묵직한 나무절구는 통나무 하나로 만들었다

이 가대(架臺)는 이동식이지만 주로 한 곳에 고정해 놓고 사용한다

끝이 둥그런 절굿공이는 힘이 한 곳으로 집중되기 때문에 낟알이 잘 찧어진다

짚으로 엮은 묵직한 공을 넣어 질량을 늘리고 마찰력을 높인다

끝이 평평한 절굿공이는 힘이 분산되기 때문에 정미에 제격이다

⑬ 가공

위에 매달려 있는 대막대기는 좋은 손잡이 역할을 한다

쌀이나 다른 곡물을 빻을 때는 손으로 돌리는 작은 맷돌을 사용한다. 그러나 쌀은 대부분 낟알 상태로 출하하고 저장한다

윗마구리는 돌아가고 아랫마구리는 고정되어 있다

바구니 사이로 고운 가루가 빠져나가기 때문에 대신 둥그런 나무용기를 사용한다

주변을 널빤지로 두른 목제 맷돌대는 튼튼하고 옮기기도 쉽다

114

⑭ 갈무리

왕겨를 제거한 쌀
(정미한 쌀 또는 안 한 쌀)은
신중하게 계량해 가마니에
담는다. 막부에 낼
연공미는 촌장댁에
모아서 검사한다.
나머지는 팔거나
가정에서 먹는다

무겁지만 한 사람이
들어 나를 수 있다

규격화 된 되

바구니세공 깔때기

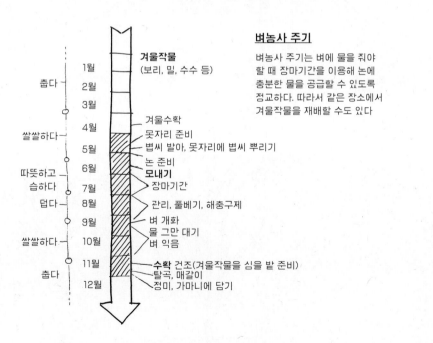

벼농사 주기

벼농사 주기는 벼에 물을 줘야
할 때 장마기간을 이용해 논에
충분한 물을 공급할 수 있도록
정교하다. 따라서 같은 장소에서
겨울작물을 재배할 수도 있다

춥다	1월	**겨울작물** (보리, 밀, 수수 등)
	2월	
	3월	
쌀쌀하다	4월	겨울수확 못자리 준비
	5월	볍씨 발아, 못자리에 볍씨 뿌리기
따뜻하고 습하다	6월	논 준비 **모내기**
	7월	장마기간
덥다	8월	관리, 풀베기, 해충구제
	9월	벼 개화 물 그만 대기
쌀쌀하다	10월	벼 익음
	11월	**수확** 건조(겨울작물을 심을 밭 준비) 탈곡, 매갈이
춥다	12월	정미, 가마니에 담기

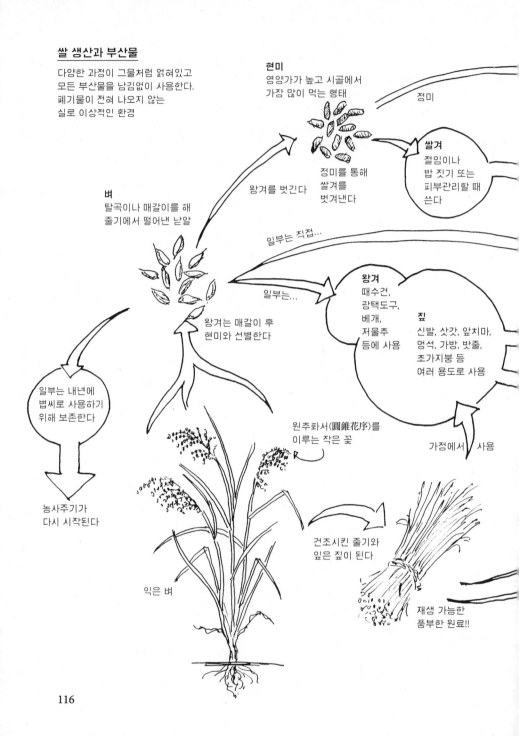

쌀 생산과 부산물

다양한 과정이 그물처럼 얽혀있고
모든 부산물을 남김없이 사용한다.
폐기물이 전혀 나오지 않는
실로 이상적인 환경

현미
영양가가 높고 시골에서
가장 많이 먹는 형태

정미

쌀겨
절임이나
밥 짓기 또는
피부관리할 때
쓴다

정미를 통해
쌀겨를
벗겨낸다

왕겨를 벗긴다

벼
탈곡이나 매갈이를 해
줄기에서 떨어낸 낟알

일부는 직접...

일부는...

왕겨
때수건,
광택도구,
베개,
저울추
등에 사용

짚
신발, 삿갓, 앞치마,
멍석, 가방, 밧줄,
초가지붕 등
여러 용도로 사용

왕겨는 매갈이 후
현미와 선별한다

일부는 내년에
볍씨로 사용하기
위해 보존한다

농사주기가
다시 시작된다

원추화서(圓錐花序)를
이루는 작은 꽃

가정에서 사용

건조시킨 줄기와
잎은 짚이 된다

익은 벼

재생 가능한
풍부한 원료!!

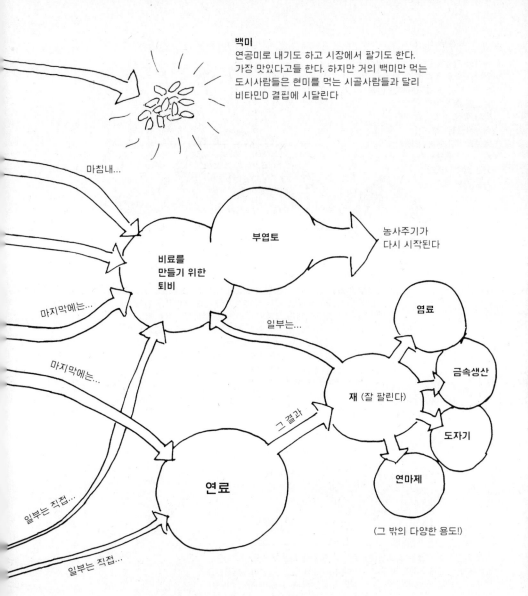

백미
연공미로 내기도 하고 시장에서 팔기도 한다.
가장 맛있다고들 한다. 하지만 거의 백미만 먹는
도시사람들은 현미를 먹는 시골사람들과 달리
비타민D 결핍에 시달린다

마침내...

부엽토

비료를
만들기 위한
퇴비

농사주기가
다시 시작된다

마지막에는...

일부는...

마지막에는...

염료

금속생산

재 (잘 팔린다)

도자기

그 결과

일부는 직접...

연료

연마제

일부는 직접...

(그 밖의 다양한 용도!)

지붕이기

농가의 지붕을 판자나 나무껍질로
이는 지역도 있지만 가장 많은 건
초가지붕이다. 초가지붕은 쉽게
수선할 수 있지만 약 20년
마다 짚을 바꿔줘야 한다.
초가지붕을 교체하는
대규모 작업에는 마을
사람들이 총출동하는데
이는 상호부조의
가장 좋은 예이다

공유지인 갈대밭에서 얻을 수 있는 양은 보통 일년에 한 곳의
지붕을 이을 만큼밖에 되지 않기 때문에 마을에서는 어떤 집의
지붕을 먼저 교체할 것인지 미리 결정하고 재료와 인력을 할당
한다. 일본의 초가지붕은 설계와 구조 또한 작업방식 면에서
마을을 이루는 사회와 그 가치관의 축소판이다. 재료는 주로
노동을 통해 공짜로 얻을 수 있고 노동은 공동으로 이뤄지며
지붕을 이는 과정에서는 여러 재료가 광범위하게 재사용되고
폐기물이 전혀 나오지 않는다. 각각의 지붕은 마을의 전통과
각 가정의 독자성을 보여준다

① 재료 모으기

2~2.5미터

→ 보기보다
가볍다

가장 일반적인 재료는 갈대인데
일년에 2~2.5미터까지 자란다.
억새나 조릿대 또는 짚 같은 풀
도 사용한다

갈대밭은 따로 확보해서 관리하지만
자주 들여다볼 필요는 없다. 갈대나 그
밖의 이엉으로 쓸 풀들이 자라기에 가
장 좋은 곳은 산비탈이지만 다른 곳에
서도 쉽게 자란다. 이 재료들은 공짜로
얻을 수 있고 태양과 인력 이외의 에
너지는 필요 없다

베어낸 갈대는
다발로 묶어 언덕
아래로 굴린다.
중력의 힘!

이엉재료 외에
대나무, 나무막대기,
밧줄, 덩굴식물,
나무껍질도 대량으로
필요하다

② 건조

지붕이기 작업을 하는 동안은 집 전체가 비바람에 노출되기 때문에 따뜻하고 건조한 여름에 작업하는 것이 가장 좋다. 재료는 미리 잘라놓고 두세 달 동안 건조시킨다

건초더미
대부분의 이엉재료는 집 근처에 원뿔모양으로 쌓아 건조시킨다

가을에 벤 재료는 겨울 동안 농가의 더그매에 두고 건조시킨다. 화로연기가 건조를 돕는다. 실내의 단열에도 도움이 된다

③ 청소와 수리
오래된 이엉을 벗겨내 다시 쓸 수 있는 것들을 분류한다 (보통 여자들의 일).
다시 쓸 수 있는 것들은 지붕에 다시 이고 나머지는 부엽토나 비료 또는 연료로 사용한다

지붕의 뼈대는 짧은 빗자루로 청소하고 필요한 경우에는 나무막대기나 대 막대기를 교체해 밧줄로 다시 묶는다

밧줄로 묶는 방법은 대부분의 도구가 발명되기 전부터 사용했던 아주 오래된 기술이다

119

④ 이엉 얹기

갈대는 원래 뿌리
쪽이 두꺼워서 다
발로 묶으면 위쪽
끝이 가늘어
지는데 이를
잘 활용
한다

이삭 끝부분

두 다발을
붙여 사용한다
한쪽은 뿌리부분을
위로 향하게

남자가 밧줄을 꿴
큼지막한 바늘을
위에서 찔러넣는다.

대나무 누름대

대나무

느티나무

정해진 자리에
삼밧줄과 긴 바늘로
이엉을 꿰맨다

뿌리

한쪽은 뿌리 부분을
아래로 향하게

임시로
만든
발판

오래된 이엉과 새
이엉을 번갈아가
며 층을 쌓는다.
경제적인 이유가
가장 크지만 바짝
말라있는 오래된
이엉을 끼워 넣으
면 지붕이 완전해
져 일정하게 닳거
나 수축된다

얇은 층이
여러 개
겹쳐져
처마가
만들어진다

이쪽은
대나무나
두꺼운 갈대
같은 더 단단한
재료를 사용한다

여자가
아래에서
잡아당긴다

대바늘 - 끝을 비스
듬히 깎는다

나무바늘 - 끝을
뾰족하게 깎는다

끝 부분

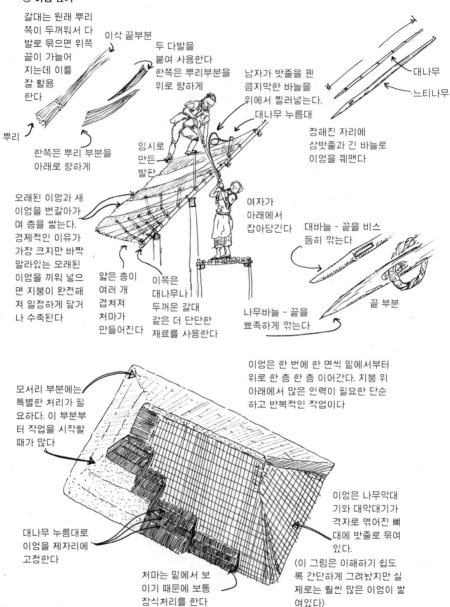

모서리 부분에는
특별한 처리가 필
요하다. 이 부분부
터 작업을 시작할
때가 많다

이엉은 한 번에 한 면씩 밑에서부터
위로 한 층 한 층 이어간다. 지붕 위
아래에서 많은 인력이 필요한 단순
하고 반복적인 작업이다

이엉은 나무막대
기와 대막대기가
격자로 엮어진 뼈
대에 밧줄로 묶여
있다.
(이 그림은 이해하기 쉽도
록 간단하게 그려놨지만 실
제로는 훨씬 많은 이엉이 쌓
여있다)

대나무 누름대로
이엉을 제자리에
고정한다

처마는 밑에서 보
이기 때문에 보통
장식처리를 한다

⑤ **다듬기**

모든 이엉을 고정하면
작업자들이 지붕 위에
올라가 손질을 시작한다

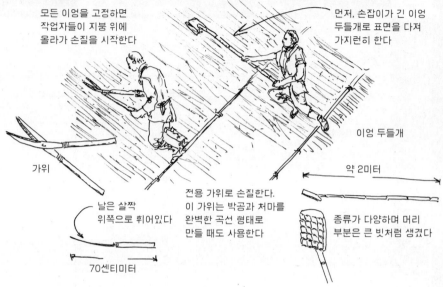

먼저, 손잡이가 긴 이엉
두들개로 표면을 다져
가지런히 한다

이엉 두들개

가위

약 2미터

날은 살짝
위쪽으로 휘어있다

전용 가위로 손질한다.
이 가위는 박공과 처마를
완벽한 곡선 형태로
만들 때도 사용한다

종류가 다양하며 머리
부분은 큰 빗처럼 생겼다

70센티미터

⑥ **지붕마루**

비용이나 얻을 수 있는 재료 그리고
지역관습에 따라 지붕마루를 이는
방법이 다양하다. 건축의 세부양식
은 장식적인 기능으로 발전했다!

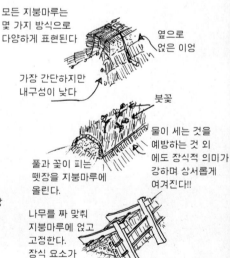

모든 지붕마루는
몇 가지 방식으로
다양하게 표현된다

옆으로
얹은 이엉

가장 간단하지만
내구성이 낮다

붓꽃

물이 세는 것을
예방하는 것 외
에도 장식적 의미가
강하며 상서롭게
여겨진다!!

풀과 꽃이 피는
뗏장을 지붕마루에
올린다.

나무를 짜 맞춰
지붕마루에 얹고
고정한다.
장식 요소가
강하다

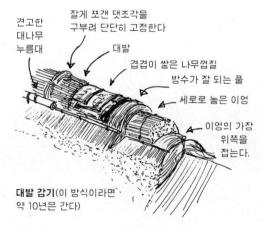

견고한
대나무
누름대

잘게 쪼갠 댓조각을
구부려 단단히 고정한다

대발

겹겹이 쌓은 나무껍질

방수가 잘 되는 풀

세로로 놓은 이엉

이엉의 가장
위쪽을
접는다.

대발 감기(이 방식이라면
약 10년은 간다)

에도시대의 건축재료와 그 장점

재료	주요 용도	천연자원의 이용가능성	대규모 재배 또는 생산의 가능성	필요한 기술	내구성
목재	골조에 사용하는 큰 목재	유용한 종이 자생. 자연림에서만 자라는 단단한 목재도 있음	조림지에서 재배되기도 하고 자연림에서 대규모로 벌목되는 종도 어느 정도 있음	벌채, 운송, 조형, 조립기술	매우 높음. 수백 년을 견딤
	바닥에 까는 넓은 판자 등	유용한 종이 자생	보통은 조림지에서 잘 자라지 못하는 단단한 목재가 필요	절단하고 판자를 붙이는 특별한 기술	매우 높음. 마모가 심한 장소에 주로 사용
	더 작은 부분에 사용하는 각재와 얇은 나뭇조각	유용한 종이 자생, 손쉽게 이용할 수 있는 실용적인 것도 있음	제재업자는 알맞은 치수로 자른 목재를 생산	주로 숙련된 기술이 필요하지만 단순한 실용품은 반숙련공이 만듦	적어도 백 년은 지속. 정교하게 만들고 닳지 않으면 더 오래감
	지붕에 사용하는 기둥			보통은 반숙련공이 형태를 만들고 조립	
대나무	나무 지붕의 골조와 벽, 때로는 바닥에도 사용. 부수적인 골조와 장식에 사용	풍부하게 자생	보통은 재배하지 않지만 자생지를 마련 장식용으로 쓸 종은 재배	보통은 반숙련공이 형태를 만들고 조립	사용영역마다 다르지만 보통은 백 년 이상
진흙 점토	벽, 바닥, 아궁이	천연자원만 이용. 가정용은 필요할 때만 채취해도 충분	인력으로는 재배와 증량이 불가능하지만 많은 양이 자연에 저장되어 있음	대부분의 공정은 미숙련공이나 반숙련공이 하지만 질 높은 작업은 고급기술이 필요	사용상태에 따라 다르다. 단 손질과 교체를 자주 해야 함
	기와			기와를 만들고 지붕에 올리는 데는 고도의 기술이 필요	매우 높고 수백 년을 견딤
회반죽	곳간 등의 내화성 벽	원료인 석회는 근처 천연자원에서 얻기도 하고 가내공업 규모의 생산도 가능	석회의 원료가 되는 천연자원은 석회석과 조개껍데기이지만 석회는 대부분 산업규모로 생산	생산과 도포에는 뛰어난 기술이 필요	높음. 자주 손질하면 수십 년을 견딤
골풀	다다미	자생하는 것도 있음	밭이 따로 있지만 관리는 최소한만	원재료는 농민들이 쉽게 생산할 수 있으나 다다미를 만들 때는 고도의 기술이 필요	거의 없음. 고작 몇 년
이엉 (풀이나 갈대 등)	지붕	자생	충분한 양을 확보하기 위해 보존하고 있는 공동의 밭은 최소한의 관리만 필요	원재료는 농민들이 쉽게 생산할 수 있으나 지붕공사에는 일부 숙련공과 많은 반숙련공 및 미숙련공이 필요	평균 20년, 최대 50년
삼, 짚	밧줄	자생	삼은 여러 용도로 쓰기 위해 밭에서 재배. 짚은 벼농사의 부산물	원재료는 농민들이 쉽게 생산할 수 있으나 밧줄을 만들 때는 반숙련공과 미숙련공이 필요. 가내수공업으로 할 수도 있고 더 큰 대규모로도 가능	사용상태에 따라 다르지만 적당 최대 50년
종이 (뽕나무)	장지문과 맹장지 등	자생	뽕나무 등 필요한 재료는 밭에서 재배	원재료는 농민들이 쉽게 생산할 수 있으나 종이제작에는 숙련된 기술이 필요	거의 없음. 고작 몇 년

재활용과 재사용의 가능성	환경에 미치는 영향	비용과 제약	유용한 부산물	재생가능성
여러 번 재사용하고 개조할 수 있음. 마지막에는 유용한 연료와 재가 됨	과다한 벌채는 하천유역과 서식지 등의 환경균형을 위협 두 번째 숲이 형성되기까지 여러 세대가 걸림	막부의 규제에 따라 이용이 제한됨. 초기비용 높음	나무껍질, 대팻밥, 잎, 톱밥, 견과, 씨앗, 과일, 섬유, 수액 등	있음. 오랜 시간 주의깊은 관리가 필요
		크고 성숙한 견목이 필요. 자연 또는 막부의 규제에 따라 사용이 제한됨		
	숲 전체의 건전성을 높이기 위해 간벌함으로써 충분한 양을 얻을 수 있음. 이용에 규제를 두면 사실 더 이로움	비교적 낮은 비용. 운송비도 저렴하다. 막부나 번에서 감시하지만 사용이 제한되는 일은 거의 없음		있음. 오랜 시간이 걸리는 것과 벌채 등 지혜로운 산림간행을 통해 빠르게 재생하는 것이 있음
여러 번 사용하고 나면 약해져 잘 부러지지만 마지막에는 유용한 연료와 재가 됨	성장이 빨라 수확과 이용에 따른 악영향은 거의 없음. 환경적인 면에서 매우 이상적인 재료. 단 주변으로 급속히 퍼지기 때문에 통제가 필요한 종도 있음	매우 낮은 비용. 기술적인 노력만 한다면 사용에 제약도 없음	잎, 죽순, 유용한 섬유	있음. 재생속도 매우 빠름
한 번 건조되면 다시 사용하기 어렵지만 흙으로 되돌릴 수 있음	넓은 채토장 주변 이외는 비교적 영향이 적음. 파낸 재료는 쉽게 흙으로 돌아감	채취와 운송 비용은 거의 없음. 하지만 귀한 재료는 독점돼 입수비용이 많이 듦	부산물은 거의 없지만 진흙 그 자체로도 다른 용도에 많이 쓰임	없음. 하지만 다음 세대에게 충분히 공급할 수 있음
장식용 또는 잘게 부숴 정원이나 논밭에 재사용	기와제조 시, 특히 대량의 연료 수요와 연기 때문에 국지적 공기오염 가능성. 기와는 자연분해되지는 않지만 비활성	초기비용 높음. 화재예방을 위해 막부는 도시주택에 기와사용을 권장. 농촌은 해당하지 않음	기와를 굽고 나서 나온 재	
재활용은 쉽지 않지만 분쇄해 흙과 섞을 수 있음	석회가마에는 많은 연료가 들어가기 때문에 국지적 오염을 일으킴. 석회석 채석도 환경을 파괴하기는 마찬가지	원료구입에 들어가는 초기비용은 적당함. 노동에 드는 비용은 높음. 사용에 제약 없음	가마에 불을 때고 나서 나온 재 화학물질	없음. 하지만 다음 세대에게 충분히 공급할 수 있음
부엽토나 연료로 재활용 가능	생산과 사용, 그리고 수명이 다했을 때도 환경에 미치는 영향 적음	원료는 저비용, 노동비용은 적당함. 사용에 제약 없음	수명이 다한 후 유용한 재가 됨 골풀 자체가 완전활용의 예다	있음. 재생속도 빠름
오래된 이엉은 새 지붕에 재사용할 수 있음. 마지막에는 비료와 연료로 쓰임	적음	재료는 저비용. 공동 작업인 노동비용도 저렴. 마을의 협력이 필요하지만 사용에 제약은 없음	수명이 다한 후 유용한 재가 됨 이엉 자체가 완전활용의 예다	있음. 재생속도 빠름
비슷한 목적으로 재사용이 가능한 경우 많음. 마지막에는 비료와 연료로 쓰임	매우 적음	재료와 노동 모두 저비용. 사용에 제약 없음	삼에서는 유용한 잎과 씨, 그리고 섬유를 얻을 수 있음. 짚 자체가 완전활용의 예다	있음. 재생속도 빠름
새 종이 제작에 재활용하거나 다른 목적으로 사용 가능. 마지막에는 비료와 연료로 쓰임	적음	자유롭게 사용할 수 있고 사용에 제약도 없음	잎, 풀(접착제)	있음. 하지만 노력 필요

에도시대 농민의 삶에서 얻은 교훈과 실천

■ 생태계의 중요성을 이해하자

생태계는 인간의 영향을 받지 않더라도 오랜 시간이 지나면 변한다. 하물며 인간의 손길이 미치면 자연환경의 변화는 당연하지 않겠는가? 인간의 계획과 행동에 따라 혜택을 받는 종도 있지만 해를 입는 종도 있다. 인간이 생태계에 직접적인 영향을 미치는 일을 하려고 할 때는 어떤 일이 벌어질지 깊고 광범위하게 그리고 시간을 들여 관측하고 이해하며 기록해야 한다. 오늘날 많은 환경문제는 인간들 때문에 발생했다. 우리는 어떤 종들이 감소했으며 어떤 새로운 종들이 생겨났는지, 무엇이 파괴되었고 생식능력을 잃었는지 따져봐야 한다. 이런 문제는 거의 기록되어 있지 않다. 문화적 기억도 짧은 시간 안에 사라져 버릴 수 있다. 하지만 이야기, 노래, 문학의 형태로 구전되는 경우가 많다. 또한 다행히도 지질학과 고고학, 그리고 고식물학을 포함한 다양한 수단이 있어 선조들이 환경에 어떤 영향을 끼쳤는지 알게 해준다.

■ 건전한 균형이 반드시 자연의 복원을 의미하는 건 아니다

여러 세기 동안 인간의 삶을 누리게 해준 자연환경을 이전 상태로 복원할 수 있을지는 의심스럽다. 특정 지역에서 종의 균형을 회복시키는 것보다 더 중요한 건 자연의 요소를 이용해 지속가능하고 건전한 새 시스템을 설계하는 것과 자연생태계의 본질적인 면과 기능을 복원하는 일이다. 즉, 지구가 지속가능한 생산량의 한도를 유지하도록 우리의 활동을 제한하고 점유 방식을 재설계해야 한다는 의미이다.

또한 생태계의 수질정화, 홍수조절, 토양보호, 가루받이, 이산화탄소 격리 같은 생태계의 기능에 우리 문명이 얼마나 의존하고 있는지 인식하는 일이기도 하다. 결국 생태계가 파괴되면 인간의 생활은 유지될 수 없다. 건전한 균형을 유지한다는 건 현재 일어나고 있는 생태계의 퇴화를 되돌리고, 생태계를 퇴화시키는 행동을 삼간다는 의미이다.

■ 채집은 배움이다

정기적으로 자연에서 식재료와 연료를 구하는 채집활동은 정보 수집의 중요한 수단이기도 하다. 환경의 건전성을 감시하고 특정 종을 유지하며 직접 체험해서 배운 지식을 젊은 세대에게 전해주려면 자연과의 상호작용이나 관찰이 필요하다. 채집은 근본적으로 창조적인 활동이고 설계와 정책제안의 바탕이 된다.

환경과 생물의 행동에 나타나는 갑작스러운 변화는 더 큰 변화가 진행중이라는 경고일 수 있다. 그러므로 정보 수집은 조기경보 시스템의 역할도 담당한다. 그리고 어떤 종이 내버려둬도 잘 자라고 비상시에 식재료로 쓸 만한지도 알 수 있다. 에도시대의 삶에서 확인한 바와 같이, 농민들이 광범위하고 빈번하게 채집활동을 한 것은 자연이 보내오는 피드백을 확인하는 중요한 첫 단계였다. 그리고 채집활동을 하며 얻은 새로운 정보는 여러 세대 동안 경험해

얻은 지식과 결합해 자신들의 행동을 규제할 때 필수지침이 되어주었다. 채집활동은 환경을 지속적으로 관리하는 기회가 된다.

■ 사토야마 정책

일본에서는 예로부터 집 근처에 있는 산림지역을 '사토야마(里山)'라고 부르며 일찍이 주의깊게 관찰하고 관리해왔다. 산림은 연료와 식재료를 공급해주는 근원지인 동시에 생태계 전체의 건전성과 인간이 생태계에 미친 영향을 나타내는 지표였다. 하지만 산업이 발달함에 따라 자연에서 필수 에너지와 먹을거리를 찾는 일이 줄어들면서 환경과 산림에 대한 인식도 낮아졌다. 만약 우리가 산림에서 일어나는 일에 지속적인 관심을 가졌다면 20세기에 벌어진 환경파괴를 일찍 발견하고 멈출 수 있었을 것이다.

최근 사토야마 정책 같은 노력으로 환경을 바라보는 대중의 인식이 성장하고 있다. 이러한 정부지원정책의 목표는 일본 내의 생태계를 회복하고 생물의 다양성과 하천유역을 복원하며, 상호보완 방식을 이용해 현 세기가 끝나기 전에 산림지역과 공존하는 지속가능한 농업을 개발하는 것이다. 현재 진행 중인 첫 단계에서 사토야마 300곳이 주요 관리대상으로 선정되었으며 교육 프로그램도 시작했다. 원대하고 야심찬 정책이다. 이 계획을 제안한 사람들은 에도시대의 관행에서 많은 것을 배워야 한다고 강조한다. 더 많은 사토야마를 보호하고 지역주민과 기업, 그리고 기타 단체들이 산림 생태계를 건전하게 유지해야 하는 이해관계를 인식하면 사토야마 정책은 광범위하고 긍정적인 효과를 거둘 것이다.

■ 순환형 농업을 위한 노력

풋거름을 사용하는 순환형 농업은 지금도 훌륭하고 유익한 모델이다. 최근 데이터에 따르면 미국의 농장에서 사용하는 전체 에너지 중 화학비료를 사용하는 데 드는 에너지의 비율(비료의 생산과 운송, 그리고 살포까지)이 약 20퍼센트에 달한다고 한다. 물론 화학비료가 매우 효과적이라는 건 이미 입증되었다. 또 화학비료 없는 대규모 농업을 상상하기란 결코 쉽지 않다. 선진국 사람들은 사람의 대소변을 농장비료로 재도입하는 것을 반대하며 쉽게 받아들일 것 같지도 않다. 생물학적 영양 순환을 완벽하게 만드는 문제는 여전히 남아있다.

땅 힘을 키워주는 풋거름은 호밀, 귀리, 콩과 작물처럼 질소가 풍부한 작물이 많이 쓰인다. 이러한 작물들은 윤작의 일환으로 재배하고 땅을 갈아엎으면 토양으로 되돌아간다.

생산물을 운송할 때 드는 에너지도 적지 않다. 따라서 가까운 곳에서 생산한 농산물을 소비하는 중소규모의 도시농업이 크게 늘 거라 기대해 본다. 이때 부엽토와 퇴비, 그리고 그 밖의 풋거름은 큰 역할을 한다.

토양을 보호하기 위해 나뭇잎 같은 식물을 토양 위에 덮어주는 작업은 침식을 줄이고 땅의 수분을 유지하며 폭우로 생긴 퇴적물의 압밀(壓密)작용을 최소화한다. 잡초를 막아주고 땅의 온도까지 유지하게 하는 간단하고 이로운 관행이기도 하다. 또한 수분을 유지하고 통풍을 돕는 유기물이 더해짐에 따라 서서히 부식하면서 토양의 질을 높이고 지렁이와 그 밖의 이상적인 생물이 살기 좋은 환경을 제공한다. 이는 일본인들에게 못 쓰게 된 볏짚과 직물섬유, 그리고 그 밖의 가정용품을 토양으로 돌려보낼 방법을 제공하는 필수적인 과정이었다.

한편 퇴비는 모든 유기물을 원료로 해 영양이 가득한 비료를 만드는 완전한 미생물 농장이다. 에도시대 일본인들은 호기성(好氣性, 산소가 있어야 생육하는 성질-옮긴이)퇴비와 혐기성(嫌氣性, 산소가 없어도 생육할 수 있는 성질-옮긴이)퇴비를 모두 사용했다. 호기성퇴비를 만들 때는 분해균이 잘 자라도록 탄소가 풍부한 식물과 질소가 풍부한 식물을 적절히 조절해 혼합해준다. 그러면 짙은 갈색의 부식토가 만들어진다. 부식토는 흙과 쉽게 섞이고 공기가 잘 통하며 뭉쳐있지 않기 때문에 영양소를 서서히 방출한다. 혐기성퇴비를 만들 때는 시간이 오래 걸리지만 딱히 지켜볼 필요가 거의 없다. 열에 의한 위생적인 효과는 없지만 훌륭한 비료가 되기는 마찬가지이다.

모든 사람들이 음식물쓰레기를(가능하다면 자신들의 대소변까지도) 지역에서 사용할 퇴비나 부엽토로 재활용한다면 환경은 말할 것도 없고 사람들의 건강에도 그보다 좋을 수는 없을 것이다.

토양침식과 전 세계의 과잉개발로 불거진 표층토 손실 비율은 20세기의 어느 시점을 경계로 새로운 토양생성 비율을 넘어서기 시작했다. 이러한 현상은 선진국도 마찬가지며 점점 심각한 결과를 초래하고 있다. 유기비료 사용 비율을 늘리고 화학비료 사용을 줄여야 한다. 그러면 토양생성 비율이 다시 늘어날 것이며, 산림과 강 유역, 그리고 우리가 사는 도시까지 혜택이 미칠 것이다.

■ 미기후와 생태적 지위를 과소평가하지 말자

천연자원을 더 효율적이고 유익하게 사용하는 방법은 미기후(微氣候, 지면과 가까이 접하고 있는 공기층의 기후-옮긴이)와 생태적 지위(개개의 종이 생태계에서 차지하는 위치나 구실-옮긴이)를 잘 이해하고 활용하는 것이다.

골목길, 모래땅, 그리고 그늘이 드리워진 공간 등 작물을 키울 수 있는데도 지나쳐버린 구역은 없을까? 성장유형이 다른 것들을 어떻게 결합할까? 이 접근방법을 다른 유익한 성장을 지원하고 물 공급을 개선하며 기후를 완화하는 데 어떻게 사용할까? 토지를 이용하거나 건물을 세울 때 미기후가 어떻게 상호작용하는지 전 영역에 걸쳐서 알아야 한다. 도시농업을 실천하려면 이러한 지식은 더 중요해질 것이다.

어느 한곳의 미기후는 주변의 온도, 공기의 흐름, 이용 가능한 빛, 그리고 습도처럼 미세하지만 탐지할 수 있는 차이에 따라 주변의 미기후와 구별된다. 그 뿐만 아니라 모든 기후가 그러하듯 하루 동안에 또는 계절이 변화하는 동안에도 상당히 규칙적으로 변화한다. 숙련된 정원사들은 미기후에 대한 타고난 통찰력을 발휘하여 환경에 맞게 식물을 심는다.

일본인들은 농사를 짓거나 정원을 가꿀 때 미기후를 잘 이해하고 이용하는 달인이었다. 예컨대 같은 마당이라도 나무나 벽이 있는 쪽 공간이 다른 곳보다 거의 일년 내내 그늘이 져 시원한 반면 겨울에는 따뜻하다. 그런가 하면 집 한쪽 외벽에는 전혀 손을 대지 않아도 수분이 천천히 증발하면서 푸른 이끼가 낀 곳이 있다. 이것은 모두 각각의 장소마다 잘 자라는 식물이 따로 있음을 보여주는 미기후의 사례들이다.

같은 집 안에서도 북쪽이냐 남쪽이냐에 따라 차이가 크다. 이런 차이는 우리가 만들고 세운 것들에 따라 강화될 수도 완화될 수도 있다.

더 큰 자연환경이 그러하듯 모든 미기후는 인접한 미기후와 연결되어 있다. 때로는 다양한 자연 속의 분리요소, 예컨대 바위나 수풀, 물웅덩이나 나무들이 인접한 미기후와의 경계를 이루기도 한다. 주의를 기울여 나무를 심거나 둑이나 벽을 세우고 그 밖에도 격자구조물과 화분이나 차양 등을 설치함으로써 인위적으로 미기후의 범위를 넓히기도 하고 원하는 미기후의 상태를 재현할 수도 있다. 일반적으로 거대한 환경을 단번에 신속히 바꾸려하기보다는 소규모로 천천히 바꿔가는 것이 성공으로 이어질 확률이 높다. 가정이나 지역사회 규모라면 특히 더 그렇다. 선견지명이 있는 조경사들은 미기후를 잘 유지해서 얻는 기능과 혜택을 지역사회의 도시계획에 반영하고 있다. 미기후를 활용한 접근은 도시농업에 이용할 토지를 더 많이 만들어낼 가능성을 보여주므로 그 혜택은 더 확대될 것이다.

■ 과일나무를 심자

일본인들은 선조들이 과일나무(감, 배, 비파, 귤, 사과 등)를 많이 심어놓은 덕분에 오늘날 많은 혜택을 누리고 있다. 이 과일나무들은 수명은 비교적 짧지만 꽤 쉽게 번식한다. 마당이나 정원에 과일나무를 심는 습관은 현대인들에게 고스란히 전해져 내려왔다. 주변에 시각적인 색을 더해주고 공기 중에 꽃향기를 퍼트려줄 뿐 아니라 계절마다 다른 과일을 식탁에 올릴 수 있다는 장점은 설명이 필요 없을 것이다.

■ 포식자를 이용한 해충구제

생물학적 구제(驅除)는 개체수를 조절하는 가장 효과적인 수단이다. 자연의 모든 생물에게는 그들을 먹고 사는 포식자와 깃들어 사는 기생생물이 있다. 일본인들은 이러한 역학관계를 이해하고 적절한 포식자 종을 정성들여 키워 자신의 논에 천연 해충구제를 해왔다. 사실 지난 백 년 동안 포식자 수가 감소해 많은 해충문제가 발생했다. 대개 물고기들은 곤충의 유충을 먹고 새들은 곤충을, 박쥐는 야행성 곤충을 먹기 때문에 이러한 생물들은 아마 가장 중요한 생물학적 해충구제자일 것이다. 물고기가 살기 좋은 연못환경과 새들을 위한 우거진 숲을 조성하고 박쥐의 보금자리를 지켜주는 등, 해충을 먹고 사는 자연포식자에게 서식지를 제공하면 살충제 사용을 줄여주고, 그에 따라 지하수 오염도 줄고 생물학적으로 더 다양한 환경을 조성하는 성과를 올리게 될 것이다.

■ 물 공급에는 중력을 활용하자

에도시대에는 논밭에 물을 댈 때 인력을 이용한 양수시스템도 이용했지만 대개는 중력을 이용했기 때문에 외부동력은 필요하지 않았다. 근본적으로 농업용수는 산꼭대기에 쌓여있던 얼음과 눈에서 발원하는데 따뜻한 계절이 되면 얼음과 눈이 녹아내리고 건기가 되면 때맞춰 그 물이 강으로 흘러든다. 이처럼 중력에 따라 자연적으로 흘러내리는 물의 작용을 구체적으로 본떠 설계하는 형태가 바로 이상적인 관개시스템이다.

그러나 무분별한 수자원 개발과 지구온난화 때문에 적설량이 줄면서 이상적인 관개시스템이 무너지고 있다. 특히 우리는 화석수를 포함한 지하대수층에 더 많이 의존하게 되었고, 그것을 얻으려고 외부에너지(화석연료가 대부분)를 사용해 땅 속 깊이 우물을 파고 물을 끌어올려야 했다. 그렇게 우리는 과거에 중력이 내준 혜택을 잃고 말았다.

미국에서는 농장에서 소모하는 전체 에너지 중 약 19퍼센트를 양수작업에 사용하고, 인도의 일부 지역에서는 모든 전력의 절반 이상을 농업용수기를 가동하는 데 쓰고 있다. 가능한 한 중력을 이용하자. 중력은 공짜니까!

■ 물 관리는 '모아서 공유하는 것'으로

물공급 시스템은 가능한 한 유역의 자연적 지세(地勢)를 기반으로 한다. 호안공사는 불가피하겠지만 규모에 제한을 두고 계절에 따른 물의 흐름과 수중생물에게 지장을 주어서는 안 되며 가역성(可逆性)과 투과성(透過性)이 있어야 한다. 관개시설과 용수체계는 하류의 수질을 향상시켜야 한다. 다른 용도로도 충분히 사용하면서 작물재배에 쓸 만한 물을 보전하는 것이 과제이다.

우리는 담수의 재생력을 넘어설 정도로 많은 물을 쓰고 있다.

지구 규모의 담수 70퍼센트는 관개용수고 20퍼센트는 공업용수며 나머지 10퍼센트만 가정용수다. 줄어드는 물 수급을 둘러싸고 일어나는 도시와 농촌 사이의 갈등은 정치적 분쟁 또는 폭력으로까지 번지기도 한다. 우리가 물을 사용하려면 댐, 수로, 수도관, 양수기, 침전지, 정수장 같은 사회기반시설이 필요하다. 이러한 사회기반시설은 어떤 용수로 사용하든 깨끗한 물을 공급하는 전례 없는 수준에 이르렀다. 하지만 자연이 이와 비슷한 기능을 어떻게 수행하는지에 대한 이해는 전혀 없다. 그저 인력과 인공적인 조정에 지나치게 의존한다.

일본에서는 옛날부터 논이 인공습지 기능을 해왔다. 습지는 물을 순환시키는 자연의 소리없는 영웅이자 급수시스템이다. 습지는 자연의 여과기로 물이 흐르면서 무기물과 유기물을 추출하여 강과 하천을 정화하고 보호한다. 습지의 용량은 탄력적이라서 특히 비가 많이 오는 시기에는 여분의 물을 저장하기 위해 커지고, 건기 때는 작아진다. 또한 습지는 빠른 회복력이 있고 정기적으로 찾아오는 건조한 휴경기간이 지나면 다시 활발한 활동을 시작하도록 진화해온 생물들(수초, 잔디, 물을 좋아하는 나무, 그리고 그것들을 보완하는 동물들)의 서식지이다. 마지막으로 자연습지는 필요에 따라 커지거나 작아지거나 하는 저수지로, 건기가 찾아오면 건조한 환경을 좋아하는 종들에게 주변부를 내주고, 우기에는 원래의 모습을 되찾는다. 이것을 통해 우리가 배워야 하는 것은 자원이 풍부할 때는 모아두고 부족할 때는 수요를 줄이는 원칙이다.

우리는 물을 관리할 때 '퍼내서 분리한다'에서 '모아서 공유한다'로 발상을 바꿔야 한다. 만약 그 사고방식이 실현되면 도시지역에서도 습지를 조성하고 그로써 혜택을 받는다. 그렇게 되면 급수 시스템 자체가 생물의 다양성을 촉진하고 도시기후를 조정하는 중대한 요소가 된다. 외부에너지를 거의 또는 전혀 사용하지 않으면서 말이다.

■ 문화로 볼 수 있는 관개설비

수천 년 동안 쌀농사를 지어온 일본의 농촌 풍경은 처음 모습을 상상하기 어려울 정도로 많이 달라졌다. 그 만큼 옛 풍경이 남아있는 마을이나 도시를 발견하기가 어렵다. 그래도 벼농사를 짓는 논을 바라보고 있노라면 유구한 역사를 느낄 수 있다. 그건 바로 에도 시대에 만들어진 관개시스템이 너무 효율적이어서 여전히 일본 전역에서 사용하고 있기 때문이다. 일본의 도시에서 가장 오래된 것 하면 도로가 많은데 시골에서는 관개수로가 많다. 그리고 도로는 훨씬 나중에 등장했다. 대부분 관개수로는 점차적으로 개량되고 확장되고 수정되어 왔다. 또 20세기에 들어 시행된 대규모의 관개사업도 있었지만 농민들은 대체로 선조들이 논에 물을 댈 때 썼던 설비를 여전히 사용하고 있다.

■ 협력 없이는 아무 일도 일어나지 않는다

협력 없이는 큰일을 이뤄내지 못한다. 명령과 강제, 또는 법제화를 통해서도 협력을 이끌어내겠지만 그보다는 모든 사람이 목적과 이점을 분명히 이해하고 기꺼이 화합했을 때 비로소 바람직한

성과를 얻어낸다. 더욱 이상적인 것은 그러한 협력이 사회적으로
나 경제적으로 상호의존하고 신뢰하는 기존 네트워크의 일부인 경
우이다. 오늘날에는 진정한 공동체정신을 찾아보기 힘들고 법제화
된 협력을 내키지 않아 한다. 우리는 기존의 제도나 기관들이 어떻
게 하면 환경문제에 더 의욕적인 태도를 보이고 협조적인 노력을
할지 모색해야 한다.

■ '다양한' 시점에서 해결책을 찾자

각각의 구성요소가 여러 기능을 수행하게 하고, 각 기능이 여러
구성요소에 의해 지원되는 것은 모든 것(인테리어 디자인, 건축양
식, 도시계획, 농업, 생태계관리는 물론이거니와 그래픽디자인, 시
스템설계, 저술활동, 심지어 요리까지)에 해당하는 근본적인 설계
원리이다. 그럼 왜 다양한 시점에 바탕을 둔 문제해결이 거의 이루
어지지 않는 걸까?

가장 큰 이유는 아마도 사회가 지나치게 전문화되어 우리가 복
잡한 상호작용 시스템의 기능을 배우지 않았기 때문이다. 또 하나
는 과제의 범위를 제한하는 것이 더 나은 해결책을 찾는 길이라 믿
고, 설계상의 문제와 목표 설정에 오류를 범했기 때문이다.

'다양한' 문제와 해결책을 파악하려면 지각, 통찰력, 상상력, 그
리고 직관력이 균형 있게 갖춰진 창조력이 필요하다. 한 지역에서
생태계를 확대하는 일이 다른 지역의 생태계 파괴를 가져온다는 연
결성을 이해하지 못한 것이 결정적으로 여러 종들의 광범위한 소
멸을 초래하였다.

<월드워치연구소> 소장 레스터 브라운이 지적했듯이 우리는 '여섯 번째 대량 멸종의 초기단계'에 들어섰고 대량멸종을 주도하는 건 바로 인간이다. 생태계의 모든 요소는 식물의 수분(受粉) 작용과 포식자 제어, 그리고 영양분 공급 등 다양한 서비스를 제공한다. 우리 인간들도 생태계 서비스를 통해 많은 이익을 얻는다. 그러므로 하나의 종이 소멸하는 것은 몇몇 생태계 서비스가 소멸하는 것을 의미한다. 화가가 그림을 구성하는 주요 요소 사이에 존재하는 '여백 공간(negative space)'을 중요하게 생각하듯이 우리들은 자연의 상호작용을 통찰하는 힘을 키워야 한다. 인간이 새롭게 만들어내는 것과 원래 그곳에 있던 것이 어떻게 상호작용하는지 신중히 관찰해야 한다. 그래야만 비로소 환경을 황폐화시키고 스스로 짐을 떠안아온 우리는 진정한 '환경 디자인'이라는 이름에 걸맞는 무언가를 향해 나아갈 수 있다. 그리고 언젠가 많은 새들이 되돌아올 때 우리가 바른 길로 가고 있음을 알게 될 것이다.

■ 경계영역으로 눈을 돌리자

자연체계의 중심이 아닌 경계에 가까운 부분을 인식하고 이해하고, 그리고 그 부분을 파괴하는 일 없이 이용하는 방법을 배우자. 이를테면 초원 한가운데는 균일하고 전반적으로 안정돼 있으며 이웃한 부분과 많은 특징을 공유한다. 반면, 경계를 이루는 주변부에서는 풀밭에 관목이나 종자식물, 나무들이 자라는 등 다양성을 발견할 수 있다. 또 그만큼 이 점이지대(漸移地帶)에서는 종의 교체가 가장 활발히 일어난다. 이곳에서는 생물체의 세력범위가 겹치기도 한다. 예를 들면 각 동식물 종들은 평소의 활동영역과 서식지를 이 '경계지역'으로 넓히고 서로의 자원을 공유한다. '서로 중복되며 상호작용하는 영역'은 인간이 정착하여 공동체를 이룰 때도 매우 유익한 모델이 된다.

■ 풍부한 태양에너지를 이용하자

우리가 살고 있는 생물권은 거대한 태양열을 이용하여 움직인다. 그 작용방식도 하루가 다르게 자세히 밝혀지고 있다. 우리는 우리가 먹는 모든 식재료와 기후 유지를 태양에너지에 전적으로 의존하면서 태양에너지를 사용하는 데는 서툴다. 식물은 광합성을 해 태양에너지를 화학에너지로 전환하여 저장한다. 흡수한 태양에너지 중 성장과 재생산에 일부만 쓰고 나머지는 인간이나 먹이사슬에 있는 다른 동식물에게 영양을 제공한다. 석탄과 석유처럼 땅속에서 뽑아내는 화석화된 유기물은 수백만 년 동안 태양에너지를 축적해 왔다. 열에너지를 얻기 위해 화석연료를 태워 인류는 뜻하지 않은 결과를 가져왔다. 주로 쉽게 재흡수되지 않는 탄소와 과도하게 많은 열(실제로는 아주 오래된 태양광)을 대기 중에 방출하는 것도 마찬가지이다. 기초열역학과 에너지보존법칙에 따라 우리는 화석연료와 같은 유기화학자원에서는 본래 이들 유기체가 태양에서 얻은 것 이상의 열을 얻을 수 없다는 사실을 안다. 따라서 우리는 태양에서 직접 열을 얻는 방법을 알아야 한다.

■ 퍼머컬처

농업과 자연에서 주변조건의 중요성과 그 본질적인 복잡성, 그리고 섬세함에 대한 새로운 인식이 높아진 것은 퍼머컬처(permaculture 영속농업: 1970년대 호주에서 시작한 지속가능한 농업-옮긴이)운동의 영향이 크다. 흥미로운 건 퍼머컬처의 발상이 일본을 포함한 동아시아에서 예로부터 이어져온 지속가능한 농법과 공통점이 많다는 것이다. 일본에서 1930년대에 시작한 자연농법운동이 퍼머컬처의 많은 생각들을 이미 함유하고 있었다는 점이다. 퍼머컬처는 일본에 뿌리내렸고, 지난 수십 년 동안 실천하는 사람과 조언자들의 네트워크가 꾸준히 확장되어 왔다. 일본은 물론 세계 각지의 자연농법을 실천하는 사람들과 교류하며 시야를 넓힐 수 있다.

■ 쾌적함의 의미를 다시 생각하자

항상 편하게만 살려는 생각을 버릴 수는 없을까? 생활방식과 가치관을 바꿔가면서까지 불편을 감수할 필요는 없다고 주장하는 사람이 있다. 그리고 우리에게 처한 환경문제는 기술적으로 해결할 수 있다고 주장하는 사람도 있다. 하지만 우리는 무엇보다 먼저 쾌적함과 편리함의 개념을 다시 생각해 볼 필요가 있다. 우리는 적어도 일상생활을 되돌아봐야 하고, 걷기를 생활화하며 집에서 티셔츠 한 장만 입은 채 춥다고 난방을 올리는 습관을 버려야 한다. 또한 쾌적함보다 에너지가 더 소중하다는 생각을 해야 한다. 우리는 환경파괴 없이 에너지를 대량으로 사용하는 방법을 아직 찾지 못했다. 다른 방법을 강구하거나 그만둬야 하는데도 쾌적하다고 해서 여전히 멈추지 않는 것들이 많다.

우리에게 필요한 것은 자기규제다. 쾌적함에 대한 우리의 관념은 일상생활에서 신체에너지를 거의 쓰지 않게 만들었다. 연료절감이 건강이나 행복을 가져다준다고 보기 어렵다며 연료를 마구 소비한다. 자동차보다 걷거나 자전거를 타는 게 건강에 더 좋고 연료도 들지 않는다. 부지런히 걷고 자전거를 타다 보면 보행자 전용도로나 자전거 도로가 정비될 것이고, 이미 위험수준에 달한 비만도를 낮추는 데도 큰 도움이 될 것이다. 냉난방기의 설정온도를 평소보다 조금 낮추거나 높여 최소한 따뜻하고 시원하게 몸을 적응시키면 연료 소비를 크게 줄일 수 있다. 최근 일본이 시작한 '쿨 비즈(Cool-Biz)' 운동처럼 우리의 복장을 다시 생각해볼 필요도 있다. 엄격한 제도에 대한 이야기가 아니다. 자동온도조절기의 온도설정을 조금만 달리해 연료사용과 그에 따른 탄소배출을 조금씩 줄이고, 무엇을 하든 연료가 거의 또는 전혀 소모되지 않는 자연적인 냉난방 방식을 늘리자는 것이다. 그건 일본인들이 오래도록 본능에 따라 실천해온 방식을 이용해 주택을 자연환경과 더욱 긴밀히 융합하고 집 밖의 공기를 안으로 끌어들이자는 의미이기도 하다.

■ 기능미를 찾자

우리는 눈에 보이는 아름다움보다 눈에 보이지 않는 아름다움을 찾아야 한다. 어떠한 기능은 겉으로 드러나는 아름다움보다 더 큰 아름다움의 원천이 된다. 우리는 이러한 기능미를 충분히 인식할 만큼 미적 감각을 변화시킬 수 있을까? 19세기 후반, 처음 기계로 만든 제품을 불쾌하고 때로는 두렵게 여겼다.

그러나 그 뒤 수십 년 동안 우리는 기능의 명료함과 효율적 사용, 그리고 순기능 속에서 새롭게 아름다움을 발견했고 오늘날까지 남아있다. 우리는 아마 새로운 '환경기능주의'를 통해 환경의 균형을 유지하고 회복시키는 건축물과 그 밖의 설계에 내재된 아름다움을 확인할 수 있을 것이다. 재료와 에너지의 효율적 이용, 쓰레기를 배출하지 않는 순환형 생활, 자연과 환경을 생각하는 일본 전통 건축물의 눈에 보이지 않는 본질적 특징에 대한 우리의 이해와 평가가 달라지고 있음은 하나의 본보기이다.

■ 재생가능한 대나무 제품은 아름다움의 산 증인

작은 것이 큰 의미를 가질 수 있다. 대나무로 만든 주방용품이 좋은 예이다. 지금도 사용하는 숟가락과 젓가락, 휘젓개, 국자, 주걱, 그릇, 꼬치, 체, 바구니 등은 대부분 에도시대부터 있었다. 이 용품들의 디자인은 수백 년 동안 개량되었다. 이미 오래 전부터 가볍고 사용하기 편하며 튼튼하고 기능적인 모습으로 완성되었다. 에도시대에는 대나무가 싸고 내구성이 있으며 가공이 쉬웠기 때문에 주방용품 재료로 이용했지만, 지금은 그와 더불어 재생가능성이 높다는 이유에서 이용하고 있다. 물론 스테인리스와 구리, 그리고 철처럼 내구성이 있는 재료를 사용한 주방용품도 많지만, 일본에서 대나무를 주방용품의 재료로 끊임없이 사용해온 것은 문화적 아름다움의 산 증인이다.

■ 물의 이용효율을 높여야 한다

싼 물값은 물이 풍부할 것이라는 착각을 하게 한다. 환경 가치를 더 정확히 반영하려면 물값을 조정해야 한다. 그래야 사용자들도 물을 절약할 것이다. 오래 전 일본에서는 물은 풍부했지만 결코 낭비하지 않았고, 여러 목적으로 사용한 후 자연으로 돌려보냈다. 우물에서 퍼올리다 흘린 물과 가정하수는 관개용 연못으로 흘려보내고 빗물을 모아 사용했다. 이 모든 관행은 언제든 쉽게 물을 쓸 수 있었지만 귀중한 자원을 절약하려는 일본인들의 노력 때문에 가능했다. 우리는 이러한 관행을 배워야 한다.

건축가 윌리엄 맥도너와 화학자 미하엘 브라운가르트가 지은 『요람에서 요람으로』에서도 분명히 알 수 있듯이, 산업 현장이나 가정에서 더 많은 물을 절약할 수 있다. 도시의 상수도 시스템 또한 에도시대에서 힌트를 얻어 재설계할 필요가 있다. 주요 쟁점은 하수와 생활폐수를 처리하는 방법이다. 현재 우리는 빨래, 목욕, 청소나 화장실 사용에 많은 물을 낭비한다. 하수와 마찬가지로 오염된 폐수는 거의 재사용하지 않고 강이나 바다로 흘려보낸다. 개선을 위한 첫 번째 조치는 하수와 대소변이 섞이지 않게 하고, 세제와 세안제가 생물권에 해를 입히지 않도록 재설계함으로써 하수의 유독성을 예방하는 것이다(에도시대의 사람들은 설거지를 할 때 왕겨나 순한 연마제를 사용했고 다 쓰고 나면 퇴비나 부엽토에 이용했다). 그런 다음 유독성이 제거된 생활폐수를 재사용할 수 있도록 처리해야 한다. 그러려면 먹는 물과 일반용수를 따로 공급하는 급수시설을 구축해야 한다. 이는 기술적으로 가능한 일이다. 이것이 만약 널리 실용화되면 도시에 밀집해 있는 사람들이 수자원에 악영향을 미칠 일은 매우 적을 것이다.

■ 재사용할 수 있도록 건물을 설계하자

앞으로 재사용이 쉬운 건축자재와 건축방식을 개발해야 한다. 우리는 건축 원자재 생산과 운송에 얼마나 많은 물과 에너지가 들어가며, 건물을 철거할 때 나오는 폐자재를 어떻게 처리할지 생각하지 않았다. 쇠처럼 재활용되는 것도 있지만, 그 밖에는 폐기처분되는 것이 일반적이다. 우리는 건축공사에 들어가는 모든 자재를 여러 번 재사용하거나 재활용하고, 그렇게 해서 새 건물을 지을 때 필요한 에너지와 원자재 생산을 줄여야 한다. 이를 위해서는 쉽게 해체할 수 있는 구조로 설계할 필요가 있다.

일본인은 쉽게 해체할 수 있는 목조건축 방식을 물려받았고, 수백 년에 걸쳐 아름다움과 효율성을 최대한 살리는 선견지명이 있었다. 일본인들의 건축미학은 짜맞춤 골조 구조에 있고, 설계와 시공 과정에서는 철거와 재사용, 그리고 재활용의 가능성을 항상 염두에 두었다. 이것은 역사적으로 석조건축이나 벽돌건축이 주류를 이루며, 목조건축에도 영속성을 추구해온 서양에서는 거의 없었던 일이다.

이러한 일본의 전통건축에서 힌트를 얻어 최근 여러 선진국 사이에서는 환경파괴를 줄이고 에너지 효율이 좋은 '프리패브'(prefab 공장에서 각 부분을 가공하고 조립해 현장에서 설치만 하는 건축공법-옮긴이) 건축이 주목받고 있다.

■ 전통소재의 부활

'옛날 방식'으로 돌아간다는 것은 결코 쉬운 일이 아니다. 사람들은 지난 백 년 동안 안락함의 수준이 크게 높아졌다. 그 주된 원인이 옛날에 비해 월등히 좋아진 오늘날의 건축자재에 있다고 생각한다. 그렇지만 일본의 주택건설 관련 마케팅이나 잡지를 보면, 전통방식에서 유래하는 고품질의 '대체' 방식에 할애하는 공간이 나날이 많아지고 있음을 알 수 있다. 특히 점토를 기본으로 한 벽에 바르는 회반죽, 다양한 외관미를 지닌 고품질의 석회코팅, 양질의 다다미, 기와, 지붕널, 손수 만든 철물과 부품, 그리고 옛날에 사용했던 것과 비슷한 종이와 접착제를 사용한 장지와 맹장지 등을 쉽게 구할 수 있게 되었다. 현재 일본의 건축자재 시장을 놓고 볼 때 이러한 자재는 극히 일부에 불과하지만, 그에 대한 관심이 늘고 있다는 사실은 사람들의 태도가 크게 달라지기 시작했음을 시사한다.

■ 흙을 이용한다

흙바닥을 사용할 기회를 찾아보자. 도마처럼 흙을 다져 만든 바닥이든 관리하기 쉬운 새로운 형태의 바닥이든 상관없다. 건물이 없어지면 그곳은 바로 마당이 될 것이다.

■ 자신만의 제품을 만들자

주방도구와 가전제품은 꼭 필요한 것만 마련하자. 그리고 그 중에서 직접 만들 수 있는 것이 몇 개나 되는지 살펴보자. 우리는 어떤 방법으로든 재사용할 수 있는 부품과 재료를 더 많이 개발하려고 노력해야 한다.

우리는 주방용품이나 가전제품을 정말 필요해서라기보다 충동 구매할 때가 많다. 에너지 소비를 늘리기 전에 정말 필요한지 심사숙고해야 한다. 장애인이나 환자가 아니라면 굳이 전기깡통따개를 쓸 필요가 없는 것처럼 말이다.

일상생활에서 사용할 물건을 직접 만드는 습관을 들여야 하는 데는 여러 가지 이유가 있다. 직접 만들어 쓰면 두말할 것 없이 저렴하고 즐거울 것이다. 자신만의 제품은 대량생산한 제품과는 또 다른 의미가 있다. 선조들이 당연하게 여겼던 이 모든 관행은 건강에도 크게 기여했지만, 지금은 거의 그런 모습을 찾아볼 수 없게 되었다.

■ 에너지 사용을 최소화 할 수 있는 식품을 많이 이용하자

식품을 보존하고 포장하며 조리할 때는 많은 에너지를 소비한다. 식품이 식탁에 오를 때까지 드는 에너지 중 5분의 1이 작물재배에 쓰이고, 나머지는 운송, 가공, 보존, 포장, 판매 그리고 각 가정의 부엌에서 조리할 때 쓰인다. <월드워치연구소>에 따르면, "먹거리 연쇄에서 에너지가 가장 집중되는 곳도 부엌이고, 첫 생산단계보다 집에서 음식을 냉장보관하고 조리할 때 더 많은 에너지를 사용한다"고 한다. 에너지효율을 높이는 기술이 발전했지만, 가정용 냉장고가 먹거리 연쇄에서 가장 많은 에너지를 소비하고 있다.

우리는 먹거리를 효율적으로 재배하고 먼 거리 운송을 줄이고 냉장보관이 필요한 먹거리도 최대한 줄여야 한다. 그것은 곧 고기보다 과일과 채소 등을 더 먹고 차가운 음료를 마시지 않는 것, 그리고 말리거나 절인 음식을 더 많이 이용하고 유통기한이 길면서 가공하지 않은 곡물과 밀가루를 더 많이 사용하는 것을 의미한다. 냉장고 없이도 충분히 시원하게 보관할 수 있는 먹거리가 많다.

일본에서는 전통적으로 조리하지 않은 날음식과 상온에서 차려낼 수 있는 훈제나 온갖 절임 종류를 즐겨 먹었다. 덕분에 식사 준비에 필요한 연료를 대폭 줄일 수 있었다. 태양열 조리기나 에너지 효율이 좋은 냉장고를 이용해 어느 정도 에너지 소비를 줄일 수는 있지만, 그보다는 샐러드같이 조리과정에서 에너지 사용을 최소화할 수 있는 음식을 주로 먹는 식생활의 변화가 필요하다.

■ 마음의 평안을 얻을 수 있는 장소

'정신의 중심지'란 자신 이외의 사람들과 사물에 대한 배려를 일깨우는 장소이다. 또한 과거부터 현재까지가 맥이 이어져 있음을 깨닫게 되는 장소이며 사랑을 느낄 수 있는 장소이다. 이러한 장소는 지역사회와 학교, 그리고 기업도 마찬가지이지만 모든 가정에 하나 이상은 있어야 한다. 정신의 중심지가 어디인지를 찾아내고 사람들 간의 의사소통을 위한 공간으로 유지해가는 것이 중요하다. 그 공간은 당신이 예상한 것과는 다른 모습일 수 있다. 예를 들어 식탁이나 소파, 회사의 휴게실이나 혹은 운동장, 어딘가의 계단, 나무 등이 의외로 정신의 중심지가 될 수도 있다.

■ 이야기가 있는 집

주택과 그 밖의 건축물은 찾아오는 사람에게 이곳에서 어떤 일이 일어나는지, 우리가 누구이며 타인과의 관계는 어떠해야 하는지 보여줄 수 있도록 설계되어야 한다. 전통적인 일본의 주택은 매우 쾌적하면서도 사생활도 잘 지켜졌다. 이런 것들을 견고한 벽이 아닌 공간적인 역할, 장식, 정원의 조망, 그리고 그 밖의 시적인 표현들로 구현했다. 하지만 현대에 들어와서 그 만큼의 정체성을 표현하는 집은 찾아보기 힘들다. 방문객 또한 그 집이 무엇을 이야기하는지 이해하지 못한다. 요즘은 집에 친밀해질 거라는 기대는 없지만 적절한 수준의 접대를 받을 수 있는 중간적인 공간이 없다. 때문에 방문객은 보통 집 밖에 서 있어야 하거나 집주인의 안내를 받아 가족의 생활공간으로 바로 들어가야 한다.

■ 대소변을 잘 활용하자

우리는 대소변 처리에 엄청난 양의 에너지와 물을 쓴다. 더구나 그 처리과정에서 큰 환경오염이 발생한다. 우리는 대소변을 효율적으로 활용할 수 있는 방법을 찾아야 한다. 그렇게 되면 건강한 환경을 회복할 수 있고 열에너지나 화학에너지의 원천으로도 활용할 수 있다.

인간의 대소변을 비료로 사용하는 방법은 매우 간단하고 역사도 길다. 이에 대한 기록도 많이 남아 있다. 대소변의 새로운 용도를 촉진하려는 일반 시민이 주체가 되어 풀뿌리운동도 일어나고 있다. 병원균 전염의 우려도 있지만, 대소변을 비료로 만드는 과정에서 고온발효가 일어나 문제는 없다. 획기적인 개발품 중 하나는 '건조 발효식 화장실'이다. 이 화장실은 1970년대에 시판되어 현재까지 여러번 개량을 거쳤다. 통기성이 좋은 공간에 자연발효열이 발생함으로써 대소변은 건조하고 냄새도 거의 없는 합성물로 변한다. 마치 피트모스(peatmoss, 온대 습지에서 죽은 물이끼 등이 퇴적 분해되어 토탄이 된 것-옮긴이)와 같다.

일본인은 주로 소변에 질소 함량이 높다는 이유에서 대소변을 분리해 처리했다. 최근 발효식 화장실도 대소변을 분리해서 처리하는 방식으로 설계한다. 중국은 자연발효 화장실의 선도적인 국가를 지향하고 있다. 중국은 하수도의 기반시설이 취약한 지역이 많기 때문에 대안으로 담수문제를 완화시켜줄 이러한 새로운 화장실을 장려하고 있다. 돼지나 소의 배설물에서 나오는 메탄가스를 이용한 바이오가스 생산이 이미 검증된 마당에 인간의 대소변에서 열에너지를 얻지 못할 이유가 없다는 것이다. 바이오가스 실험이 시작되었을 때, 가축의 배설물을 모으기 위한 농업설비가 이미 개발되어 있었다. 인간의 대소변에서 나오는 메탄가스를 이용하기 위해서도 비슷한 설비가 개발되어야 한다. 가정이나 지역사회 규모로 수집하고 이용하는 방법이 가장 효과적이고 관리하기도 쉬울 것이다.

마지막으로, 인간의 대변을 원료로 해서 건축용 벽돌이나 포장용 타일로 생산하려는 시도가 상업화되지는 않았지만 기술적으로는 성공했다. 동물의 대변은 가장 오래된 건축재료 중 하나였고 지금도 아프리카나 인도 등 여러 곳에서 이용하고 있다. 인간의 대변을 건축에 이용할 때의 핵심은 충분한 열을 가해 살균하는 것이다. 그런 다음 구조성능과 마모되는 성질을 개선하려고 모래나 식물섬유 같은 합성물과 섞는다. 이때 극복해야 할 기술적인 장벽은 딱히 없다.

■ 옛 것을 취하라

나무로 지은 오래된 민가나 상가주택이 헐값에 팔리거나 돈을 들여 집을 철거하는 사람도 많다. 농촌인구가 고령화되고 마을을 떠나는 사람이 많아질수록, 빈 집이 늘고 위험성도 높아지기 때문이다. 오래된 주택 본연의 가치를 못 알아보는 부동산업계에도 일부 책임이 있다. 그러나 무엇보다 많은 일본인들이 오래된 집에 살고 싶어 하지 않는다는 사실이다. 일본인들은 오래된 집을 시대에 뒤떨어진 변변찮고 불편한 곳으로 생각한다.

그러나 오래된 민가를 보존하거나 옮기고 또는 개조하려고 노력하는 개인과 단체도 있다. 그러한 지원과 열정을 민가에 쏟는 사람들은 일본인보다 외국인이 많다. 외국인들은 독특한 민가의 매력에 사로잡혀 비싼 비용을 주고서라도 그런 집에서 살거나 머무르고 싶어 한다. 전통적인 환경은 늘 인기를 끌어왔고 민가박물관과 그대로 보존된 옛집에는 해외 여행객들뿐만 아니라 국내여행객의 발길도 끊이지 않는다. 그러나 한편에선 시간과 노력을 들여 민가를 개조해서 가족과 함께 살려고 하는 일본의 젊은이들도 점점 늘고 있다. 개보수 작업을 하는 전문가도 예전보다 찾기 쉬워졌고 필요한 재료도 얻기 쉬워졌다. 오래된 집에 사는 것이 더 가시적인 대안이 되면, 그 가치가 알려질 것이고 그 경향은 분명히 증가할 것이다.

■ 물을 끓이려면 에너지가 필요하다는 사실을 알자

가정에서 쓰는 에너지의 상당량은 온수에 들어간다. 필요한 온수를 전부 태양열 온수기로 끓이지 않는 한, 온수는 매우 비싼 것이라고 생각하고 사용해야 한다. 환경보호의 차원에서 보면 실로 그러하다.

에도시대에는 주로 온천을 이용했지만(지금도 여전히 이용하고 있다), 만일 물을 끓이려면 대부분 장작이나 숯 등을 써야 했다. 그런 연료 사용은 가계비에서 상당한 비중을 차지했고 환경에도 영향을 미쳤다. 그래서 물을 한 번 끓이면 아껴 쓰고 다시 쓸 수 있도록 목욕습관이 점점 달라졌고, 찻주전자와 화로의 설계는 더 적은 연료로 더 많은 물을 끓일 수 있도록 끊임없이 개량했다. 일본에서는 온수에 존칭까지 붙여가며 소중하게 여긴다(일본에서 온수는 '오유(お湯)'라고 한다. 미화, 존경, 겸양 등을 나타내는 접두어 '오(お)'를 붙여 사용한다. - 옮긴이)

현재 우리는 물을 끓일 때 태양열이나 지지열, 전기나 가스를 이용한 가열장치를 사용한다. 지붕에 설치하는 태양열 온수기는 특히 매력적이다. 만약 모든 집 지붕에 1제곱미터의 태양열 집열판이 설치되어 있다면, 물을 끓일 때 화석연료는 거의 들어가지 않을 것이다. 들어가도 아주 일부에 불과할 것이고, 많은 화력발전소는 폐쇄될 것이다. 또한 전력수요가 줄어들면 가스의 사용이 줄고 환경에 미치는 긍정적인 영향은 늘 것이다. 화석연료로 끓인 물을 사용하는 사람이라면 누구나 환경에 미치는 영향을 생각하고 온수를 아껴 써야 한다.

■ 가내수공업을 받아들이자

에도시대 사람들은 여러 가지 이유에서 가내수공업을 했다. 대부분 자신들의 생필품을 만들려는 작업의 연장선이었다. 그러다 규모가 커지면 제품을 시장에 내다팔아 가계수입을 보충했다.

요즘은 재택근무를 하는 사람들이 많아졌다. 컴퓨터 프로그래밍이나 저술활동, 개인교습, 또는 미술 같은 일부 산업의 상당 부분은 재택근무자들이 담당하고 있다. 최근 수공업에 대한 관심이 높아지고 있다. 수공업으로 돈을 벌고 싶어 하는 사람과 자신의 기술을 가르치고 싶어 하는 사람에게 새로운 기회이기도 하다. 남들에게 인정받는 창작활동으로 큰 만족감을 얻기도 한다. 같은 일을 실천하는 사람들과 관계망을 구축하면 그들에게 많은 것을 배우고 아이디어를 공유할 수도 있다. 특별한 기술이 있으면 지역사회에서 더 귀한 구성원이 되거나, 지식의 제공과 조언을 구할 것이다. 그리고 단체로 수공예작품을 만들거나 기술을 가르쳐주면 다른 곳에서는 얻지 못할 소통을 체험할 수 있다.

집에서 소규모 사업을 시작하는 것은 취미로 얻은 지식을 활용하는 멋진 방법이고 새로운 기술을 배우는 기회이다. 그리고 그것은 긍정적인 사회운동에 참여하고 중요한 지식을 후세에게 전달하는 방법이기도 하다.

■ 목욕물을 이용하는 세탁기

현대 일본의 많은 가정에는 사용하고 난 목욕물을 세탁기로 퍼올리는 소형 전기 펌프가 있다. 이는 환경을 생각하는 에도시대의 지혜를 이어받은 일례이기도 하다. 수도세를 현저하게 줄일 수도 있고 환경을 생각한다는 점에서도 이러한 장치의 이용을 널리 장려하고 있다. 그래서인지 일본 가정에서는 이를 쉽게 사용하게끔 세탁실과 욕실을 가까이 두는 편이다. 소형 펌프가 많은 인기를 얻는 만큼 앞으로 더 편리하고 에너지 절약형 버전으로 개선될 것이 분명하다.

■ 정보의 자유로운 흐름을 실현하자

지역사회가 협력해 뭔가를 이루려면 충분한 정보교환과 서로 논의하며 의사결정 방법을 찾아야 한다. 에도 막부는 사회적 또는 법적 제약으로 언로가 막히면, 사람들의 반향이나 의견을 듣는 중요한 기회를 잃고, 비참한 결정을 내리기도 했다. 반면 농민은 비교적 언론의 자유를 누렸기 때문에 정보를 빠르게 퍼뜨릴 수 있었고 논의할 수 있었기 때문에 기술이나 경제가 빠르게 발전할 수 있었다. 이것은 오늘날에도 적용되는 이야기이다. 정확한 피드백을 얻기 위한 유일한 방법은 언론의 자유를 보장하는 것이다.

■ 교육의 중요성

교육을 대신할 것은 없다. 교육을 받은 사람은 역사적 지식을 활용하고 기술 정보에 접근하며 다양한 것을 설계할 수 있다. 또한 개인과 문화의 독자성을 표현하는 창조적인 일을 하게 된다. 더구나 교육을 받은 사람들은 스스로 생계를 이어가고 환경을 감시하고 개선하며, 다른 배경과 관심을 지닌 사람들과 효과적으로 의견을 교환하고 협력할 수 있다. 그런데 현행 교육시스템은 우리가 이러한 기본적인 기술을 익히는 데 도움이 되지 않을 뿐더러 눈앞에 놓인 과제를 해결하기에도 몹시 부족하다.

■ 수공업과 관련된 집단작업으로 지역사회를 구축하자

여럿이 모여 수작업을 할 때 사람들은 한층 원활한 교류를 한다. 때문에 이러한 집단 수공업은 선사시대 때부터 활력 넘치는 공동체를 구축하고 유지하는 데 반드시 필요한 활동이었다. 뿐만 아니라 모든 연령대에서 그 무엇으로도 대신하지 못하는 교육의 기회가 된다. 이 활동에 참여하는 사람들은 작업을 준비하고 지도하고 논의하고, 또한 서로를 칭찬하거나 비평하기도 한다. 소집단을 형성하거나 지시를 받기도 하며 먹고 마시며 함께 휴식을 취하는 등 다양한 일로 긴 하루를 보낸다. 그리고 그 안에서 기본적인 기술을 익히고 서로를 알아가며 자신들의 지역공동체, 그리고 그 역사와 가치에 대해 많은 것을 배운다.

세대를 뛰어넘어 새로운 인간관계가 구축되고 누구나 선생님인 동시에 학생이 될 수도 있다. 이러한 상황은 새로운 구성원을 소개하고 인생에서 일어나는 중요한 일들을 주변에 알리며, 정보를 널리 전달해 그에 대한 반응을 얻기에 이상적이다.

그런데 현대의 사회구조와 기술적 방법으로는 이런 중요한 집단 활동의 기회를 거의 얻지 못한다. 다행히 예전에는 고립되어 있었던 다양한 분야의 취미생활자들이 최근 몇 년 사이에 수리나 발명 등 각자 재주를 활용해 광범위한 '제조자들'의 네트워크를 형성

하는 새로운 현상이 나타났다. 이러한 기회를 인정하고 장려해야
한다.

■ 폐기물 제로

에도시대에 일본인이 사용한 짚은 폐기물이 발생하지 않는 전
형적인 재료이다. 현 시점에서 짚과 비슷한 장점을 지닌 재료를 생
산할 수 있다면 산업발전의 큰 추진력이 될 것이다. 이런 노력에
는 설계자는 물론이지만, 종이, 플라스틱, 섬유 등의 제조자, 그리
고 궁극적으로는 판매자와 유통업자도 관여해야 한다. 한편 소비
자는 질의 저하나 가격 상승, 또는 안정공급의 여부 등에 관심을 가
질 필요가 있다.

<월드워치연구소> 소장 레스터 브라운은 "우리의 과제는 '쓰
고 버리는 경제'에서 '쓰레기를 감량하고 재이용하고 재활용하는
경제'로 바꾸는 것이다. 정부 당국은 쓰레기를 어떻게 처리할지보
다 처음부터 쓰레기를 배출하지 않는 방법을 더 많이 고민해야 한
다"고 지적했다. 그리고 건축가이자 이론가인 윌리엄 맥도너는 "환
경오염이란 설계의 실패를 상징한다"고 했다.

훌륭한 여러 사상가와 설계자들이 더 쉽게 재활용하도록 제품
설계 과정을 재고하는 방법을 개발하고 있다. 그들은 원재료의 사
용법을 재고하면 어떤 이점이 있는지 입증해왔다. 또한 모든 제품
의 원재료는 완전히 회수되어야 하고 산업 기반인 기술적 원재료
의 흐름으로 되돌려야 한다고 제안해왔다. 생물학적 물질이 자연
으로 되돌아가듯이 말이다. 독일과 일본에서는 가전제품이 매립지

에 폐기되는 것을 막기 위해 해체와 재활용이 용이한 제품을 생산하도록 하는 법이 제정되었다.

맥도너와 브라운가르트는 『요람에서 요람으로』에서 재활용은 일반적으로 원재료를 매립지에 폐기하거나 소각하는 시기를 늦출 뿐, 그러한 처리를 방지하는 것은 아니라고 말한다. 그들은 재활용(recycling)이 아닌, 원재료를 재이용해 동일한 고품질 제품을 만드는 '새활용(up-cycling)'하는 원료를 탐구하기 시작했다. 그래야만 비로소 폐기물을 배출하지 않는다는 목표를 달성한다.

■ 반농

일본은 1960년대부터 공동체와 반체제문화 집단의 본고장이 되어왔다. 그리고 이들 대부분은 전원생활과 농업 그리고 자급자족에 주목했다. 도시에서 일하며 사는 사람 중에 농장을 소유한 사람도 많다. 그들은 주말이면 나무를 심고 씨를 뿌리기 위해 농장에 간다. 하지만 최근에는 직업은 따로 있지만 가족이 먹을 식재료를 재배하기 위해 농사짓는 법을 배우는 '반농'(일반 대중들의 생활방식에 맞서 싸우는 젊은이들의 문화로 사회의 지배적 문화에 적극적으로 도전하고 반대하는 문화를 지칭 - 옮긴이)이라는 또 다른 유형이 나타나기 시작했다. 2003년에 출간돼 인기를 끈 시오미 나오키의 『반농반X의 삶』에서는 '반농'의 실행가능성을 말했고 그러한 삶을 행복과 자족을 위한 수단으로 제안했다. 최근 몇 년 사이 경제가 악화되면서 더 많은 고학력 전문가들이 일찍 은퇴를 하거나 직업을 찾지 않고 농촌지역으로 이주하고 있다. 농촌인구의 증가와 도시인들의 농업에 대한 인식과 관심의 증가라는 측면에서 보면 '반농'은 확실히 긍정적인 점들이 많다.

■ 다양하게 사용할 수 있는 툇마루를 도입하자

예전 일본에서는 툇마루를 다양하게 사용했다. 농가에서는 마당을 향해 열려있는 장소였고 공공건물에서는 격식을 갖춘 정원을 바라보는 장소였다. 이러한 양식은 오늘날 주택설계에 툇마루를 도입하려는 일본의 건축가들에게 영감을 주기도 한다. 툇마루는 크기도 다양하고 폐쇄적인 것과 개방적인 것도 있을 수 있다. 에도시대부터 현재까지 이어져온 전통적인 건축요소는 장지문과 다다미, 그리고 도코노마 등 다양하지만, 툇마루는 특히 새로운 형태나 재료와 잘 어우러진다는 점에서 건축가의 상상력을 자극하고도 남는다. 툇마루는 또 현대적이면서도 전통적인 분위기를 자아내며 통풍을 잘 되게 하고 바깥공간과의 일체감도 느끼게 해준다.

■ 상충관계가 불가피하다는 사실을 이해하자

자원할당과 환경에 미치는 영향, 그리고 우리가 사용하는 완제품의 가치와 유용성 사이에는 상충관계(trade off)가 작용한다. 시장이 이러한 관계를 계산에 넣지 못한 탓에 최종 소비자는 그러한 관계를 모를 때가 많다. 예컨대 대부분의 제조업이 그렇듯이 대규모 제조와 운송, 또 대규모 보관과 진열을 하는데 거기에는 막대한 환경비용이 든다는 사실을 잊어서는 안 된다. 현재는 에너지를 추출하고 사용하는 데 드는 간접비(생태계 파괴, 환경오염, 기후 변화

면에서)가 직접비와 이익을 초과한 상태이다. 우리는 더 큰 공익을 위해 개인의 편의를 희생할 준비를 해야 한다.

■ 읽고 쓸 줄 아는 능력의 의미를 바꾸자

정보를 가장 잘 활용할 만한 사람한테 정보가 들어가는 것이 어떠한 일을 개선하는 유일한 방법이다. 에도시대 일본에서는 전반적으로 낮은 문맹률과 중앙집권을 실현한 막부의 정보 수집, 고도로 발달한 인쇄기술, 숙련된 삽화가들이라는 요소를 살린 시스템이 발달했고 정보는 지방 농민들에게 빠르게 효율적으로 전달되었다.

현대사회는 정보의 수집과 전달은 물론이고 읽고 쓸 줄 아는 능력 또한 유례없이 높다. 그런데도 변화가 그다지 빨리 일어나지 않는 건 왜일까? 첫째는 정치, 경제적으로 유리한 상황을 유지하기 위해 정보전달에 부당한 압력을 행사하는 기득권 때문이다. 또 하나는 그저 단순한 불협화음 때문이다. 대립의 목소리가 확산되고 서로 자기의 논리만 옳다고 주장하니 확신 있는 결론이 쉽지 않다.

메시지를 분석하고 평가하려면 미디어와 그 미디어에 영향을 주는 요인을 파악할 수 있게 끊임없이 노력해야 한다. 그 해법은 기초교육으로 필수적인 읽기와 글쓰기 능력을 최대한 향상시켜야 한다. 동시에 대중매체를 비판적으로 해석하는 데 꼭 필요한 능력을 가르치고 익히게 하는 것이다.

■ 생물의 공생을 잘 이용하자

예전에는 논에 물고기와 개구리가 많아 자연적으로 해충을 제거했다. 이러한 공생관계는 오늘날의 농업이 답습해야 할 '모범적인 체계'이다. 이러한 모범적인 해결책은 농업에만 국한하지 않고 어떤 환경에서든 가능하다. 가정의 정원을 가꾸는 사람들은 새들이 살기 좋은 공간을 만들어 주어 해충 구제를 하고, 개구리나 물고기 같은 종들의 서식지 개선을 위해 빗물을 이용하는 방법도 많다. 나무를 심어 다른 식물에게 그늘을 만들어주기도 하고, 벽 같은 구조물은 한쪽에는 그늘을 만들고 다른 한쪽에는 빛을 반사해 그늘을 좋아하는 생물 또는 그렇지 않은 생물 각각에 적합한 환경으로 개선할 수 있다.

■ 고기 소비를 줄이자

일본인은 농지에서 인간과 가축을 위한 식량을 한꺼번에 재배하기가 힘들다는 사실을 아주 옛날부터 알고 있었다. 때문에 그들은 농경방식에서 서서히 가축을 줄여나갔다. 우리는 현재 그와 비슷한 환경문제에 직면하고 있고, 그 결과는 무시할 수 없다.

가축은 효율이 좋은 단백질원이 아니다. 1킬로그램의 소고기를 생산하려면 약 7킬로그램의 곡물이 필요하고, 가축이 먹는 물과 사료재배에 필요한 물을 합하면 엄청난 양의 물이 들어간다. 또한 가축을 너무 많이 방목하면 생태계가 파괴된다. 중국 북서부의 사막화도 가축을 지나치게 방목한 탓이 크다. 그뿐만 아니라, 브라질과 그 밖의 나라에서는 목초지를 만들려고 열대우림을 모두 베어내고 있다. 그만큼 가축을 기르려면 엄청난 희생이 따른다. 사막화를 멈추려면 인구와 가축수의 증가를 막을 필요가 있다. 그럼 대안은 무엇일까?

선진국은 동물성 식품의 소비가 높아져 비만인구가 늘고 있다. 따라서 먹이사슬에서 낮은 곳에 있는 채소와 가금류, 그리고 해산물 등의 소비를 높여야 한다. 초식성 어류는 섭취한 먹이를 단백질로 바꾸는 데 매우 효율적이므로 수산양식을 동물성 단백질의 주요 공급원으로 육성해야 한다. 먹이사슬의 하위에 있는 것을 먹는 식생활은 일본의 전통적인 식생활 그 자체라 해도 과언은 아니다.

■ 재조명되는 초가지붕의 장점

에도시대 때 도시지역에서는 초가지붕이 줄어든 반면, 농촌지역에서는 약 백 년 전까지만 해도 초가지붕을 흔히 볼 수 있었다. 하지만 초가지붕은 불에 약하고 골함석처럼 비싸지 않은 대체품을 쉽게 얻을 수 있어 20세기에 거의 자취를 감추고 말았다. 동시에 오랜 세월 동안 진보하고 개량되어 온 지붕이기 기술도 사라졌다. 다행히 최근 전통적인 초가지붕에 대한 관심이 높아지고, 그 지식과 기술이 다시 보급되기 시작한 현상은 매우 고무적이다. 수십 채의 초가지붕집이 모여있는 기후 현의 시라카와고 마을이 1996년에 유네스코 세계유산으로 지정되면서 일본에서는 초가지붕이 유행하기 시작했다. 숙련된 이엉장이의 수요가 급증하고 여기저기서 초가지붕을 다시 올리며 새로운 세대의 전문 직인도 탄생했다. 초가지붕을 만들려면 여전히 많은 비용이 들고 갈대 같은 재료를 구하기도 쉽지 않으며 불에 약하다는 성질도 여전하지만, 초가지붕을 만드는 기술이 부활한 건 확실하다.

■ 숲을 관리하고 관찰하자

지난 백 년 동안 산림관리는 크게 발전했다. 목재산업의 과잉으로 어떤 나라든 현재 '천연림(天然林)'은 거의 남아있지 않다. '산림관리'란 천연림을 주의깊게 관찰하며 인력을 동원해 일종의 특성 있는 산림지대를 형성하고 강화하는 활동에 이르기까지 의미가 포괄적이다. 앞으로 우리는 생태계에 건전하고 다양한 환경을 지속적으로 제공할 수 있도록 모든 숲을 주의깊게 계획하고 관찰하고 보전해야 한다.

산림보호지역의 수와 규모를 늘리고 정기적으로 숲을 폐쇄하고 일시적으로 벌채를 중단하면, 숲은 전반적으로 환경적 균형을 유지하고, 대기와 하천유역의 조정자 기능을 충분히 해낸다. 우리는 자연재해와 파괴가 보다 큰 규모의 산림 천이(遷移)를 유발하고 가속화하는 중요한 요소라는 사실을 배웠다. 이 같은 사실을 몇 십 년이 아니라 몇 백 년 단위로 구상하고 산림관리에 적용해야 한다. 만약 그 적용에 성공한다면, 인간은 여전히 숲에서 목재를 구할 수 있을 것이다.

■ 생태계가 어떻게 작용하는지 이해하자

산림생태계는 식물과 동물 그리고 미생물과 물, 토양의 복잡한 균형에 기반하고, 고유의 복원력도 있다. 자연적인 발달과 천이를 거치는 동안, 숲의 물리적인 형태와 종의 균형은 끊임없이 변한다. 자연화재와 기후변화, 그리고 유역의 변화와 지질학적 활동의 영향으로 변화는 가속화되거나 지체되기도 하지만 환경의 건전함은 줄

곧 유지된다. 우리는 종의 균형을 좌우하는 이러한 자연 복원력을 이용해, 원하는 종의 수를 늘리고 쉽게 얻는다. 하지만 자연의 복원력에는 한계가 있다. 역사는 이러한 한계를 무시하거나 판단 착오로 비참한 결과를 겪어온 인간 공동체의 예들로 가득하다.

■ 재생하는 숲

에도시대에 일본의 산림관리가 눈부시게 발전한 것은 매우 바람직한 일이었다. 하지만 그 후, 특히 제2차 세계대전이 끝나고 숲을 다시 조성하는 과정에서 편백나무와 삼나무를 단일 재배한 것은 생태학적으로 문제가 되었다. 그런 점에서 식물생태학자인 미야와키 아키라가 주장하는 생물학과 환경면에서 건전한 산림재생법이 받아들여지고 있어 다행스러운 일이다. 미야와키는 활엽수가 지배적이고 종류가 다양한 다층구조를 이루며 자동조절이 가능한 산림 본래의 모습으로 되돌리기 위한 기술을 개량한 생태학의 선구자이다. 그가 추진해온 재식림 운동은 전 세계의 지역사회와 조직의 사고방식과 실천에 영향을 미쳤다.

■ 감소한 수종을 증가시키기 위한 방법

지난 백 년 동안 일본뿐만 아니라 많은 선진국에서 흔하게 사용하던 나무의 종류가 우려스러울 만큼 줄어들었다. 공업화된 임업과 소수의 종만 개발하는 글로벌 목재산업으로 대체되었기 때문이다.

역설적으로 들릴지 모르지만, 줄어든 나무 종을 늘리는 최선책은 그 수종을 다시 대량으로 심을 수 있게 목재시장을 육성하는 방법이다. 마호가니와 자단(紫檀) 같은 열대종을 마구잡이로 벌목한 탓에 그 종이 멸종 위기에까지 내몰렸다는 사실을 명심하고, 다양한 종이 서식하는 새로운 산림을 처음부터 지속가능한 형태로 설계해야 한다. 또한 다 자란 나무만 선별해서 베어내야 한다. 그리하면 숲이 더 다양해지고 일상생활에서도 다양한 목재의 아름다움을 다시 즐길 수 있을 것이다.

■ 에너지 사용과 생태계 피해를 줄이는 목재운송을 연구하자

옛날에는 베어낸 목재를 먼 곳까지 운송하는 데 필요한 대부분의 에너지를 중력과 산비탈, 그리고 강의 곡류를 훌륭하게 이용해 마련했다. 19세기에는 일본뿐만 아니라 유럽과 미국에서도 마찬가지로 이러한 방법을 이용했다. 목재를 숲 밖이나 산 아래로 운반할 때 거대한 바퀴가 달린 궤도차량을 이용하는 현재의 방식과 비교하면, 옛날방식은 융통성이 부족하고 속도도 더딜 것 같지만 사실은 에너지를 거의 무료로 이용한다는 엄청난 장점이 있다. 만약 목재운송에 드는 광범위한 환경비용(공해, 서식지 파괴, 토양침식, 농약, 잡초방제, 화석연료 연소에서 발생하는 탄소)을 경제계산에 반영시킨다면, 중력과 자연스런 물의 흐름을 이용해 목재를 운송하는 방법이 얼마나 경제적인지 새삼 인식하게 될 것이다.

■ 녹색커튼

일본인은 여름 동안 집 안에 그늘이 드리워지도록 덩굴식물로 덮인 가벼운 이동식 격자울타리를 사용하는 일이 많았다. 그 덩굴

울타리가 바로 '녹색커튼'이다. 이 녹색커튼은 그늘을 만들어줄 뿐만 아니라, 콩이나 호박 같은 열매를 제공해주기도 하고 나팔꽃처럼 집 안에 색을 더해주기도 했다. 이런 '녹색커튼'의 발상이 최근 들어 다시 새롭게 받아들여지고 있다. 주로 공공기관 건물에 사용할 수 있도록 개조된 경우가 많은데, 한 기업에서는 나팔꽃과 식용 여주를 이용해 다섯 곳의 공장에 140미터 길이의 살아있는 녹색커튼을 만들었다. 덕분에 특히 오전 중에는 공장 안에서 에어컨을 사용하는 일이 크게 줄었다고 한다.

학교와 공공건물에 녹색커튼을 만들기 위한 전국적인 프로젝트를 시작하고, 초등학생과 중학생에게 환경과학을 가르치기 위해 '녹색커튼의 생성과 유지'에 관한 교육과정을 개설한 곳도 있다. 녹색커튼은 비싸지도 않고 키우기도 쉬우며 전통에 뿌리를 둔 훌륭한 발상이다. 머지않아 사회의 다른 영역으로도 확산되기를 기대한다.

II

지속가능한 도시

에도시대 도시와 지혜로운 서민의 삶

긴 여행 탓에 우리는 지쳐있었지만 가이노쿠니(현 야마나시 현-옮긴이)를 떠나 에도(현 도쿄 -옮긴이)로 들어서니 다시 힘이 솟았다. 다른 여행객들처럼 우리도 도보 여행을 하고 있다. 가마꾼을 고용할 만큼 여비가 넉넉하지도 않고 말을 탈 수 있는 신분도 아니기 때문이다. 지난 일주일 동안 짚신 두 켤레가 닳아서 버렸다. 어제는 산의 끝자락에 있는 관문을 지났다. 그곳은 에도를 오가는 사람들로 북적였다. 관문을 지키는 수문장은 통행증을 확인하고 짐을 대충 살펴보더니 통과시켜주었다. 아마 우리가 무기나 금지된 책 또는 사치품을 밀수하는 사람으로는 보이지 않았기 때문일 것이다.

그리고 오늘 아침, 에도 서쪽의 나이토신주쿠 역참에 도착했다. 이곳은 활기가 넘쳤다. 신선한 채소나 숯을 집집마다 팔러다니는 농민과 대소변을 수레에 싣고 도시 밖으로 운반해가는 사람들로 북적였다. 말을 탄 무사와 그들을 따르는 시종, 그리고 발이 드리워져 누가 타고 있는지 모르는 가마 등이 많은 인파 사이를 오가고 있었다. 도심으로 이어지는 길 양쪽에 자리한 여인숙에서는 요리하는 음식냄새가 코를 찔렀다.

에도로 진입하는 방법은 다양하다. 화물이나 상품은 대부분 해안을 따라 항해하는 화물선이나 강을 오가는 바지선으로 운반된다. 한편, 여행객은 에도와 주요 지방을 잇는 다섯 개의 큰 도로(五街道)를 이용한다.

에도는 만(灣)에 인접한 드넓은 충적평야에 펼쳐져 있다. 기복이 심하지 않고 대체로 완만하다. 다섯 개의 대지(臺地)가 손가락처럼 만을 향해 뻗어 있지만 도시 전체를 조망할 정도로 높지는 않다. 그리고 에도의 외곽인 북쪽, 남쪽 그리고 서쪽으로 솟아있는 산은 하루를 꼬박 가야 도착할 수 있다. 에도의 중심부로 갈수록 논밭들 사이로 여기저기에 상점이 있는 풍경으로 바뀌어간다. 그리고 마침내 논밭조차도 시야에서 사라지고, 늘어서 있는 집들과 떠들썩한 분위기에 휩싸인다.

중세시대 에도는 농업과 어업을 주로 하는 작은 마을이었다. 그런데 무로마치 시대였던 1457년에 무장(武將) 오다 도칸(太田道灌)이 에도에 성을 쌓았고, 17세기 초 전쟁에서 승리한 쇼군 도쿠가와 이에야스가 에도를 새로운 수도로 정했다. 도쿠가와 이에야스는 민간의 정교한 설계기술과 경제적 수단을 이용해 전례 없는 발전을 이룩했고 권력을 중앙집권화했다. 당시의 계획은 발전을 목표로 하는 유연함이었다. 그 뒤 수백 년에 걸쳐 계획이 추진되었고 이러한 생각의 현명함은 분명해졌다.

거의 모두가 도보여행을 한다. 물건을 잔뜩 짊어진 상인이 아니라면 여행채비는 어깨에 맨 작은 보따리 하나가 전부이다

에도의 지형은 이점도 있지만 난점도 있었다. 평야는 원래 습지였고 쉽게 물에 잠겨 조금씩 땅을 매립해나갔다. 방사형으로 뻗은 대지가 에도 중심부에 견고한 도시를 건설할 수 있는 기반이 되었다. 도시를 건설한 사람들은

나카센도
(中山道)

간에이지
(寛永寺)

닛코카이도
(日光街道)

간다 강

다이토신주쿠   요쓰야(四谷)
(内藤新宿)   관문

간다
(神田)

스미다 강
(隅田川)

에도성

니혼바시(日本橋)

다이묘코지
(大名小路)

후카가와(深川)

조조지
(增上寺)

기바(木場)

에도 만

상인 거주지	그 밖의 무사 저택
절과 신사	농지
다이묘 저택	

도카이도(東海道)

시나가와(品川)

다카나와(高輪)
관문

166

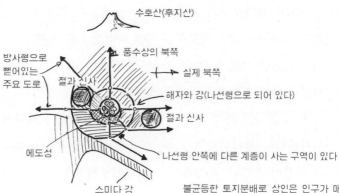

수호산(후지산)

방사형으로
뻗어있는
주요 도로

절과 신사

풍수상의 북쪽

실제 북쪽

해자와 강(나선형으로 되어 있다)

절과 신사

에도성

나선형 안쪽에 다른 계층이 사는 구역이 있다

스미다 강

에도는 풍수와 수호의 원리에 따라 설계되었고, 에도성을 중심으로 무사 거주구역과 상인거주지역이 나선형으로 펼쳐져 있다. 도시계획의 유연성과 훌륭함을 보여준다

불균등한 토지분배로 상인은 인구가 매우 밀집한 구역에서 살았던 반면, 대부분의 무사는 멋진 정원을 가꿀 수 있는 공간을 소유했고, 영주(다이묘)는 도시 경계 안에 각자 넓은 사유지를 소유했다. (실제로는 이런 사유지가 가신들의 거처로 제공되기도 했다)

뛰어난 통찰력으로 자연조건을 고려했다. 토지의 지질과 물의 흐름, 식생과 공기의 흐름이 도시의 이점이 되었고, 강과 언덕 그리고 나무 같은 자연요소와 인공적인 요소 사이에 최상의 균형이 유지되도록 작용했다. 그 결과 에도는 매우 다양한 도시경관과 저마다 강한 개성을 지닌 지역이 연결되어 있는 모습을 보여준다.

에도의 도시 조성에 사용된 주요 기술은 장소별로 그 지형에 맞춰 성을 에

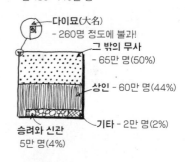

에도의 인구
총 130~140만 명

다이묘(大名)
- 260명 정도에 불과!

그 밖의 무사
- 65만 명(50%)

상인 - 60만 명(44%)

기타 - 2만 명(2%)

승려와 신관
5만 명(4%)

토지배분

상인(18%)

다이묘(33%)

그 밖의 무사(30%)

기타 (6%)

절과 신사(13%)

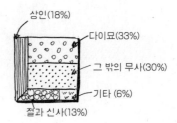

워싸도록 격자모양의 길을 만드는 것이었다. 좌표축은 있지만 유럽의 도시와는 달리 바깥쪽을 향해 나선형으로 퍼져나가는 불규칙한 동심원을 따라 형성되었다. 환경과 방위, 그리고 경제성에 대한 배려는 물론 풍수까지도 염두에 두었다.

도시 중앙에 자리 잡은 성을 중심으로 다이묘의 저택과 그 밖의 무사저택이 둘러싸고 있으며, 주변에는 절이나 신사(神社)가 여기저기 흩어져 있다. 바깥쪽에는 상인거주지역이 있으며 거기서 좀 더 나가면 농지, 그리고 바다로 이어진다. 에도시대 초기에 운하와 해자는 방위와 축성에 들어가는 건축자재(돌이나 목재 등)를 운반하는데 이용하기도 했다. 도시가 팽창하면서 운반물량이 늘어나고, 수로는 에도에 꼭 필요한 운송로이자 도시의 특징이 되었다. 상인거주지역은 거의 전체를 항구로 여겨도 될 정도로 수로가 내륙 깊숙이 뻗어 있어 모든 구역에 활기를 더해주었다. 에도에는 500개

자연냉각 작용을 하는 길

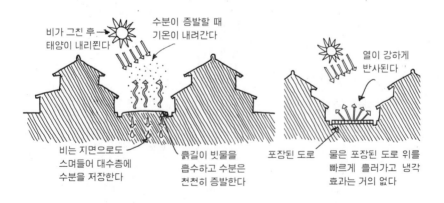

비가 그친 후 → 태양이 내리쬔다

수분이 증발할 때 기온이 내려간다

열이 강하게 반사된다

비는 지면으로도 스며들어 대수층에 수분을 저장한다

흙길이 빗물을 흡수하고 수분은 천천히 증발한다

포장된 도로

물은 포장된 도로 위를 빠르게 흘러가고 냉각 효과는 거의 없다

가 넘는 다리가 있다. 그래서인지 그 주변에 형성된 구역의 이름에는 대부분 '교(橋)'자가 붙어있다.

에도에서 방사형으로 뻗어있는 다섯 개의 가도는 자연 지형을 활용해 만들어졌다. 그 길은 도시의 중심에서 뻗어있는 약간 높은 대지를 따라 나있고, 무사들의 거주지역과도 일치한다. 따라서 보통은 이러한 가도에서 다이묘나 그 밖의 무사들이 거주하는 녹음이 우거진 넓은 저택에 접근하기가 쉽다. 그리고 그곳에서 저지대에 있는 상인거주지역 쪽으로 좁은 길이 사방팔방으로 뻗어 있어 지형에 따라 구역을 나눠 놓은 모습이 한층 두드러진다.

쇼군은 다이묘의 아내와 가족을 볼모로 잡고 다이묘와 그의 수많은 수행무사들이 격년 주기로 일 년씩 에도에서 지내게 하는 참근교대(參勤交代)를 명령했다. 그 때문에 에도의 인구는 유동적이었고 막대한 부가 에도로 흘러들었다. 많은 다이묘와 가신들은 영지

자연냉각 작용을 하는 수로

주택이 밀집한 에도의 시가지에는 수로나 강이 사방팔방으로 흐르고 있어 시원한 바람이 불어온다

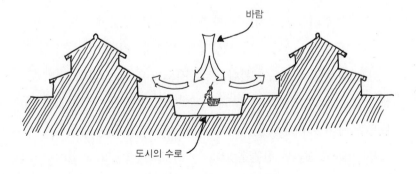

바람

도시의 수로

와 에도를 오갔고, 그 결과 혼자 지내는 남자들이 많아졌다. 독신 남성이 증가하고 에도에 부가 집중되자 무사계급에게 상품과 서비스를 제공하는 직인과 상인이 늘어났으며 이는 경제성장의 굉장한 원동력이 되었다. 에도에서는 생산 활동은 거의 이뤄지지 않았지만 소비활동은 활발히 이루어졌다.

깨끗한 거리, 수목이 우거진 거리

우리는 목수인 사다키치를 찾아가는 길이다. 그는 나가야(長屋, 여러 가구가 이어져 있으면서 바깥벽을 공유하는 건물, 또는 긴 하나의 건물 을 칸을 막아서 여러 가구가 살 수 있도록 만든 일종의 연립주택-옮긴이)에 사는데, 상인들이 생활하는 활기 넘치는 번화가 중 한 곳인 간다(神田)에 있다. 간다에 가려면 운하를 오가는 정기선을 타는 방법이 가장 편하지만 무엇보다 걷는 게 가장 싸게 먹히고, 도중에 활기찬 상업 중심지인 니혼바시도 지날 수 있다.

에도는 행정적 그리고 문화적으로 구역들이 뚜렷하게 나눠져 있다. 가장 중요하고 눈에 띄는 구분은 무사와 상인의 거주지역이다. 무사거주지역은 고지대에 자리 잡고 있으며 넓이는 각 가문의 지위에 비례한다. 이곳은 한산하고 널찍한데, 수많은 가신이 살고 있다는 사실을 고려해야 한다. 지금 에도의 인구는 130만 명에 달한다. 그 중 65만 명(50퍼센트)이 다이묘를 포함한 무사들인데 그들은 토지의 63퍼센트를 차지하고 있다. 그것도 가장 알짜배기 토지를! 그리고 승려나 신관은 약 5만 명 정도이며 절이나 신사의 부

도시의 녹지
에도에는 자연 상태로 남겨진 넓은 토지가 많다

지는 일급 토지의 약 13퍼센트를 차지하고 있다. 60만 명에 달하는 상인과 직인은 고작 18퍼센트에 해당하는 토지에서 살 수밖에 없다. 그것도 대부분은 해안가 매립지이거나 몇몇 주요 가도가 가로지르고 있다. 이런 공간적 제약 때문에 서민 거주지역은 인구밀도가 높고 에도의 상업이 성행하고 활기가 넘친다.

에도에서 가장 혜택을 많이 누리는 사람은 상인이다. 니혼바시를 보면 금방 알 수 있다. 그곳에는 크고 작은 상점들과 노점들이 즐비하게 늘어서 있다. 온갖 생필품과 수많은 지방 특산품을 판매하고 있다. 교토의 비단, 시코쿠의 찻잎, 아이즈의 칠기, 아키의 도기 등 대부분이 다른 지방에서 들여온 것들이다. 바로 이 시장의 규모와 활력이 도시 전체의 상인에게 부를 가져다준다. 돈만 있으면 해외에서 수입한 가죽공예품이나 고미술품, 또는 유리그릇이나 모직 의류 같은 고급품까지 살 수 있다.

에도는 전국에서 먹을거리와 물자를 들여오는 거대한 소비시장 이다. 생산 활동을 하지 않는 수많은 무사와 급증하는 인구의 의식 주를 충족시키려다보니 거대한 시장으로 바뀌었다.

우리가 걷고 있는 길에는 상점이 늘어서 있다. 무사저택이 있는 고지대도 마찬가지이다. 그렇지만 번화한 도카이도에 비하면 아무 것도 아니다.

도카이도를 지나 에도로 들어오는 여행자들은 다카나와 관문에 서 종점인 니혼바시까지 약 7킬로미터, 그리고 그 앞까지 쭉 늘어 선 시장과 상점, 도매점과 식당 등의 상업시설을 볼 수 있다. 게다 가 이런 시설들은 길가뿐만 아니라 그 뒤쪽으로도 빼곡하게 들어 서 있다. 한 곳도 들르지 않고 이 긴 상점가를 전부 둘러만 본다 해 도 꼬박 하루는 걸릴 것이다. 시내에는 이 밖에도 큰 상점가가 많

저잣거리에는 집들이 밀집해 있어 큰 정원은 만들 수 없지만, 다양한 방법으로 온갖 나무와 꽃 들로 집 주변을 장식했다

다. 에도에서 상업에 종사하는 사람들이 얼마나 많은지 상상이 가고도 남는다. 에도는 인구밀도로 치면 세계에서 가장 큰 도시이지만, 에도에 사는 사람들은 음식, 물, 연료, 생필품을 매우 효율적인 방식으로 공급받는다.

도로는 비포장 흙길이다. 인도가 따로 있지는 않지만 가축이 거의 없기 때문에 대부분 보행자이다. 가끔 소달구지가 지나갈 뿐 마차나 대형 짐마차 등은 전혀 보이지 않는다. 소달구지로 운반하는 것은 목재나 쌀가마니 같은 매우 무거운 짐뿐이며, 가능하면 이것도 다른 수단으로 운반한다. 한편, 여러 가지 손수레를 볼 수 있다. 간혹 다양한 계급의 사람을 태운 가마도 오간다. 때로는 말을 탄 무사가 있는 다이묘 행렬이 지나갈 때도 있다. 비가 내리면 길은 질퍽거리지만 유럽의 여러 나라와는 달리 대소변이 흘러넘치거나 위생문제는 거의 없다. 비포장길은 빗물을 대부분 흡수한다. 한여름에는 사람들이 주변 공기를 시원하게 하려고 길에 물을 자주 뿌린다. 포장된 길과 달리 우리가 지금 서 있는 이 비포장길은 낮에 흡수한 열을 대기로 내보내지 않고 수분이 증발하면서 상당한 냉각효과를 일으킨다.

에도에는 녹지가 많다. 시바에 있는 조조지(增上寺)와 우에노에 있는 간에이지(寬永寺) 같은 큰 절이나 신사가 있는 구역은 특히 녹음이 짙고 누구나 경내에 들어갈 수 있다. 어느 구역에나 대개 작은 절이나 신사가 하나 이상 있어서 나무가 그늘을 만들어주고 보기에도 아름답다. 무사저택에는 잘 가꿔진 정원이 있지만 아무나 들어가지 못한다. 도심부에는 사람의 손이 전혀 미치지 않은 장소도 많다. 주로 습지와 연못 주변이 그러하다. 그야말로 목가적인 풍경을 자아내고 있다. 에도시대의 8대 쇼군 도쿠가와 요시무네가 1721년에 교호개혁(享保改革, 교호는 1716~1735년까지 쓰인 일본의 연호이다-옮긴이)을 시작한 이래 강가에 나무를 심는 일이 활발해졌다. 요시무네의 계획대로 강가에 벚나무를 심었고, 불필요한 성벽의 일부를 허물어 녹지를 조성했으며 성벽 위에 소나무를 심었다. 또한 몇 군데에 공원도 만들었다.

상인거주지역에서는 무엇보다 실용성이 먼저다. 거리에 나무는 많은데 따로 조성한 가로수 길은 없다. 나무는 담장 안쪽이나 뒤뜰에서 주로 볼 수 있다. 한편, 원예는 서민의 취미로 매우 인기가 많아 거의 모든 집 앞이나 처마 밑에는 잘 손질된 화분이 놓여있다. 집들이 빽빽이 들어선 좁은 뒷골목에도 관목이나 분재, 또는 꽃이나 향초가 가득하다. 상인거주지역은 매립지라서 흙 자체에 점토 함유량이 많아 토질이 떨어진다. 그래서 에도의 북쪽에 있는 농촌지역에서 양질의 원예용 흙을 들여온다. 이것이 주요 사업이 되었다. 에도 사람들은 매우 한정된 공간을 녹지화하려는 방법을 찾아냈고 긴 세월에 걸쳐 조금씩 토양을 개선해왔다.

에도는 경치가 좋은 도시이기도 하다. 도시계획자들은 주요 도로를 계획할 때, 가까운 산과 먼 풍경을 고려했다. 그 때문에 많은 도로가 서쪽으로는 후지산을 북동쪽으로는 쓰쿠바산을, 그리고 도시 곳곳의 언덕과 강의 아름다운 풍경을 조망할 수 있는 곳에 만들어졌다. 이러한 차경(借景)기법(먼 산 따위의 경치를 정원의 일부처럼 이용하는 일-옮긴이)은 도시의 풍경에 미적인 요소를 더해주고, 그 아름다움은 많은 그림이나 판화로 그려졌다. 가로수 길은 많지 않지만 거의 모든 길이 끝나는 곳에는 푸르른 대지나 멀리 산과 강이 펼쳐져 있어 평범한 일상과 대비돼 그 아름다움은 한층 눈에 띄었다.

에도는 저마다 뚜렷한 개성과 소속감을 지닌 여러 장소들이 연결되어 있는 네트워크라 할 수 있다. 도시 어디에서나 먹고 마시고 쉬고 토론하는 장소를 발견할 수 있다. 이곳은 주민과 여행객 모두에게 지적이고 창조성이 넘치는 정렬적인 도시로, 가장 대표적인 예가 바로 니혼바시이다.

활기 넘치는 시장

우리는 아침나절쯤에 니혼바시에 도착했다. 주변은 이미 많은 사람들로 북적였다. 물건을 사고파는 사람과 주문하고 배달하는 사람들로 붐벼서 귀가 먹먹해질 정도로 시끄러웠다. 상점의 일꾼이나 점원은 가게 이름이나 도안이 새겨진 핫피(法被, 일본 전통 의상으로, 주로 축제 때나 장인들이 입는다-옮긴이)를 맞춰 입고 있어 쉽게 알아볼 수 있다. 각 상점 앞에는 늘 한두 명의 점원이 나와 호객행위를 하거나 가락을 붙여 물건을 홍보하기도 한다. 길을 오가는 많은 행상인이 조리된 음식을 비롯해 가정용품과 부적, 향신료와 짚신에 이르는 온갖 것을 팔고 다닌다. 그들의 목소리가 상점가를 더욱 시끄럽게 한다. 행상인은 길을 가다 손님이 부르면 그 자리에서 등에 짊어지고 있던 상자를 내려놓는다. 즉석에서 작은 노점이 펼쳐지는 셈이다.

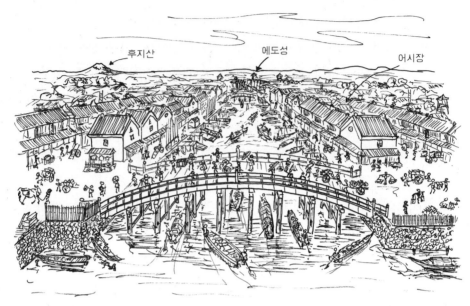

후지산　　　　에도성　　　　어시장

니혼바시 주요 가도인 도카이도와 니혼바시 강이 이곳에서 교차한다

　다른 사람들의 짐을 옮겨주는 짐꾼도 많다. 주로 커다란 상자나 들통, 바구니, 빗자루, 그리고 책과 피륙 등을 운반한다. 땀에 흠뻑 젖어 손수레를 밀고 가는 짐꾼들은 짐을 산더미처럼 쌓아올린 탓에 앞을 못 볼 정도였다. 우리는 그들이 지나갈 때마다 재빨리 옆으로 비켜줘야 했다.

　상점가에서는 다양한 사람들을 볼 수 있다. 상점에서는 많은 여성을 고용하고 있다. 여성이 운영하는 상점도 적지 않다. 가게를 보는 점원이나 심부름하는 아이들도 많다. 손님 중에는 물건을 대량으로 사들이는 상인도 있다. 부인들의 모습도 자주 눈에 띈다. 부인들은 근처에 살면 혼자 나오기도 하지만, 친구나 하인 혹은 집안 남성과 동행한다. 일하다 말고 나와서 옷이나 도구를 사가는 상인도 있다. 그 중에는 취미로 서점(에도에는 많은 서점이 있다)에서 시집을 훑어보거나 공예품(미술상도 수십 곳 있다)을 구경하는 사람도 있다. 그리고 무사 중에는 자기가 필요한 물건을 사러 나오기도 하지만(무사의 부인은 거의 보이지 않는다) 쇼군이나 다이묘를 대신해 뭔가를 사러 나오기도 한다. 그들 중 몇몇이 무리지어 니혼바시 강을 따라 자리 잡은 어시장을 으스대고 걸어가다가 한 어물전에 멈춰 "이것이야말로 쇼군가에 어울리는 물건이로다!" 큰 소리로 말하며 최상급의 생선을 대량으로 주문한다. 생선장수 중에는 쇼군 가에서 물건을 사주었다는 영예만 얻고 정당한 대금을 받지 못하는 사람도 가끔 있다.

에도는 혼잡하고 떠들썩하지만 거리는 매우 깨끗하다. 동물의 배설물은 말할 것도 없고 서양의 도시에서 흔히 볼 수 있는 썩은 쓰레기더미도 보이지 않는다. 짐수레에 쌓인 쓰레기는 비료로 만들거나 재활용을 하려고 운반하는 듯했다. 물론 어시장은 생선 비린내가 난다. 어떤 상점이든 상점 특유의 냄새가 나기 마련이다. 가구점에서는 옻 냄새, 다다미 상점에서는 짚 냄새, 상자가게에서는 대팻밥 냄새가 나듯이 이 근방 일대에 감도는 건 맛있는 음식 냄새와 음식을 끓이고 굽는 연기 냄새, 그리고 틀림없는 바다 냄새다.

우리는 아치형의 높은 니혼바시 다리를 건넜다. 이곳은 오가도가 시작되는 지점이자 에도에서 거리를 측정할 때 기준이 되는 지점이기도 하다. 니혼바시 다리는 명실상부한 이 나라의 정신적 중심이지만 특별히 크지도 아름답지도 않다. 오가는 사람이 많아 주

시가지의 풍경

대부분의 도로와 수로는 정면에 후지산 등 표상이
되는 풍경이 보이도록 만들어졌다

스루가(지금의 시즈오카현) 거리에 있는 상점가

무사 거주구역에서는 바다가 보이는 경우가 많다

중앙 관청가(시미즈 에이한(淸水英範)과 후세 다
카시(布施孝志) 지음『재현, 에도의 경치』참고)

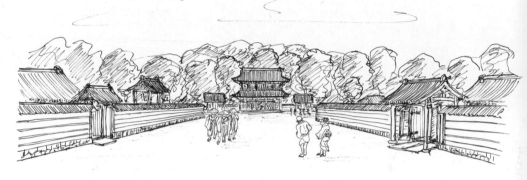

조조지(增上寺)　　　　　　　　　대부분의 길 정면에는 큰 문이나 건물이 보인다

아타고 산　　　　　　　　　동산 같은 특징 있는 지형이
　　　　　　　　　　　　도시풍경의 일부가 되어 있다

179

간다

에도의 주요 상인거주지역

① 니혼바시
② 도리초 거리
③ 해자(垓子)
④ 다이묘코지(大名小路)
⑤ 성문
⑥ 혼초도리(本町通)(중심가)
⑦ 간다 강

⑧ 니혼바시 강
⑨ 다이묘저택
⑩ 스미다 강
⑪ 에이타이 다리
⑫ 후카가와
⑬ 사다키치가 사는 지역

목재저장소
방향

상인거주지역	
절과 신사 부지	
다이묘저택	
그 밖의 무사저택	
농지	
막부관련시설	

변은 늘 소란스러운 나무로 만든 평범한 다리다. 다리 위에서 왼쪽을 바라보니 강의 양쪽 기슭에 회반죽을 발라 만든 큰 창고가 늘어서 있다. 그리고 두 블록 너머에 에도 성의 해자가 보였다. 비바람에 더럽혀진 돌담 위에는 나무가 줄지어 서 있고, 훨씬 더 너머에는 회반죽을 발라 만든 성루가 우뚝 솟아있다. 다리에서 내려와 어시장을 따라 오른쪽으로 가다보면 이윽고 스미다 강이 나올 테지만, 우리는 곧바로 작은 운하를 넘어 간다로 들어갔다.

니혼바시가 에도에서 인구밀도가 가장 높은 곳이라면 간다 역시 이에 못지않다. 우리의 친구인 목수 사다키치도 이름하야 간다 '다이쿠초(大工町, 목수의 마을이라는 뜻이 담겨있다)'로 불리는 지역에 산다. 예전에는 목재를 들여오는 요지였지만, 큰 목재상은 모두 화재의 위험이 적고 운송과 저장이 편리한 강 건너로 옮겨갔다. 그런데 지금도 다이쿠초 한쪽에는 많은 목재저장소가 모여 있어 주변의 상인거주지역과 막부관련시설, 무사저택에 필요한 건축자재를 대고 있다. 하지만 산에서 뗏목으로 운반해온 목재를 판재로 가공하는 중요한 작업은 강 건너편에 있는 목재저장소에서 이뤄지고, 그 뒤 나룻배와 대형짐수레를 이용해 다이쿠초로 운반한다.

나가야(長屋)라는 최고의 공동체

에도의 모든 상인거주지역과 마찬가지로, 간다 쪽도 구역을 일정하게 나누는 방식으로 설계되어 있다. 구역별로 구획 비율은 다양하지만 그 합리성과 효율성 그리고 유연성에 놀라지 않을 수 없다. 지형이나 자연수로의 형태가 일정하지 않아 도시 전체를 바둑판 모양으로 나눌 수는 없지만 니혼바시와 간다의 대부분은 척관법에 따라 구획되어 있다.

중국에서 기원한 척관법은 거의 같은 형태로 천 년이 넘게 사용되어왔다. 1척(尺)은 약 30센티미터이고 1간(間)은 6척(1.8미터)이다. 부유한 상인의 집이나 상점 중에는 꽤 넓은 곳도 있지만, 상인이 사는 집의 너비는 9척(2.7미터)이나 정확히 2간(3.6미터)인 경우가 많다. 에도의 도시는 한 구획의 변의 길이가 20간(36미터)의 배수(倍數)가 되도록, 그리고 가능한 곳이면 어디든 한 변이 60간(109미터)인 정사각형이 되도록 설계되어 있다.

목수인 사다키치의 집이 있는 간다 다이쿠초도 그 전형이다. 한 구획의 주변부를 따라 집과 상점이 줄지어 있고, 그 안 길이는 최대 20간까지라서 중앙에 한 변이 20간인 공터가 생긴다. 처음에는 이 공터를 화재나 지진이 났을 때 대피소나 지역축제 같은 행사장으로 쓰려고 비워뒀지만, 수십 년이 지나면서 근처 주민들이 채소를 가꾸는 텃밭이나 또는 아이들의 놀이터가 되는 경우가 많다. 한 예로 간다 다이쿠초에서 가까운 한 구획에서는 막부의 관리가 공터를 채소시장으로 만들자, 그 밖의 구획에서도 곧 그것을 따라했다. 그렇게 시작된 시장이 머잖아 에도 최고의 청과물상이 되고 쇼군가에도 채소를 납품할 정도가 되었다고 한다.

에도의 상인들이 거주하는 상가주택은 형태와 세련미 그리고 마감 방법도 다양하다. 중심가에서 가장 자주 눈에 띄는 집은 짙은 회색의 기와지붕을 올린 내화성 높은 이층집이다. 세부양식은 집

에도의 도시구획체계 - 간다지구

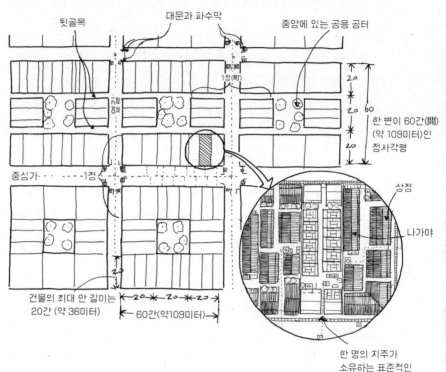

뒷골목

대문과 파수막

중앙에 있는 공용 공터

1정(町)

20

20

60

20

한 변이 60간(間)
(약 109미터)인
정사각형

중심가 ···· 1정

상점

나가야

건물의 최대 안 길이는
20간 (약 36미터)

20 — 20 — 20

60간(약109미터)

한 명의 지주가
소유하는 표준적인
구획

집마다 다르지만 회반죽을 바른 벽 위에 검댕
을 발라 광택을 낸 외벽의 집들이 늘어선 거리
에 통일감을 가져다준다. 모든 집이 척관법을
기준으로 한 비율을 고수하고 있다. 가장 간소
한 집의 너비는 1.5간이나 2간이고 가장 큰 집
의 너비는 3간이나 4간 또는 그 이상일 때도
있다. 규모와는 상관없이 집은 위엄이 있어 보
이고 실용적이며 효율도 좋다. 그리고 조각이

에도의 구획체계는 자연
지형에 따라 가능한 합리
적으로 만들어져 있고, 토
지를 세분하기도 간편하
고 관리하기도 쉽다

나 그림을 넣은 다채로운 간판과 매력적으로 보이게끔 진열된 상품, 인쇄된 광고지나 벽보, 그리고 수많은 화분 등이 거리에 활기를 더한다.

큰길에 접해 있는 곳은 땅값이 비싸기 때문에 상가주택은 안쪽까지의 길이가 너비의 두 배는 된다. 1층은 상점인데, 정면은 미닫이문으로 여닫는다. 대부분의 상점에는 깊은 차양이 드리워져 있어 지나가는 사람들이 뜨거운 태양이나 폭우를 피하게끔 배려하고 있다. 손님이 더 오래 머물게 하는 역할도 한다. 아무리 큰 상점이라도 차양이 낮게 드리워져 있기 때문에 위압감은 느껴지지 않는다. 상가 안으로 막 들어서면 대개 도마(토방)가 있고 그곳은 집 뒤쪽으로 통하는 통로가 될 때도 있다. 집 뒤쪽에는 마루가 깔린 작업장과 부엌이 있다.

일본 각지에서 볼 수 있는 이런 상가주택은 인구가 밀집한 도시

자연냉각

깊은 처마와 개방적인 집 구조, 그리고 신중하게 배치한 그늘이 드리워진 뜰의 영향으로 자연냉각이 이뤄진다

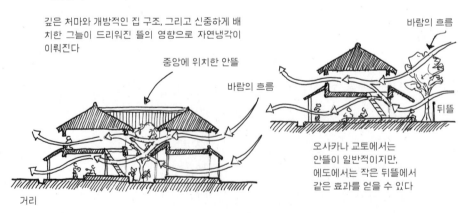

중앙에 위치한 안뜰

바람의 흐름

바람의 흐름

뒤뜰

거리

오사카나 교토에서는 안뜰이 일반적이지만, 에도에서는 작은 뒤뜰에서 같은 효과를 얻을 수 있다

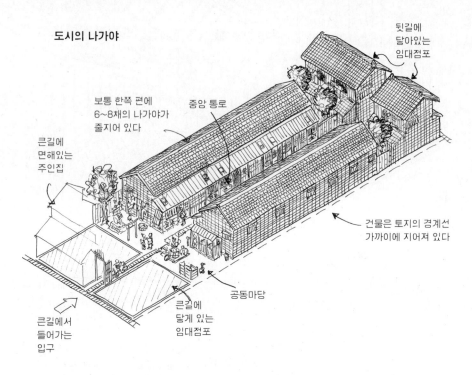

도시의 나가야

큰길에 면해있는 주인집

보통 한쪽 편에 6~8채의 나가야가 줄지어 있다

중앙 통로

뒷길에 닿아있는 임대점포

건물은 토지의 경계선 가까이에 지어져 있다

공동마당

큰길에 닿게 있는 임대점포

큰길에서 들어가는 입구

에서 자연의 기후를 아주 효율적으로 이용하는 본보기라고 할 수 있다. 대부분 집에는 작은 뒤뜰이 있고, 안뜰이 있는 집도 많다. 나무그늘이 드리워지고 습기가 있는 안뜰은 대단히 중요한 환경조절 기능을 한다. 이곳에 산들바람이 불어들면 자연적으로 시원해진 공기가 집 전체에 순환되기 때문이다. 2층의 생활공간과도 연결된 안뜰은 미닫이문이나 덧문을 잘 활용하면 바람을 쉽게 제어할 수 있는 통풍 시스템 역할도 한다. 큰길과 집 앞의 그늘, 안뜰과 뒤뜰, 그리고 열고 닫아 바람을 조절할 수 있는 미닫이문과 덧문 같은 통풍 시스템이 도시 전체에 수만 개가 있다고 생각하면, 이 시스템이 뛰어나다는 게 확실하다.

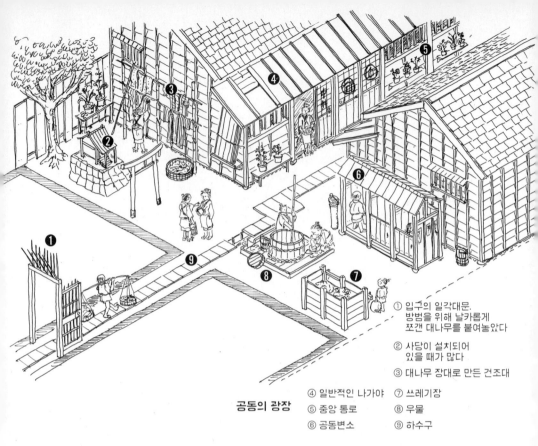

① 입구의 일각대문.
　방범을 위해 날카롭게
　쪼갠 대나무를 붙여놓았다

② 사당이 설치되어
　있을 때가 많다

③ 대나무 장대로 만든 건조대

공동의 광장

④ 일반적인 나가야　⑦ 쓰레기장
⑤ 중앙 통로　　　　⑧ 우물
⑥ 공동변소　　　　⑨ 하수구

　　한 구획의 한 면은 60간이기 때문에 너비 2간의 표준적인 상점이 한 구획에 30채 정도 들어간다. 상점의 안쪽까지의 길이도 20간까지는 여유가 있지만 대부분 그 4분의 1에도 못 미친다. 남은 공간에는 작은 셋집이 가득 들어차 있다. 주로 단칸방으로 된 1층짜리 나가야가 대부분이다. 그렇다고 빈민가는 아니다. 직인과 학문이나 기예를 가르치는 사람을 비롯해 행상인, 의사, 정원사, 하인혹은 일용직 노동자에 이르기까지 연령과 직업을 막론하고 다양한사람들이 살고 있다. 이 집에 사는 사람들의 가족규모와 형태도 아주 다양한데, 부부가 함께 사는 집도 있고 아직 결혼을 하지 않은 사람과 과부도 있다.

이런 나가야는 사람이 살 수 있는 실로 최소한의 주거공간이고 세월이 흐르면 낡게 된다. 하지만 정교하게 설계되어 있고 질서 있게 정비되어 있으며 치안도 좋고 꼭 필요한 공공설비도 갖춰져 있다. 무엇보다 공동체의 상호작용을 강화하고 원활한 의사소통이 이루어질 수 있는 구조로 되어 있다는 특징이 있다. 에도 상인의 4분의 3정도가 이런 나가야에 살고 있는 것으로 추정된다. 우리의 친구인 사다키치도 예외 없이 이웃들과 비슷한 생활을 하고 있었다.

우리는 2층짜리 상점들 사이에 만들어진 간소한 일각대문을 지나 나가야가 자리한 곳으로 들어갔다. 그곳에 들어서자 눈앞에 바로 광장이 펼쳐졌고, 그 뒤로 쭉 뻗은 좁은 통로 양쪽에는 여섯 집 정도로 구성된 나가야가 즐비해 있었다. 한 구획의 한쪽 면에는 비슷한 나가야가 열 채나 있었다.

광장에서 가장 먼저 눈에 띄는 건 우물이다. 그 주위에선 아낙네들이 바쁘게 움직이고 있다. 장대 끝에 매단 두레박으로 물을 퍼올리는 사람, 우물 옆에 놓인 얕은 목제 대야에서 빨래를 하는 사람, 이웃들과 잡담을 나누며 시간을 보내고 있는 사람도 있다. 대나무 건조대에는 세탁물이 걸려있고, 기모노를 널빤지에 쫙 펼쳐 말리고 있는 사람도 있다. 그렇게 하면 기모노의 주름이 펴진다. 남녀공용의 공동변소가 두 칸 있고, 그 옆에 놓인 손 씻는 물그릇에는 깨끗한 물이 담겨있다. 붉은색 이나리(稲荷, 곡식을 담당하는 신으로 여우와 동일시한다-옮긴이)를 모셔놓은 작은 사당과 공지사항이나 광고물을 붙여놓은 게시판, 그리고 쓰레기나 재활용품을 놓아두는 장소도 있다.

　주민들은 우물이나 변소 등을 사용할 때, 또는 외출했다 돌아올 때 등 하루에도 여러 번 이 광장을 지나다니기 때문에 이곳은 자연스럽게 교류의 장소가 된다.

　나가야의 통로는 겉으로 보기에는 공공장소이지만(실제로는 지주의 소유지다), 사회적 관점에서 보면 그곳은 분명히 어느 정도는 사적인 공간이다. 낯선 사람이 신분을 밝히지 않은 채 나가야의 통로에 들어가면 불편하게 느껴질 것이다. 신분을 밝힌다 하더라도 처음에는 수상쩍게 보는 사람들이 많을 것이다.

　나가야는 어떻게 보면 공동체의 연대감과 소속감을 강화시키는 규모와 구조로 이루어져 있다고 할 수 있다. 이런 감각은 중심가까지 배어있고 지주인 상인도 포함시킨다. 농촌마을처럼, 같은 구획에 사는 주민은 상호 연대책임이 있는 행정단위로 간주되고, 나가야의 주인을 통해 이 책임은 주민에게도 이양된다. 농촌과 똑같이 나가야에도 <5인조> 제도가 있어서 모든 것이 보고되고, 가령 의무를 태만히 하는 사람이 있으면 이내 배척되고 만다. 막부관리들은 보통 분쟁이 발생하면 주민들이 스스로 해결하도록 맡겨두지만 만약 막부 관리들이 개입하게 되면 엄벌에 처해질 것을 각오해야 한다.

　이런 해결방식의 긍정적인 측면은 여러 일들이 신속히 처리된다는 점이다. 나가야의 통로나 광장은 진창이기 때문에 청결히 하는 데는 한계가 있지만, 주민 모두가 늘 협력해서 깨끗하게 유지해야 한다. 한편 집주인도 변소의 문과 건조대, 대야나 그 밖의 공유

설비가 망가지면 별다른 불평 없이 바로 수리하거나 새 것으로 바꿔주어야 한다. 사실 집주인 중에는 성실한 사람이 있는가 하면 인색한 사람도 있다. 공중위생과 안전이 지켜지지 않을 때는 나가야의 주민도 소송할 수 있다.

중력을 이용한 이상적인 물 공급 시스템

에도 사람들은 대수롭지 않게 여기지만 물과 공중위생, 쓰레기 처리 같은 공공 서비스가 잘 정비되어 있다는 점은 주목할 만하다. 그 중에서도 가장 복잡하고 기술적으로도 앞선 것이 바로 상수도 설비이다. 에도를 저지대 평야에 건설한 이유 중 하나는 강이 가까웠기 때문이다. 하지만 우물은 처음부터 문제가 있었다. 연안습지의 지하수는 소금기가 있어 마실 물로는 적합하지 않았기 때문에 마실 우물을 파려면 더 깊은 내륙까지 들어가야 했다. 그런데 빠르게 늘어나는 인구 때문에 더 많은 연안의 토지를 택지로 매립해야 했다. 또한 에도 성의 해자를 만들면서 강물의 방향을 바꿔야 했고 공급할 담수가 부족했다. 결국 대대적인 상수도 공사가 시작되었다.

에도 대부분에 공급되는 물은 각기 다른 수원지에서 끌어오는 간다 상수와 다마가와 상수이다. 오래된 간다 상수는 에도 서쪽의 구릉지대에 있는 이노카시라 못이 수원이다. 간다와 니혼바시를 포함한 에도의 북쪽 절반에 물을 공급한다. 나중에 만든 다마가와 상수는 남서쪽에 있는 다마 강을 수원으로 하고 에도의 남쪽 절반에

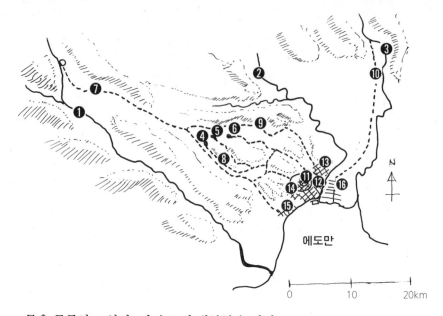

물을 공급하고 있다. 이 수로의 대부분은 널찍한 농지를 흐르는 경사가 완만한 개거(開渠, 위를 덮지 않고 터놓은 수로(겉도랑)-옮긴이)인데, 에도 근방에 와서는 두터운 석관으로 이어져 있다. 해발 126미터의 취수구에서 시작되는 다마가와 상수는 43킬로미터 하류에서 에도의 서쪽에 있는 해발 34미터의 요쓰야 수문에 이른다. 여기서부터는 암거(暗渠, 땅속이나 구조물 밑으로 낸 수로(속도랑)-옮긴이)로 이어지는데, 나무관을 통해 30개 남짓한 주요 지류와 수많은 분류로 나누어진다.

  두 상수 모두 수질이 매우 좋은데, 유럽의 상수와 비슷하거나 그 기준을 웃돌 정도이다.

에도의 용수체계

수원(水源)

강
① 다마 강
② 아라카와 강
③ 루루토네 강

못
④ 이노카시라 못
⑤ 젠푸쿠지 못
⑥ 묘쇼지(妙正寺) 못

주요 상수
⑦ 다마가와 상수(가장 길다!)
⑧ 간다 상수(가장 오래됨!)
⑨ 센카와 상수
⑩ 가메아리 상수(미완성)

급수지역
⑪ 에도성 및 주변 무사거주지역
⑫ 간다와 니혼바시
⑬ 혼고와 아사쿠사
⑭ 아오야마와 시바
⑮ 미타와 메구로
⑯ 후카가와와 혼조 (일부만)

수원지의 물이 유난히 깨끗한 것이 주요 이유이다. 우리가 봐왔듯이, 일본은 산세가 험하기 때문에 강물은 흐르는 내내 돌이 많은 강바닥 위를 빠른 속도로 흐른다. 에도에 깨끗한 식수를 공급할 수 있었던 것은 수백 년 전부터 토양침식과 강의 수질 관계를 알게 된 일본 지배층이 내륙의 산림보호 정책을 펼친 덕분이다. 애당초 물속에는 유기물이 비교적 적은데다 그것이 도시까지 흘러드는 경우는 거의 없다. 수로 중간에는 여과설비도 없고 따로 소독도 하지 않는다. 우물은 매우 크고 깊은 목제 침전수조 구조로 되어 있어 퇴적물이 바닥에 가라앉으므로 사람들이 길어올리는 맨 위쪽의 물은 깨끗하다. 게다가 일본 사람들은 물을 끓여 차를 마신다. 이러한 습관은 살균과 건강에도 좋은 영향을 미친다. 상수도에서 물을 끌어오는 우물이 에도 전체에 5천 개 이상 있어 모든 계층의 사람들은 언제든 깨끗한 물을 마실 수 있다. 이것은 당시 유럽의 어느 도시도 흉내낼 수 없는 것이었다.

도시 급수 시스템을 이루고 있는 땅속 나무관과 나무수조는 언뜻 보면 기술적으로 뒤떨어지고 수질상의 문제가 발생할 수 있다고 생각할지 모른다. 하지만 이 시스템은 훌륭하게 설계되어 있고 매우 견고하기까지 하다. 수도관이나 수조를 만들 때 사용하는 기술은 배를 만들 때 사용하는 기술과 매우 비슷하다. 따라서 몇 백 년에 걸친 경험으로 물이 새지 않는 구조에 관한 지식을 쌓아온 조선공에게 수압기술을 개발하는 데 도움을 요청했을 것이다. 지하의 주요 수도관은 두꺼운 널빤지를 조합해 만든 나무관인데, 장부이음 방식으로 견고하게 끼워 맞추고 물이 새지 않도록 삼나무 대팻밥을 채워 넣고 큰 거멀못을 박아 고정했다. 통나무 속을 파낸 관도 사용되긴 하지만, 사각형의 관이 훨씬 많이 쓰인다. 가는 지관(枝管)으로는 대나무로 만든 둥근 관을 사용한다.

관을 땅 속에 묻으면 이점이 참 많다. 일단 단단히 고정할 수 있고 무엇보다 관이 마르지 않는다는 장점이 있다. 만에 하나 관이 말라버리면 틈이나 균열이 생겨 수도관 전체가 파괴되거나 물이 오염될 우려가 있다. 그리고 수도관과 수도관 또는 수도관과 수조를 다양한 각도에서 간단히 연결할 수 있기 때문에, 높낮이가 달라져도 그때그때 대응할 수 있고 보수점검도 하기 쉽다. 뚜껑을 열어 수로 안을 점검해 볼 수 있는 곳이 일정한 간격으로 설치되어 있어 수로 전문 조사원들이 정기적으로 점검을 하러 다닌다.

상수 우물의 구조

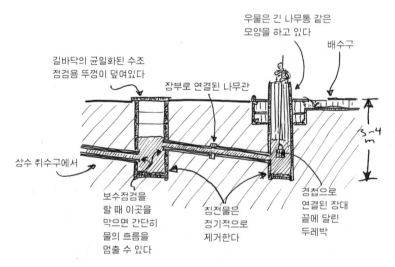

우물은 긴 나무통 같은 모양을 하고 있다

배수구

길바닥의 균일화된 수조 점검용 뚜껑이 덮여있다

장부로 연결된 나무관

상수 취수구에서

보수점검을 할 때 이곳을 막으면 간단히 물의 흐름을 멈출 수 있다

침전물은 정기적으로 제거한다

경첩으로 연결된 장대 끝에 달린 두레박

3~4m

이것은 비록 초기 비용은 많이 들지만 거의 중력을 이용하기 때문에 비교적 싼값으로 수원지에서 사용자에게 물을 운반하는 이상적 급수체계의 한 예이다. 도시에서 멀리 떨어진 농가나 벌목꾼 등 직접적인 이해관계가 없는 사람들의 협력을 얻어 수원지의 수질 관리도 쉽게 할 수 있다. 보수점검 비용도 싸고 지진 등으로 수도관이 파손된 경우에도 점검구를 열어 수량을 조사하면 어느 곳이 파손됐는지 신속하게 파악할 수 있다. 수도관이 얕게 묻혀있기 때문에 파내서 수리 또는 교환하기도 간단하다. 또한 수도관이 격자모양으로 배치되어 있기 때문에, 만약 수리를 위해 한 곳의 흐름을 일시적으로 막는다고 하더라도 다른 수도관에서 물을 충분히 끌어올 수 있다.

에도의 상수도는 거의 2백 년 동안 매우 훌륭히 제 기능을 수행해왔다. 이 점만 보더라도 급수설비를 설계하고 점검하는 사람들이 하천 유역이나 물의 흐름과 지형의 상호작용을 얼마나 깊게 이해하고 있었는지 알 수 있다. 이 설비는 에너지 대신 중력을 이용하고, 에도 시내의 작은 기복과 고도의 차이를 교묘하게 이용해 물을 효율적으로 흐르게 하고 나누어 보낸다. 이 같은 단단한 초기계획 덕분에 그 후 수백 년 동안 배치를 바꾸지 않고도 수도관과 수로를 간단히 개선만 해서 사용할 수 있었던 것이다.

그렇지만 상수도의 혜택을 보지 못하는 지역도 일부 있다. 에도성에서 멀어질수록 급수설비에서 제외되는 경우도 많기 때문이다. 에도성의 북쪽 무사거주구역을 포함한 일부 고지대에도 수도관이 지나가지 않는다. 그곳은 대신에 양질의 우물물을 이용하고 있다.

급수설비가 없는 외곽지역은 현재 인구가 그렇게 많지 않기 때문에 큰 문제가 되지는 않는다.

하지만 스미다 강 건너편에 있는 후카가와 지역은 식수를 얻는데 많은 애로사항이 있다. 우물물은 염분이 많아 쓸 수 없고 스미다 강은 강폭이 너무 넓어서 현재의 기술로는 상수도를 연결할 수 없다. 그리고 기술을 개발할 만큼의 정치적인 힘도 재력도 부족하다. 이 때문에 사람들은 물장수들이 배로 운반해온 물을 바가지나 통 단위로 사서 이용하고 있는 실정이다.

현재 후카가와의 주민에게 물 부족은 다소 골칫거리이긴 하지만 그렇다고 아주 심각한 문제는 아니다. 다만 얼마 안 되는 물 값도 지불할 수 없는 일부 사람들은 오염된 물을 마실 수밖에 없다. 아직은 에도에서 물을 매개로 하는 콜레라 같은 질병 발생률이 비교적 낮지만, 몇 십 년 후 콜레라가 크게 유행할 때 오염된 물을 마실 수밖에 없었던 것이 하나의 원인이 될 것이다.

후카가와 지역 일부는 상수도가 없기 때문에 물장수에게 깨끗한 물을 산다. 식수를 운반하는 배가 니혼바시 근처에서 상수의 나머지 물을 수조에 담아 스미다 강을 건너 찾아온다. 거기서부터는 물장수가 물을 운반한다

위생과 환경에 공헌하는 대중목욕탕

에도에서는 사람의 대소변을 하수도에 흘려보내지 않았기 때문에 대규모 하수설비가 필요하지 않았다. 하지만 빗물과 우물에서 버려진 물, 그리고 요리나 세탁할 때 나오는 가정하수를 흘려보내기 위한 하수설비는 존재한다. 대개 이 설비는 얕은 수심에 뚜껑이 덮여있는 돌수로 망으로 이루어져 있다. 이 수로는 도시를 십자모양으로 교차하도록 설계되었고 결국에는

하수구는 쉽게 떼어낼 수 있는 널빤지나 각재로 덮여있다

간다 강이나 니혼바시 강으로 흘러간다. 나가야가 있는 이곳의 수로도 폭과 깊이가 약 30센티미터밖에 안 되며, 통로 한가운데로 흐르고 있다. 우리가 지켜보며 서 있는 동안, 집 안에서 감자를 씻고 있던 한 아낙네가 문 밖으로 나와 집 앞에 흐르고 있는 하수구의 덮개를 열고는 나무통에 담아온 구정물을 그곳에 바로 쏟아부었다. 각 구획을 둘러싸고 있는 중심가를 따라 더 넓은 수로가 줄지어 있다. 이것들은 넓은 간격으로 방류수로와 연결되어 있다. 도시의 일부 구역, 특히 널찍한 다이묘 거주지역의 하수구는 거대하다. 폭이 1미터 이상이고 수심도 깊어서 수로 사이를 가

각 구역마다 하수구의 청결을 책임지는 청소부가 있다

로지르는 견고하고 짧은 나무다리나 돌다리가 필요하다.

하수구가 막히면 물이 고이거나 넘치기 때문에 그러지 않도록 주의 깊은 관리가 이루어지고 있다. 각 구획마다 수로를 순찰하고 다니며 막힌 곳을 뚫는 사람들이 배치되어 있다. 쓰레기 등을 하수구에 버리다 적발되면 누구든 처벌을 받는다. 인간의 본성이란 게 뭔지, 끊임없는 경계가 필요하다. 생선내장과 유해한 쓰레기가 매일 대량으로 버려지고 있는 니혼바시 어시장 같은 일부 구역에서는 이러한 감시체계가 더 엄격하다.

사실 가정에서는 하수를 거의 배출하지 않는다. 쌀뜨물과 면이나 채소를 삶은 물은 버리지 않고 국을 끓인다. 세탁도 우물가에서 이웃들과 함께 할 때가 많다. 물론 어쩔 수 없이 버리게 되는 물도 있지만 최소화하려고 노력한다. 욕실이 있는 가정도 매우 드물다. 그도 그럴 것이 넓고 편리하고 쾌적한 데다 비싸지도 않고 효율적인 대중목욕탕이 있기 때문이다. 부유한 상인조차 대중목욕탕을 이용한다. 목욕탕 자체의 질도 높지만 동네 사람들과의 교류나 오락을 즐길 수도 있기 때문이다. 에도에만 500여 개의 대중목욕탕이 있다. 두 구획 걸러 한 곳 정도 있는 셈이다. 간다에는 걸어서 갈 수 있는 거리 안에 목욕탕이 여러 개 있어서 마음에 드는 곳을 고를 수도 있다.

대중목욕탕은 물과 연료를 아낄 수 있다. 일반적인 대중목욕탕 한 곳에서 하루에 사용하는 물은 약 천 리터이다. 이 물은 약 삼백 명이 쓸 수 있는 양이다. 만약 그 사람들이 집에서 목욕을 한다면 30배가 넘는 물과 연료를 써야 하고 하수설비에도 그만큼 부담이

벽에 붙어 있는 광고지

물이 식지 않도록 주위를 둘러막은 넓은 온탕. 장식이 새겨진 문을 통해 들어간다

이 창문을 통해 뜨거운 물을 한 통 가득 나눠준다

나무열쇠가 달린 보관함

탈의하는 곳

대중목욕탕

입구 계산대에서 주인이나 직원에게 목욕비를 내고, 목욕용품이나 간식, 또는 음료수도 살 수 있다. 대부분의 목욕탕에는 2층에 휴게실이 있어 손님들이 휴식을 취하기도 하고, 바둑이나 장기를 두며 여흥을 즐기기도 하고 음식을 먹기도 한다

될 것이다. 형편이 되는 사람들은 매일 대중목욕탕에 가지만 그런 사람들은 몇 안 된다. 그래도 많은 사람들이 적어도 일주일에 한 번은 대중목욕탕에 간다. 대중목욕탕의 탁월한 설비와 그곳을 자주 이용하는 사회적 습관 덕분에 에도 사람들의 위생 상태는 매우 양호하다. 일년에 한두 번 정도 목욕을 하는 서양 사람들과는 대조적이다. 어쨌든 분명한 것은 인구가 밀집한 도시에서는 주민의 청결이 곧 공중위생상의 장점으로 작용한다는 것이다.

화재 예방

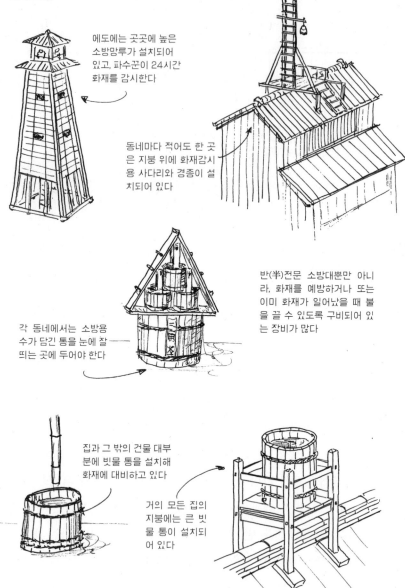

에도에는 곳곳에 높은 소방망루가 설치되어 있고, 파수꾼이 24시간 화재를 감시한다

동네마다 적어도 한 곳은 지붕 위에 화재감시용 사다리와 경종이 설치되어 있다

반(半)전문 소방대뿐만 아니라, 화재를 예방하거나 또는 이미 화재가 일어났을 때 불을 끌 수 있도록 구비되어 있는 장비가 많다

각 동네에서는 소방용 수가 담긴 통을 눈에 잘 띄는 곳에 두어야 한다

집과 그 밖의 건물 대부분에 빗물 통을 설치해 화재에 대비하고 있다

거의 모든 집의 지붕에는 큰 빗물 통이 설치되어 있다

198

물을 아끼는 또 다른 방법으로는 불이 났을 때 빗물을 이용하는 것이다. 2층 상가건물 지붕위에는 뚜껑 없는 큰 통을 놓아둔 곳이 많았다. 빗물을 받기 위해서다. 불이 났을 때 소방수들이 물을 손쉽게 사용하게 한 것이다. 또한 어디든 큰 빗물 통 위에는 피라미드 모양으로 물통이 쌓여 있다. 그러나 실제로 큰 화재가 나면 이 물은 바로 바닥을 드러내기 때문에 상수설비를 사용한다. 매우 유능한 에도의 소방수들은 우물이나 상수의 점검구에서 수동으로 물을 퍼 올리는 여러 종류의 양수기를 갖추고 있다. 그래서 화재를 진압할 때 물을 계속 공급해준다.

사람의 대소변은 귀중한 자원이다

한 농민이 어느 나가야에 붙어 있는 공동변소에서 대소변을 퍼 가기 위해 광장에 와 있었다. 그는 오늘 새벽 빈 통을 가득 실은 손수레를 끌고 마을을 출발해 날이 밝기 전에 간다에 도착했다. 그는 이 일대의 집주인과 계약을 해 두 달에 한 번씩 같은 마을에 사는 두어 명의 농민과 함께 대소변을 푸러 온다. 그는 변소 구멍에 장대로 만든 똥바가지를 넣어 먼저 표면의 액체를 조심스럽게 걷어내 통에 담았다. 액체 부분에서 추출되는 암모니아와 질산이 농업과 공업 분야에서 여러 용도로 쓰이기 때문에 따로 모아놓는 것이다. 그런 다음 고형부분을 퍼내고, 통이 가득 채워지면 멜대에 걸어 어깨에 메고 나가야 밖에 세워놓은 손수레로 옮겼다. 정오쯤이면 그날의 작업은 모두 끝난다고 한다.

대소변 처리

대소변은 중개인을 통해 또는 농민이 직접 회수한다. 대소변을 퍼가는 사람은 변소의 소유자(주로 집주인)에게 대소변을 사서 농촌까지 운반해간다

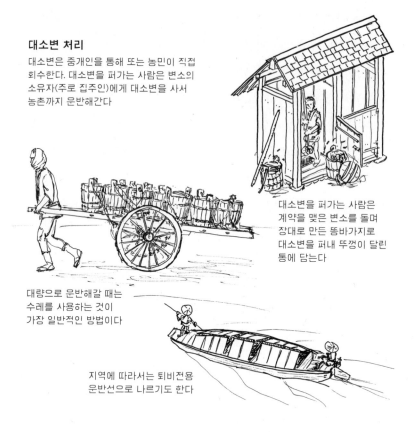

대소변을 퍼가는 사람은 계약을 맺은 변소를 돌며 장대로 만든 똥바가지로 대소변을 퍼내 뚜껑이 달린 통에 담는다

대량으로 운반해갈 때는 수레를 사용하는 것이 가장 일반적인 방법이다

지역에 따라서는 퇴비전용 운반선으로 나르기도 한다

예전에는 나가야 주인이 돈을 주고 똥을 퍼가게 했지만, 지금은 농촌에서 퇴비 수요가 높아져 농민들은 일찌감치 대소변 매입을 위한 협상을 해야 한다. 처음에는 주로 신선한 과일과 채소 같은 농산물과 교환했지만 요즘은 주인들이 현금도 요구한다.

이 농민은 연초에 농촌마을에서 일년 치 현금을 미리 지불했다. 채소도 함께 온 다른 농민이 이미 이번 달 치로 무를 나가야 주인에게 줬다. 그들은 해가 지기 전에 집으로 돌아가야 한다. 오늘 푼 대

소변은 내일 퇴비더미에 채울 것이다. 한 달쯤 지나면 퇴비더미에서 열이 발생하고 해로운 세균은 없어지고 퇴비로 사용한다.

농민들은 요즘 들어 대소변 가격이 계속 올라 걱정이다. 이웃마을에서는 늘 거래를 해오던 공급원을 잃어 서둘러 다른 곳을 찾아야 한다고 했다. 대소변의 가격은 질뿐만 아니라 수요에 따라서도 달라진다. 나가야 주인뿐만 아니라 무사의 가정이나 다이묘에게조차 대소변은 안정된 수입원이다. 나가야에 사는 사람이 많으면 대소변의 양도 많아져 집주인의 수입원으로 연결되어 집세가 저렴해질 때도 많다. 그리고 상인보다 좋은 것을 먹는 무사의 집에서 나온 대소변이 더 비싸고 다이묘의 집에서 나온 것은 그보다 더 비싸다. 하지만 가장 비싼 것은 광대나 급이 높은 유녀의 대소변인데, 그들은 쉬지 않고 좋은 음식을 먹고 그것을 배출하는 것이 일상이기 때문이다.

대소변 수거는 조직적으로 이뤄지고, 중개인이나 퇴비전용 운송체계도 이용한다. 전용 수레뿐 아니라 운하나 강으로 운반하도록 특별히 고안된 큰 운반선도 있다. 오후가 되면 대소변을 싣고 에도의 북쪽이나 서쪽에 있는 농촌으로 향하는 수레가 나이토신주쿠에 몰려든다. 이곳은 에도의 출입구에 해당하는 곳으로 '에도의 항문'으로 불리기도 한다.

에도와 주변 농촌마을 모두에게 유익한 이 공생관계가 발달한 것은 당연한 일이다. 농가에서는 수확량이 늘어 수입이 많아지고, 도시사람들에게는 대소변을 팔아 안정된 부수입을 얻는다. 다만 집주인의 주머니만 불릴 때가 많다. 하지만 대소변을 서둘러 도시 밖으로 내보내어 도시의 위생상태를 양호하게 유지한다는 것에 더 큰 의미가 있을지 모른다. 대부분의 유럽 도시에서는 대소변을 길이나 수로에 버린다. 따라서 전염병에 걸릴 위험을 높이고 도시 전체가 불결하기 짝이 없다. 에도 사람들은 인간에게 불가피한 대소변을 유용하게 활용해 유럽과 같은 상황을 피한다.

대소변을 회수한 농민이 짐수레를 끌고 돌아간 뒤, 한 소녀가 방문을 열고 나와 공동쓰레기장으로 종종걸음을 친다. 그리고 힐끔힐끔 주변을 살핀다. 소녀는 기모노 소매 사이에서 깨진 접시를 꺼내 쓰레기 더미에 내던졌다. 근처에 있던 막대기를 짚어 다른 쓰레기로 깨진 조각을 덮고는 서둘러 집 안으로 들어갔다. 접시를 깨먹어 혼날 것이 두려웠던 모양이다. 우리는 호기심에 쓰레기장을 살펴보려고 다가갔다.

이곳 나가야에 사는 사람 수에 비해 쓰레기양은 그렇게 많지 않았다. 무엇이 버려져 있는지는 설명하기 어렵고 무엇이 없는지 이야기하는 편이 쉬울 것 같다. 예를 들어 종이나 천은 없다. 너무 젖었거나 썩은 것을 빼면, 나무나 대나무 또는 그 밖의 불에 타는 것도 없다. 재도 금속도 없고 망가진 우산이나 냄비, 또는 타다 남은 양초나 통, 혹은 짚신이나 너덜너덜해진 밧줄도 없다. 유기물도 거의 보이지 않는다. 버려져 있는 것은 회벽 조각이나 깨진 기와, 또는 바닥청소를 하다 나온 쓰레기나 먼지, 그리고 뭔가 타다 남은 거뭇한 뭉치 등이다.

이런 쓰레기는 강 건너 후카가와의 매립에 사용될 것이다. 우리가 쓰레기장을 들여다보고 있을 때 한 아낙이 달려오더니 쓰레기를 뒤져 깨진 접시를 집어 들었다. 그리곤 빠른 걸음으로 아까 그 소녀의 집으로 가서 미닫이문을 살짝 열고는 "미에야, 잠깐 나와봐!" 하고 속삭였다. 소녀가 집에서 나오자 아낙이 말했다.

"이 접시 말이야, 고쳐서 쓸 수 있는 거 몰라? 오늘 오후에 도기 수리공이 오면 내가 맡겨줄게. 고치면 새것처럼 좋아질 거야. 엄마한테는 비밀로 하자!"

소녀는 "아, 정말 고맙습니다 아주머니!" 하고 말하고는 몇 번이고 고개를 주억거리며 눈물을 훔쳤다. "접시 깨뜨린 걸 알면 엄마가 엄청 혼내셨을 거예요."

"만약 네가 이 접시를 버린 걸 알면 엄마는 더 화내실 거야." 아낙네가 대답했다. "나한테 맡겨."

▌철저하게 재활용하는 도시

사실 일본의 많은 도시가 그러하듯 에도에서도 거의 모든 물건은 수리가 가능하도록 만들어져 있다. 그래서 오랫동안 유용하게 쓴다. 또한 회수와 처리를 쉽게 하는 체계가 잘 돼 있어 수리를 못하는 물건도 재활용한다. 수리공이나 재활용업자가 정기적으로 여러 마을을 돌아다니기 때문이다. 접시 같은 도자기도 수리공은 납이나 유리로 만든 접착제로 깨진 조각을 다시 붙인 다음, 휴대용 화로에 구워 단단히 붙여준다. 새것과 같을 수야 없지만 새 접시를 사는 것보다 훨씬 싼 가격에 접시의 수명을 늘려준다.

작은 휴대용 화로와 풀무를 짊어지고 다니며 솥이나 주전자, 또는 공구 등의 금속제품을 수리해 주는 땜장이도 자주 보인다. 구리 제품 수리공도 쉽게 눈에 띈다. 수리할 수 없는 금속제품은 뭐든 고철상이 사간다. 고철상은 쇠못 같은 금속조각을 가지고 오면 사탕이나 값싼 장난감과 바꿔 준다고 큰소리로 외치고 다닌다. 그러면 아이들은 신이 나서 고철을 모아온다. 이는 아이들에게 꽤 쏠쏠한 거래이며 재미이기도 하다.

오늘 간다로 오는 동안 우리는 다양한 수리공과 특정 물건이나 재료만 취급하는 재활용업자를 만났다. 그들은 저마다 호객행위

손님

담뱃대를
수리하는
수리공

신발수리공
(게다와 짚신)

수리공은 정기적으로 여러 동네를 돌며 단골손님에게는 적당한 가격으로 최고의 수리를 해준다. 부품이나 도구를 넣고 다니는 휴대용 상자는 작고 가볍게 설계된 걸작이다

만족을 알다

를 하며 거리를 돌아다녔다. 그 중에서도 숙련된 기술을 가진 사람은 자물쇠 수리공과 가구 수리공이다. 자물쇠 수리공은 철이나 청동 자물쇠라면 어떤 종류든 거의 다 고친다. 뿐만 아니라 새로운 열쇠를 만들기도 한다. 가구 수리공은 소목장으로 기술은 모두 갖추고 있지만 아직 상점을 열 만한 자본이 없는 사람이다. 그들은 오래된 서랍장이나 고장난 문과 장롱을 수리한다. 필요하다면 그 자리에서 바로 새 가구를 만들기도 한다. 이가 빠지거나 금이 간 칠기도 수리한다. 그런가 하면 숫돌을 짊어진 칼갈이도 많다. 이가 빠지거나 날이 무딘 칼날을 갈아주거나 칼자루를 새로 만들어 끼워주기도 한다.

간장과 술, 된장과 식초 같은 액체 식품, 그리고 말리거나 빻은 식품을 저장할 수 있는 통 만드는 기술도 매우 발달했다. 잘 만들어진 나무통은 사용한 지 오래되어 테가 느슨해지면 가는 댓살을 엮어 다시 쉽게 조여 주면 된다. 통을 수리한다고 하면 대부분 오래된 테를 교환하는 것이다. 나무통 제조공은 동네를 돌아다니며 각 집에 있는 다양한 크기의 나무통을 수리하느라 눈코 뜰 새 없이 바쁘다.

또한 나무통 제조공은 나무통 재활용업도 한다. 오래전부터 에도에는 나무통을 회수해 점검하고 선별해 다시 쓰게끔 만드는 전문 상인이 있었다.

신발은 신을 수 없게 될 때까지 여러 번 수리한다. 에도 사람들은 끈을 다시 조이거나 교체해야 하는 짚신은 물론, 진창길에 발이 빠지지 않도록 게다(일본 사람들이 신는 나막신-옮긴이)도 자주 신는다.

게다는 굽이 닳기 때문에 이따금씩 갈아줘야 한다. 만약 발바닥에 닿는 부분이 쪼개지거나 거스러미가 일면 매끄럽게 수선해야 한다. 게다는 끈을 끼워서 크기를 조정하거나 낡거나 끊어진 끈도 갈아 끼울 수 있다. 게다는 완전히 못 신게 되기 전까지는 장작으로 쓰지 않기 때문에 동네를 돌아다니는 신발수선공은 어디를 가든 일감이 들어온다. 낡아빠진 짚신도 결코 그냥 버리는 일 없이 불쏘시개와 연료로 쓴다.

제등과 우산의 수리는 특히 복잡하다. 둘 다 가느다란 뼈대(우산은 대나무, 제등은 나무나 대나무)에 종이를 붙여 만든 것이므로 수리방법이 비슷하다. 같은 수리공이 제등과 우산을 수리하면서 생계를 유지할 때가 많다. 우산은 새것으로 바꾸기 전까지 여러 번 수리해서 쓴다. 하지만 기름이나 감물로 방수처리를 한 기름종이는 곧 너덜너덜해져서 바대(잘 해지는 곳에 안으로 덧대는 헝겊 조각-옮긴이)를 덧대서 손본다 해도 오래 못 간다. 뼈대에 묶어놓은 끈과 대나무로 만든 뼈대나 손잡이도 잘 끊어지거나 부러진다. 이렇게 되면 그 우산은 못 쓰는 우산만 사가는 상인에게 팔린다. 상인은 우산의 상태를 세 단계로 나누어 값을 매긴다. 이때 상인들이 주로 눈여겨보는 부분은 뼈대다. 이것을 분해하고 다시 조립해서 끈으로 감은 뒤 원래의 모양으로 바로잡아 되판다. 이 작업의 일부는 하청을 주기도 하지만 우산과 제등 만들기는 하급무사들이 가장 많이 하는 부업이다. 그리고 방수기능이 남아있는 오래된 기름종이는 정육점 주인이 고기포장지로 쓰려고 사가기도 한다.

재활용 전문가 중에서 단연 최고는 헌옷장수이다. 돌아다니며 파는 사람도 있지만 헌옷 가게를 차려놓고 파는 사람도 있다. 에도만 해도 무려 4천여 명의 헌옷장수가 있다. 사실 도시의 보통사람들은 새옷을 거의 사지 않는다고 해도 과언이 아니다. 헌옷을 빨아서 말끔하게 정돈해 헌옷장수에게 가져가면 적은 비용만 내고 새롭게 만든 헌옷으로 바꿔오기도 한다. 기모노는 부위별로 뜯어서 다시 염색하고 꿰매기 쉽게 만들어졌다. 자기가 직접 입기 위해 집에서 이 작업을 하는 사람도 많지만 헌옷을 손질해서 파는 것도 엄연한 장사의 한 방법이다.

그릇 수리공

물론 옷도 언젠가는 헌옷장수도 마다할 정도로 낡게 된다. 이런 옷은 앞치마나 천기저귀, 그 다음엔 두루주머니나 보자기, 또는 걸레로 재생되고 마지막에는 연료로 쓰여 재가 된다. 넝마와 자투리조차도 넝마장수가 근처를 샅샅이 뒤져 거둬가기 때문에 쉽게 버려지지 않는다.

우산과 제등의 종이를
배접하는 수리공

헌 종이를 파는 크고 다양한 시장도 있다. 모든 상인 집 안에 쌓여있는 헌 공책과 회계장부, 그리고 메모장 등은 넝마장수가 사들여 선별한 다음 종이제작자에게 되판다. 헌 종이는 걸쭉하게 녹인 다음 혼합해서 질도 종류도 다

헌옷 판매상

(일러스트는 『에도시대의
백과사전』 참고)

양한 재생지로 만들어 판다. 물론 새 종이보다 값도 훨씬 싸다. 검소한 가정에서는 일상에서 메모를 주고받거나 편지를 쓸 때는 하나같이 재생지만 사용한다. 새 종이는 연하장처럼 볼품을 중요하게 생각할 때 사용한다. 뒷간에서 사용하는 화장지는 당연히 재생지이다. 넝마장수처럼 길거리나 쓰레기통에 버려진 종이를 주워 생계를 유지하는 사람도 있다. 이렇게 모은 종이도 헌 종이 장수에게 팔려 재활용된다. 한편, 좋은 종이로 인쇄한 책은 몇 세대에 걸쳐 물려준다. 어느 학교에는 백 년 이상 사용해온 산술 교과서가 있다고도 한다.

또한 아주 작은 물건까지 재활용이 가능하다. 예를 들어 주판은 모서리 부분의 뼈대를 다시 붙이거나 보강하고 대나무 축을 교체하거나, 잃어버린 주판알을 채워 넣는다. 담뱃대 수리공도 나무나 대나무로 만든 담뱃대의 막혀있는 관을 청소하거나 접합부분을 수리하고, 또는 금속으로 만든 담배통과 물부리 부분을 청소하고 광을 내는 정교한 작업을 해 생계비를 번다. 그들은 또한 닳아서 못쓰게 된 물건과 교환하기 위해 담뱃대 주머니나 끈 같은 부속품도 갖춰놓고 있다.

양초는 비교적 고가이기 때문에 녹아내려 굳어진 촛농도 모아 재활용업자에게 판다. 사용한 식용유도 사간다. 그것은 여과해서 윤활유와 방부제로 재활용된다. 재의 수요도 크다. 특히 짚이나 무명을 태워 나온 재는 칼륨 함량이 높아 비료 첨가물로 가치가 있다. 도자기나 염료, 또는 술을 만드는 과정에서 여러 용도로 쓰인다. 가정에서는 아궁이나 화로에서 나온 재를 절대 버리지 않고 특정한 상자에 저장해뒀다가 재를 사가는 장수에게 판다. 재가 많이 나오는 대중목욕탕 같은 큰 시설에도 재를 모아두는 다양한 크기의 용기가 있다. 낡아빠진 밧줄이나 짚신과 도롱이, 그리고 바구니 같은 짚으로 만든 모든 제품은 버리지 않고 연료로 쓴다. 태우고 남은 재역시 업자에게 판다. 에도시대에는 나무와 대나무, 그리고 짚과 목화 같은 식물재료로 만든 제품이 매우 많기 때문에, 일상생활에서 사용하는 모든 것을 최종적으로는 농업용 퇴비나 재로 사용한다.

▌목수의 집

우리의 도착을 전해들은 사다키치가 집에서 나와 반겨주었다. 마침 근처에 있는 작업장에서 잠깐 쉬려고 집에 돌아와 있었다. 그는 짧고 헐렁한 잠방이와 일하고 있는 목공소 이름이 붉게 새겨진 짧은 감색 윗도리를 입고 있었다. 사다키치의 아내가 점심을 준비한다고 했지만 차만 마시기로 했다. 사다키치의 가족은 단칸방에서 살고 있기 때문에 앉은 자리에서 집 안을 다 둘러볼 수 있었다. 집의 정면 폭은 약 9척(3미터)이다. 현관으로 들어서 바로 미닫이문을 열면 집 안의 절반 정도가 눈에 들어온다. 미닫이문은 아래쪽에 얇은 널빤지가 덧대졌고 위쪽은 종이가 발라져 있다. 사다키치는 종이가 발라진 문의 한 면에 마치 로고처럼 굵은 붓으로 자신의 이름을 써놓았다.

얕게 드리어진 차양이 비바람과 한여름의 태양을 막아주지만, 워낙 좁기 때문에 한낮에 태양이 바로 위에서 비출 때 말고는 항상 그늘이 진다. 가로닫이 아래 얇고 낮은 나무 문지방이 나가야의 중앙 통로와 집 안의 좁은 도마를 분리해준다. 이 좁은 도마와 좁지만 널빤지가 깔린 바닥이 현관과 부엌이다.

사다키치의 아내가 마루의 판자를 몇 장 들어올려 안을 보여주었다. 마루 밑은 항상 시원하여 간장이나 된장 또는 절임 항아리 등을 보관하는데 제격이다. 현관 쪽 벽에는 대나무못을 박아 짚으로 짠 도롱이와 삿갓을 놓았다. 한쪽 구석에는 기름종이로 만든 우산이 세워져 있다. 부엌에는 공동우물에서 퍼온 물을 담는 큰 항아리와 야트막한 목제 개수대가 놓여있다. 마룻바닥 위에는 두 개의 화구가 있는 아궁이가 벽을 등지고 놓여있다. 아궁이는 움직일 수도 있다. 아궁이 바로 위로는 연기를 내보내거나 빛을 들어오게 할 때 대나무 장대로 쉽게 여닫는 천창을 만들었다. 아궁이는 밥을 짓거나 국을 끓일 때, 그리고 채소를 삶을 때 주로 사용한다. 한쪽에는 작고 쉽게 옮길 수 있는 생선구이용 풍로가 놓여있다. 이것은 연기가 많이 나기 때문에 현관이나 집 밖에서 사용한다. 소박한 찬장에는 가족의 식기와 나무나 대나무로 만든 조리기구가 있고 그 옆에는 나무통이 두어 개 놓여있다.

현관과 부엌 바로 앞쪽이 주거공간이다. 다다미 바닥(이 집은 다다미 6장 크기)과 흙벽이라는 전형적인 방식으로 지어진 작은 방이다. 대패로 매끈하게 다듬은 사각형의 나무 기둥과 들보가 드러나 있다. 이곳은 쭉 늘어선 나가야의 첫 번째 방이라 광장 쪽으로 작은 창문이 나 있다. 그 때문에 다른 방보다 조금 시끄럽긴 해도 빛이 더 잘 들고 바람이 잘 통하는 것은 그나마 고마운 일이다.

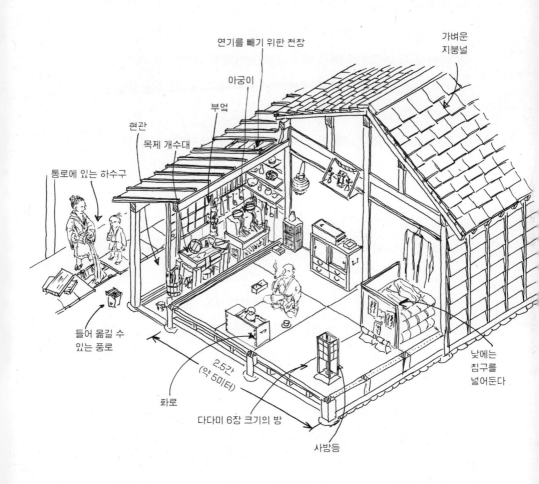

연기를 빼기 위한 천창

가벼운
지붕널

아궁이

부엌

현관

목제 개수대

통로에 있는 하수구

들어 옮길 수
있는 풍로

화로

2.5칸
(약 5미터)

다다미 6장 크기의 방

낮에는
침구를
넣어둔다

사방등

다다미 6장 크기의 목수네 단칸방

나가야의 크기와 종류는 다양하다.
다다미 6장 크기의 이 집은 핵가족용 주택으로 이용된다

창문 바깥쪽에는 가벼운 나무 덧문이, 안쪽에는 장지문이 설치되어 있다. 집 뒤쪽으로는 다른 나가야가 있기 때문에 방 안쪽에는 작은 창문이 고작이다. 위쪽을 올려다보면 지붕구조 전체를 볼 수 있다. 가벼운 들보골조가 매우 가느다란 서까래를 받치고 있고, 그 위에는 지붕을 덮고 있는 얇은 널빤지도 보인다. 지붕 자체는 삼나무 너와지붕이다.

집이라고 해봤자 기본적으로 이 정도가 전부이다. 수십 만 다른 도시상인들과 마찬가지로 사다키치와 그의 아내도 건강하고 더할 수 없이 쾌적하게 이 집에서 생활하고 있다. 다다미 6장 크기인 이 집보다 더 좁은 3~4장 크기의 나가야도 적지 않다. 물론 더 크고 쾌적한 다다미 8장 크기의 집도 많다. 드물지만 2층짜리 나가야도 있다.

앞에서 말한 건축 상의 특징은 차치하더라도 일상생활에서 사용하는 모든 것이 이동이 가능하다. 이 단칸방 주택은 침실도 되었다가 거실도 되고, 때로는 작업장과 식사 공간으로 활용되기도 한다. 이불은 낮에는 방구석에 개어놓고 작은 병풍으로 가려뒀다가 저녁이 되면 펴서 사용한다. 옷은 원래 많지 않지만 벽 쪽에 놓인 옷장에 죄다 넣어둔다. 사다키치의 공구를 놓아두는 선반과 걸이도 있고 작은 바느질 바구니도 놓여있다. 식사할 때는 바닥에 작은 밥상을 놓고 먹는다. 방석은 돈도 아낄 겸 굳이 사지 않고 다다미 바닥을 그냥 사용해도 충분히 편안하다. 야간조명은 나무뼈대에 종이를 바른 가벼운 세로형 사방등을 사용한다. 사방등 안의 불을 피우는 접시에 정어리기름을 넣고 종이나 무명 심지로 태운다. 사실 등을 피우는 기름은 조금 비싸기 때문에 꼭 필요할 때만 사용한다. 만약 돈에 여유가 있으면 냄새 없는 유채기름을 사용할 것이다.

다른 사람들처럼 사다키치의 가족도 연료를 절약하고 있다. 사다키치의 집에는 아궁이와 풍로는 물론, 찻물을 끓이거나 난방을 위한 화로도 있다. 이것들 모두 숯을 연료로 이용하도록 만들어졌다. 작은 아궁이의 설계는 특히 뛰어난데, 화력을 조절하게 만들어져 연료를 절약한다. 화로는 방 전체가 아니라 가까이 있는 사람이 따뜻하게 설계되었다. 숯은 질이 좋은 장작보다는 열이 많이 나진 않지만 장작보다 가볍고 작으며 연기도 덜 난다. 그래서 에도 사람 대부분은 숯을 이용한다. 숯은 산에서 생산해 강을 따라 에도까지 배로 운반해오면 행상인이 집집마다 팔러 다닌다. 가계에 큰 지출이 되지만 조리된 음식을 사오는 습관 덕분에 숯을 사용하는 일은 그렇게 많지 않다.

오늘도 사다키치는 귀갓길에 꼬치구이를 몇 개 사왔다. 음식점이나 노점에서는 음식을 대량으로 조리하기 때문에 자기가 먹을 음식만 조리하는 1인 가구보다 연료 효율이 더 좋다. 조리된 음식의 가격은 가공하지 않은 식재료보다 아주 조금밖에 비싸지 않기 때문에 연료비를 감안하면 조리된 음식을 사는 편이 전체적으로 저렴할 때가 많다. 이런 음식조리와 연료소비에 대한 사고방식은 자연히 사회 전체로 확산되었다. 여기에서 바로 시장경제의 원점을 찾아볼 수 있다.

에도는 놀란 만한 음식도시이다. 먹을거리의 질이 높고 종류가 다양할 뿐만 아니라 조리와 판매를 위한 기반시설이 매우 발달해

돌아다니며 조리된 음식을 파는 상인

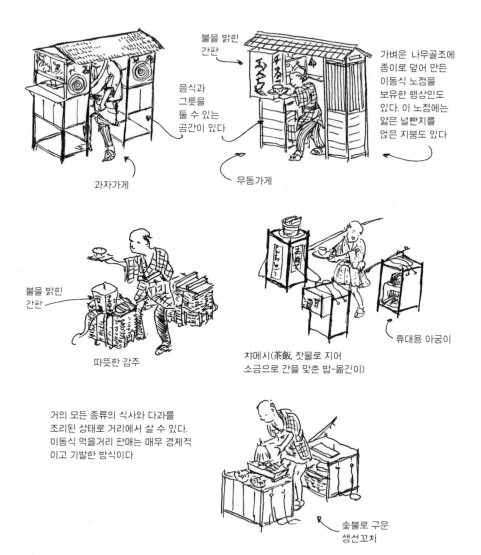

불을 밝힌
간판

가벼운 나무골조에
종이로 덮어 만든
이동식 노점을
보유한 행상인도
있다. 이 노점에는
얇은 널빤지를
얹은 지붕도 있다

음식과
그릇을
둘 수 있는
공간이 있다

과자가게

우동가게

불을 밝힌
간판

따뜻한 감주

챠메시(茶飯, 찻물로 지어
소금으로 간을 맞춘 밥-옮긴이)

휴대용 아궁이

거의 모든 종류의 식사와 다과를
조리된 상태로 거리에서 살 수 있다.
이동식 먹을거리 판매는 매우 경제적
이고 기발한 방식이다

숯불로 구운
생선꼬치

(일러스트는 『에도시대의 백과사전』참고)

214

서 몇 발짝만 가도 이내 노점을 발견하게 된다. 에도에는 2천 호가 넘는 노점이나 음식점이 있다고 한다. 그런데 그 모두가 하나같이 연료와 물의 절약, 그리고 쓰레기 배출에 각별히 신경을 쓰고, 재도 다른 용도로 사용하게끔 모아두었다가 판다.

에도의 목공사업

사다키치는 집을 짓는 목수이다. 그가 일하는 목공소에서는 주로 집이나 창고를 짓는다. 그는 집이나 창고에 들어가는 들보나 기둥을 만든다. 때로는 현장에 나가 건물의 뼈대를 조립하거나 목조구조물의 마감작업을 할 때도 있다. 작업현장은 보통 집에서 가까운 간다나 니혼바시에 있지만, 가끔 도편수(집을 지을 때 책임을 지고 일을 지휘하는 우두머리 목수-옮긴이)의 친척이나 친구의 부탁으로 먼 곳까지 갈 때도 있다.

사다키치는 나이 서른의 실력 있는 목수이다. 그는 어떤 일이든 척척 해내는 목수가 되기 위해 오랜 수련기간을 거쳤다. 그의 동료 중에는 이미 독립한 사람도 있다. 사다키치는 아직 자신의 작업장을 열 자금도 없고, 그렇다고 친척의 도움을 받을 형편도 못 된다. 그래서 그는 독립을 목표로 한 푼 두 푼 모으고 있다. 사다키치는 스물한 살에 결혼해 아들이 있다. 아들 야스키치는 이제 겨우 열 한 살이지만 올 초에 창호제작공의 제자로 들어갔다. 창호제작공과 사다키치는 같은 건설현장에서 일할 때가 많아 아들과는 자주 만난다.

사다키치와 그가 일하는 목공소의 도편수는 목수조합의 조합원이다. 이런 조합은 에도에만 몇 십 개가 있다. 조합은 사회 경제적 지원 시스템의 기능을 하며 각 조합원들의 활동을 조정해 서로 마찰이 없도록 한다. 정치력과 경제력을 활용해 목재 구입처나 고객과의 분쟁을 해결하기도 한다. 지역의 목재상들과 협정을 맺어 조합원들이 양질의 목재를 충분히, 그리고 먼저 얻을 수 있도록 힘쓰기도 한다. 사다키치와 그의 도편수는 호화로운 현관을 만들어 달라는 고객의 주문이 있을 때면 최고의 목재를 구하러 강 건너 목재 저장소까지 갈 때도 있다. 또한 목수조합은 경제적으로 궁핍한 목수에게 긴급 자금도 지원한다.

집을 지을 때 사용하는 목재는 먼 산에서 가져온다. 사다키치도 유능한 여느 목수들과 마찬가지로 언뜻 보기에 비슷해 보이는 요시노스기(삼나무의 일종)와 가이 지방 삼나무의 차이나, 빛이 잘 드는 북쪽 산에서 자란 편백나무와 서쪽 골짜기에서 자란 편백나무의 차이를 구별한다. 겉모습은 물론 그 향이나 손으로 만졌을 때의 촉감에도 차이가 있다고 한다. 이런 유능한 목수들은 목재를 구별해내는 것은 물론이고 최대한 활용하는 방법도 많이 알고 있다.

목수는 매우 계층화되고 전문화된 직업이다. 예컨대 사다키치가 일하는 목공소에는 막부의 일은 거의 들어오지 않는다. 이는 큰 저택을 비롯해 막부관련 시설, 하급무사의 막사, 마구간, 무사의 자제들이 다니는 교육시설 등을 짓는 데는 참여하지 않는다는 뜻이다. 보통 이런 건축물이나 시설 공사는 몇 세대에 걸쳐 여러 다이묘나 쇼군과 거래를 이어온 더 뛰어난 목수들로 구성된 조합이 맡는다. 이런 조합의 도편수들은 막부에서 일년 치 보수를 미리 받기도

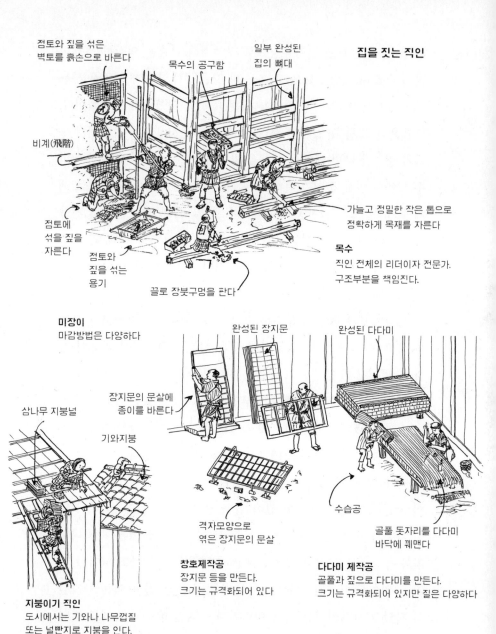

점토와 짚을 섞은
벽토를 흙손으로 바른다

목수의 공구함

일부 완성된
집의 뼈대

집을 짓는 직인

비계(飛階)

점토에
섞을 짚을
자른다

점토와
짚을 섞는
용기

끌로 장붓구멍을 판다

가늘고 정밀한 작은 톱으로
정확하게 목재를 자른다

목수
직인 전체의 리더이자 전문가.
구조부분을 책임진다.

미장이
마감방법은 다양하다

완성된 장지문

완성된 다다미

삼나무 지붕널

장지문의 문살에
종이를 바른다

기와지붕

격자모양으로
엮은 장지문의 문살

수습공

골풀 돗자리를 다다미
바닥에 꿰맨다

지붕이기 직인
도시에서는 기와나 나무껍질
또는 널빤지로 지붕을 인다.
(초가지붕은 거의 보이지 않는다)

창호제작공
장지문 등을 만든다.
크기는 규격화되어 있다

다다미 제작공
골풀과 짚으로 다다미를 만든다.
크기는 규격화되어 있지만 질은 다양하다

한다. 그러나 최근 긴축재정으로 막부에서 건축을 의뢰하는 일이 많이 줄었다. 도편수들은 그 틈을 타 다른 곳에서 몰래 부업을 하는 일이 많아졌다. 절이나 신사를 짓는 목수도 뛰어난 실력자들이다. 그들은 눈코 뜰 새 없이 바쁘다. 특정 종파에 고용되어 신축이나 수리가 필요할 때면 언제든 호출을 받는다. 에도에는 지어진 지 이미 수백 년이 넘은 절이 많은데, 이런 절은 50년에서 백 년 주기로 해체와 개축, 그리고 지붕교체를 해야 한다. 또한 절은 많은 토지를 소유하고 있어 그곳에 임대주택을 짓는다. 절과 그런 식의 연이 닿는다면 목공소는 더할 수 없이 좋겠지만, 사다키치가 몸담고 있는 목공소와는 거리가 먼 이야기이다.

사다키치가 속한 목공소는 규모가 큰 장사꾼의 저택보다 크지도 복잡하지도 않은 중급무사의 집을 짓는 전문지식과 기술이 있다. 그렇지만 아쉽게도 그런 일은 거의 들어오지 않는다. 왜냐하면 그런 무사가 집을 지을 때는 막부와 관계를 맺고 있는 목수에게 일을 맡기기 때문이다. 그리고 요즘에는 무사도 경제 사정이 나빠 집에 하자가 생겨도 아쉬운 대로 참고 사는 경우가 많다.

사다키치와 동료들은 이른바 일급 목수는 아니다. 그래도 에도의 상인이 호황을 누리고 있어 일이 끊이지 않는다고 한다. 정밀한 기술과 호화로운 양식을 요하는 작업도 많이 들어온다. 사다키치와 동료들은 이런 작업쯤은 거뜬히 해낸다. 그렇다고 나가야 짓기를 우습게 여기진 않는다. 사실 우리가 지금 있는 이곳도 그들이 지었고 사다키치는 가끔 이런저런 수리를 해주고 집세를 감면받고 있다.

그들이 지은 건물 중에는 번화가에 즐비하게 들어선 상가주택이 많다. 집주인은 하나같이 자기 상점만의 독특한 구조를 자랑하지만 전체적인 설계는 매우 표준화되어 있다. 덕분에 건축 자재가 어느 정도 필요할지 예상하기 쉽고 낭비를 최소화하며 건축기간도 줄여준다. 그리고 자유로운 설계를 제한하는 사치금지법과 건축규제도 많다. 예를 들어 집의 높이는 20척(7미터)을 넘어서는 안 되고 지나가는 다이묘 행렬을 상인이 내려다볼 수 없도록 대로에 접한 2층의 창문 전면에 굵은 세로형 울타리를 쳐야 한다. 그 밖에도 내화성에 관한 실리적인 법령이 있는가 하면, 억지스러워 보이는 법령도 있다. 예컨대 상인들은 다실(茶室)을 만들 수 없으며 건물 내부에 옻칠이나 금박을 입힐 수 없다는 등의 법령이다. 다실을 짓거나 옻칠은 무사들만 누리는 특권이었다. 그러나 요즘은 그런 사치를 누릴 형편이 안 되는 무사들이 많아졌다. 대신에 성공한 상인들은 이런 사치를 누릴 정도로 경제적으로 여유가 있다. 이건 비밀이지만, 지난 몇 년 동안 사다키치와 그의 동료들은 번성한 상인의 저택 깊숙한 곳에 은밀하게 꽤 많은 다실을 지어왔다.

건축은 모두 척관법을 기준으로 하기 때문에 너비와 길이가 다를지언정 실제 건축 방식은 비슷하고 구조적인 배치도 크게 다르지 않다. 상점과 부엌은 1층에 있고 나머지 생활공간은 2층에 있다. 작은 집은 '1.5간(2.7미터)x4간(7.2미터)'이며 1층은 상점뿐이고 2층에는 작은방이 두 개 있다. 큰 집은 '4간(7.2미터)x7간(12.5미터)'이며 1층에는 넉넉한 넓이의 방 두서너 개와 멋진 부엌이 있고 2층에도 두서너 개의 방이 있는 구조가 일반적이다. 이 정도 규모가 상인이 바랄 수 있는 최대 크기이다. 그런데 주변에는 훨씬 더 큰 상인의 집도 많다. 그 중에는 한 구획 전체를 차지할 정도로 크고 넓은 저택도 있다. 약 절반에 이르는 상가주택이 가게는 작더라도 부지 뒤쪽에 불에 강한 좋은 창고를 갖추고 있다. 집을 크게 짓는 것보다 먼저 재고상품이나 귀중품을 보호하는 것이 경제적으로 타당하기 때문이다.

그러나 어떤 건물이든 실제로 배치나 설계를 생각하는 것은 도편수이다. 만약 처음 보는 건축 의뢰가 들어온다 해도 도편수는

척관법으로 규격화된 건물

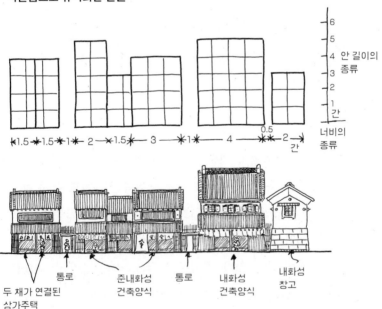

"예, 가능합니다. 항상 하는 일이니까요." 하고 호언장담하고는 서둘러 목수조합으로 달려가 설계도를 살펴볼 것이다. 과거 몇 년 사이에 온갖 목공안내서가 발행되었다. 목수조합에는 급히 참조해야 할 때를 대비해 많은 안내서를 갖추고 있다. 그 중에는 손때가 꽤 묻은 것도 있다.

집의 종류에서 큰 차이는 내화성이다. 창고는 항상 내화성이 강한 구조로 만들어져 있고 1층과 2층의 벽은 모두 회벽이다. 창고는 문이 두텁고 창문에도 덧문이 설치되어 있어 거의 밀폐되어 있다. 그리고 지붕은 기와로 덮여 있다. 내화성을 위해 지붕에 회반죽을 바른 뒤 그 위에 기와를 올린 창고도 많다. '불은 에도의 꽃'이라고 불릴 만큼 에도에는 불이 자주 났다. 그래서 상인들은 창고만이 아니라 상점 전체를 내화성이 강한 구조로 만들었다. 물론 건축비가 많이 들기 때문에 누구나 할 수는 없다. 그렇지만 에도의 상인거주지역에는 이런 든든한 건물이 즐비하고 광이 나는 검은 회벽은 중후하고 신비스러운 분위기를 자아낸다.

그런가 하면 불똥이 튀기 쉬운 2층에만 회반죽을 바르고 1층은 간소한 얇은 널빤지를 댄 '준(準)내화구조'로 만든 집도 많다. 이런 집도 지붕은 대부분 기와로 덮었다. 건축비용이 가장 싼 집은 회반죽을 바르지 않고 얇은 널빤지만 댄 건물인데, 지붕도 타기 쉬운 나무너와로 덮여 있기도 하다. 주로 나가야가 이런 식으로 내화성을 고려하지 않은 채 지어졌다. 그러다보니 나가야의 부엌에서 조리를 하다 불이 나는 경우가 적지 않다.

목수는 건물의 기초가 되는 목조부분, 이를테면 건물 뼈대를 비롯해 마룻바닥, 천장, 지붕밑판, 벽의 널빤지, 그리고 필요에 따라서는 창호의 뼈대와 간단한 선반 등을 만든다. 한편 흙을 다져 주춧돌을 놓고, 기와나 지붕널로 지붕을 만들고, 내벽과 외벽에 회반죽을 바르고(단 회반죽을 바르기 위해 나무나 대나무 윗가지를 엮어 넣는 일은 목수가 담당), 미닫이문이나 창문 또는 덧문의 창호와 다다미 바닥을 만들고, 디자인에 공들인 선반이나 장식장을 만드는 등의 일은 조합에 소속되어 있는 또 다른 전문 직인들이 담당한다. 건축과 관련된 모든 작업의 우수성은 놀라울 정도이다. 충분한 수련과정을 거친 직인들은 전통에 충실하고 완고하며 자부심을 내세울 일만을 고집한다.

소박한 나가야나 부유한 상인의 상가주택 그리고 무사의 저택은 기술면에서 매우 비슷하다. 설계의 독특한 감성도 공통적인 면이 있다. 이는 수백 년 동안 시행착오를 겪은 결과, 건축뼈대의 설계와 공간배치, 바닥표면, 벽재, 지붕, 미닫이문 같은 것이 통일되었기 때문이다. 소박한 집과 저택의 차이는 먼저 그 크기에 있다. 방이 클수록 더 단단한 구조로 만들어야 하기 때문에 들보가 더 길고 굵어지고, 소목공사도 시간이 지남에 따라 호화로워졌다. 또 다른 점은 큰 저택에는 양질의 건축자재, 즉 고급스럽고 나뭇결이 좋은 목재와 필요에 따라 더 길고 굵은 목재를 사용한다는 점이다. 마지막 차이는 소박한 집에서는 기본적인 마감처리밖에 하지 않는다는 점이다. 그렇더라도 다른 나라의 최하층 주택에 비하면 모든 점에서 탁월하다.

마감처리에는 중인방(벽의 중간 높이에 가로지르는 나무-옮긴이)이나 붙박이장 같은 내부설계와 관련된 요소의 유무, 외벽에 노출된 들보 끝에 장식 조각을 할 것인지, 그리고 나무에 색을 입히거나 옻칠을 하는 등 의장에 공들인 마감을 할 것인지 결정해야 하는 경우도 있다. 게다가 부유층과 빈곤층의 집은 떼거나 교체할 수 있는 부속품의 재질에서 많은 차이를 보인다. 이를테면 장지문에 바른 종이의 재질과 문틀에 옻칠이 되어 있는지, 수납장 문의 결이 좋은 느티나무인지 저급한 삼나무인지, 그리고 행등(行燈)을 비롯해 탁자, 침구류의 재질을 보면 차이를 안다. 그렇지만 에도에서 빈곤층의 집과 부유층 집이 질적으로 큰 차이가 나는 것은 아니다. 기본적으로는 모두 소박하지만 건축과 마감을 수준급으로 하는 성실하고 숙련된 직인이 만들기 때문이다.

재료의 라이프 사이클

에도의 건축에 사용하는 목재는 먼 곳에서 들여와야 하므로 뛰어난 기반설비가 필요하다. 큰 화재로 대대적인 재건축이 필요해지면 특히 더 그렇다. 막부는 거의 모든 사회계층에게 건축물의 크기를 제한하는 사치금지령을 내려 벌목으로 일어나는 환경파괴와 목재의 소비량을 줄이도록 힘써왔다. 극적인 효과를 내려고 대형 들보를 화려하게 사용하는 예도 가끔 보이지만, 대개는 자재를 효율적으로 사용하는 것이 건축 관행이다. 따라서 서까래에 가새를 설치하는 것처럼 가능한 한 얇고 짧은 수많은 목재를 정교하게 결합시켜 강도를 높임과 동시에 집 안 대부분에 섬세한 흐름을 더해준다. 이때도 숙련된 기술과 훌륭한 설계가 자재의 부족을 보완하며 미적인 장점으로 승화시킨다.

또한 가벼운 달반자(지붕틀에 매달은 반자 - 옮긴이)를 설치함으로써 지붕구조물이 보이지 않게 가려 형태나 표면이 제각각인 나무를 남김없이 이용한다. 건설현장에서 나온 톱밥이나 나뭇조각 등은 수습공들이 그날그날 모아서 작업장으로 가져가 건축의 다른 용도나 연료로 사용한다.

이런 목조건축물은 쉽게 분리해서 수리하거나, 치수가 규격화된 덕분에 최소한만 손보면 각 부재를 다른 장소에 쉽게 재사용한다. 실제로 오래된 건축자재를 공공연히 재사용하는 것은 아주 바람직한 요소로 여겨진다. 다만 지붕구조만큼은 과하게 지어져 있다. 크고 묵직한 지붕이 지진의 진동을 줄여주기 때문이다. 집은 대대로 살 수 있을 만큼 튼튼하게 짓는다. 그 중에서도 가장 견고하게 지어진 집은 수백 년이 지나도 거뜬하다. 해체하거나 붕괴된 집에서 회수한 목재는 다른 목제품으로 만들거나 연료로 사용한다. 그리고 최종적으로 재가 된다.

에도에 목재를 공급할 때는 먼 곳의 산림환경과 운송에 이용되는 하천에 큰 영향을 미치고 방대한 노동력도 필요하다. 그렇긴 하지만 자재사용을 최소화하고 재활용성을 최대화하려는 탁월한 건축설계가 사회전체에 퍼져 있어 건축업이 환경에 미치는 악영향을 최소화한다.

내벽에는 점토를 바르고 외벽에는 주로 널빤지를 이용하지만, 에도에서는 점토를 주재료로 한 흙벽이나 석회를 주재료로 한 회

해체된 집은 어떻게 되는가?

건물은 여러 세대에 걸쳐 살 수 있도록 만들어지
지만 결국은 해체될 것이다. 건축자재의 거의
대부분이 해체된 후 재사용된다

회수된 기와는
수요가 크다.
정원의 포장에도 쓴다

큰 구조의 목재는
새 건물에 사용될
목적으로 쉽게 팔린다

널빤지는
표면을 다시
다듬어
재활용한다

오래된 삼나무
지붕널은
좋은 연료가 된다

얇은 나뭇조각은
정원의 말뚝이나
연료로 쓴다

그을린 것처럼
거무스름해진
오래된 대나무는
귀중품

구리로 만든
지붕 빗물받이와
수직 낙수 홈통은
재사용하거나 원자재로
사용하는 귀중품이다

문과 장지문 그리고
다다미는 그대로
재사용할 때가 많다

오래된 벽토는
잘게 부숴
흙으로 돌려보낸다

주춧돌은 같은 용도로
재사용하거나
정원 포장에 쓴다

철물은 비싼 값에 팔린다.
상태가 좋으면 재사용하고
그렇지 않으면 녹여서
다른 것을 만든다

벽이 일반적이다. 점토는 운반하기 적당한 거리에서 채굴해야 하고 과도하게 채굴하면 고갈될 우려가 있다. 그러나 점토는 매우 다루기 쉬운 재료로, 다양한 혼합점토를 사용한다. 점토에는 점성을 높이고 시각적인 멋을 내기 위해 볏짚을 잔뜩 넣는다. 모래와 천연 착색료를 사용할 때도 있다. 에도는 충적평야에 있기 때문에 근처에도 점토 채굴장은 많지만 고객의 요구를 만족시키려면 먼 곳에서 양질의 점토를 운반해 와야 한다.

회반죽은 소석회(보통은 굴 껍질에서 얻는 수산화칼슘)에 점착성이 있는 해조풀이나 홍조류 등을 점착제로 섞어서 만든다. 에도에서 선호되는 유연(油煙) 같은 착색료를 섞을 때도 많다. 회반죽도 점토를 바를 때처럼 얇게 여러 번 덧바르고 가장 마지막에는 광택이 날 때까지 문지른다. 점토는 시간이 지나면 떨어지지만 보수하기도 쉽고, 오래됐을 때는 잘게 부숴 흙으로 되돌릴 수 있다. 반면 회반죽은 보수는 가능하지만 재활용은 어렵다. 대부분은 흙벽 위에 얇게 발라져 있기 때문에 그 밑에 발라진 벽토와 함께 분쇄한다. 흙벽과 회벽의 밑바탕은 가늘게 쪼갠 대나무를 삼이나 짚으로 엮어 만들었다. 따라서 해체한 뒤에는 연료로 쓰거나 생물분해를 통해 비료를 만든다.

지붕공사에는 고도의 기술이 요구되기 때문에 지금까지 다양한 재료와 구조가 개발되었고 널리 사용되어 왔다. 농촌 도시를 막론하고 초기의 지붕형태는 초가지붕이었다. 하지만 초가지붕은 불에 약하기 때문에 에도에서는 100여 년 전에 사용이 금지되었다. 얇은 삼나무 널빤지를 사용한 너와지붕은 기술적인 문제도 적고 미적으로도 바람직하지만, 이 재료를 지붕에 사용하기에는 목재 공급의 문제도 있고 내화성이 약하다는 점에서 역시 사용이 제한되어 왔다. 그런데도 삼나무 널빤지는 가장 싼 지붕재료라 나가야 같은 건물에 널리 쓰인다. 이엉이나 삼나무 널빤지 모두 내구성이 특히 뛰어난 건 아니지만 낡더라도 새 지붕에 다시 이용하고 최종적으로는 연료로 재활용된다.

가장 내구성이 좋고 비싼 지붕재료는 역시 기와이다. 기와를 만들려면 양질의 점토와 연료가 대량으로 들어가는 여러 단계의 작업공정을 거쳐야 하며 형태를 만들고 굽는 기술도 필요하다. 완성된 기와는 무거워서 먼 곳까지 운송하기는 어렵다. 가마에서 기와를 구울 때는 공기 오염이 우려될 정도로 연기가 매우 많이 난다. 하지만 에도에서는 이런 결점보다도 기와의 내화성과 내구성 그리고 아름다움을 중요하게 생각한다. 또한 최근에는 더 가볍고 지붕에 이기도 간단한 새로운 기와가 만들어지고 있다. 법령으로 의무화되어 있어 형편이 닿는한 기와를 사용해야 한다.

많은 제조공장처럼 기와를 굽는 가마는 가능한 한 도시 변두리의 점토 채굴장과 해상운송이 편리한 곳 가까이에 있다. 전형적인 은회색 기와는 본질적으로 유약을 바르지 않으나 가마 안에서 연기에 그을림으로써 자연스럽게 특유의 색을 띠게 된다. 이때 기와 표면 전체에 내구성이 있는 얇은 탄소막이 생겨 따로 유약을 바를 필요가 없다. 이 기와의 표면은 비와 대기에 반응해 시간이 지나면서 천천히 낡아가지만 수백 년 동안 계속해서 사용한다. 만에 하나 불이 나더라도 다시 사용할 수 있는 것은 기와뿐이다. 이때 회수된 기와는 활발히 거래되고, 파편마저도 정원을 꾸밀 때 사용하거나 흙벽에 박아 넣거나 한다. 산산조각이 나 쓸모없게 된 기와는 마지막으로 토지매립에 사용한다.

다른 지방과 마찬가지로 에도에서도 주택의 바닥은 세 종류이다. 상가주택에서 상점을 하는 1층에는 도마가 있으며 대개 석회를 섞어 다져 단단하게 굳힌다. 나가야도 현관을 막 들어서면 작은 도마가 있다. 업종에 따라 다르지만 상가주택 1층에는 부엌과 상점 부분 양쪽에 도마보다 한 단을 높여 만든 마루방이 있을 때가 많고 나가야에도 부엌 쪽에는 널빤지가 깔려있다. 그렇지만 가장 특징적인 바닥재는 직사각형 모양의 두껍고 유연한 다다미로 일본 가정에서 흔히 볼 수 있다.

도마는 물론 흙바닥이다. 단단한 직사각형 부분은 집이 허물어진 후에 남는 유일한 흔적일 때가 많다. 만약 그대로 내버려 두면 도마도 결국에는 침식돼 잡초가 자라고 곤충의 서식지가 된다. 마룻바닥은 재활용하기 쉽고 연료로도 쓴다는 점에서 다른 건축자재와 똑같은 장점이 있다. 다다미는 적당한 크기로 자르면 훌륭한 불쏘시개가 되고, 잘게 찢어 작물의 뿌리를 덮는 데도 사용한다. 다다미는 미생물에 의해 완전히 자연분해 되고 태우고 나면 질 좋은 재가 된다.

창호는 쉽게 떼어낼 수 있고 크기가 규격화되어 있어서 그대로 되팔아도 된다. 대부분의 창호는 종이를 새로 바르거나 복원해서 다시 사용한다. 옷장이나 서랍장을 비롯해 아궁이, 차일, 화로, 선반, 가리개 같은 것들도 마찬가지이다. 못은 보통 못 쓰게 된 괭이와 삽을 재활용해 만들지만 사용하는 일은 거의 없다. 박혀있는 못은 상태가 좋으면 뽑아 재사용하고 그렇지 않으면 고철상에게 판다. 그 밖의 금속제품도 간단히 분리해 재사용하거나 고철로 판다.

이런 풍부한 환경적 장점들은 수치화하는 것보다 그 특징을 기술하는 것이 쉽다. 대부분의 경우 그 기록이 충분히 남아있지 않기 때문이다.

하지만 어떤 건축자재든 사용 후에 적어도 한 번은 유용하게 재사용된다. 재사용할 수 없는 흙벽조차 완전하고 손쉽게 흙으로 돌아가기 때문에, 마치 몇 년 동안 자연에게 빌려와 쓴 뒤 돌려주는 느낌이다. 모든 건축자재의 생산체계와 건설, 철거에 사용되는 에너지로는 인력이 압도적이고, 수력과 풍력이 그 뒤를 잇는다.

물론 모든 것이 이상적인 건 아니다. 굴 껍질에서 회반죽에 사용하는 석회를 추출하려면 연료가 대량으로 들어간다. 이는 기와를 만들 때처럼 주변을 오염시키는 원인이 되기도 한다. 그런가 하면 철제 목공도구를 만들 때도 광산 부근의 환경악화는 물론이고 제련과 단조 공정에서 대량의 연료가 들어간다. 하지만 수공구 같은 금속제품은 공들여 만든 만큼 비싸고, 또 비싼 만큼 소중하게 다뤄진다. 그리고 대부분 평생 사용하고 몇 대에 걸쳐 대물림된다.

강과 바다의 혜택

우리는 사다키치에게 저녁에 만나자는 인사를 남기고 북적이는 거리로 다시 나왔다. 갯바람 속을 걸어 니혼바시까지 돌아갔고 그곳에서 왼쪽으로 돌아 사거리를 몇 번인가 지나자 스미다 강에 이르렀다. 우리는 스미다 강을 가로질러 건너편 후카가와 지역에 맞닿아 있는 에이타이 다리에 마주섰다. 우리가 서 있는 쪽은 행상인을 비롯해 신발 수리공, 땜장이, 노점상, 광대, 게시판에 방을 붙이는 사람, 짐꾼, 가마꾼, 탁발승, 여행자, 뱃사공, 찻집 아가씨, 일반 주민, 불량배 등으로 북적거리는 넓은 광장으로 마치 에도의 축소판 같다. 이 광장은 이곳에서 몇 킬로미터 상류에서 스미다 강을 가로지르는 료코쿠 다리의 끝자락에 펼쳐진 환락지역만큼 크지는 않지만, 니혼바시를 오가는 상인들을 중심으로 북적이긴 마찬가지였다. 이런 다릿목에 있는 광장은 주로 방화선(불이 번지는 것을 막기 위하여 불에 탈 만한 것을 없애고 어느 정도의 넓이로 둔 빈 지대-옮긴이)으로, 또는 방위 목적으로 무사들이 집결하는 공간으로 쓰도록 비워둔 공간이었지만, 평소에는 다양한 장사꾼들이 노점을 연다.
이곳은 누구든 노점을 열 수 있고, 하릴없이 사람구경을 하거나 시간을 때워도 된다. 단속과 규제가 있지만 이런 번화가는 도시의 '자유지대'이고, 오고가는 보행자들에게는 원활한 교류의 장이며, 도시 보행자들을 연결해주는 중요한 곳이기도 하다.
　스미다 강을 건너지르는 큰 다리처럼 에이타이 다리도 굵은 나무 기둥이 받치고 있는 아치형 목조다리이다. 많은 보행자들이 이 다리를 건너다니고 가끔씩 소달구지도 보인다. 또한 배가 다리 밑을 지나갈 수 있게 강의 수면에서 다리까지의 높이를 상당히 높게 만들었다. 그렇기 때문에 다리 한가운데에 잠시 멈춰 주변을 둘러보면 하천교통량이 얼마나 많고 배의 종류가 얼마나 다양한지 한

눈에 안다. 종류와 크기가 다양한 배들이 스미다 강과, 강에서 이어지는 운하를 가득 메우고 있었다. 큰 여객선부터 사람을 가득 실은 나룻배, 작은 1인용 배, 지붕이 있는 화려한 놀잇배까지 다양한 배가 강가 양쪽에 있는 선착장 사이를 오가기도 하고 강 상류나 하구로 나아가기도 한다.

화물선은 여객선보다 훨씬 많다. 물건을 산더미처럼 쌓고 그 위를 멍석으로 덮은 작은 뗏목과 배를 비롯해, 무겁게 채운 바구니와 항아리를 실은 화물선, 그리고 나고야나 오사카까지 물자를 운송하는 대형 돛단배까지 다양하다. 니혼바시와 간다의 시장에 신선한 농산물을 운반하는 길쭉하게 생긴 배도 있다. 이처럼 배의 용도에 따라 그 모양이 제각각인 데는 놀라지 않을 수 없다. 운하 옆에 있는 제조공장에서 간장이나 식물기름을 받아 배에 가득 싣고 먼 곳의 도매상까지 운반하는 대형 화물선이 있는가 하면, 쌀을 운반하는 배도 있다. 그 배에는 쌀가마니의 규격에 꼭 들어맞는 나무틀과 울타리를 설치해 산더미처럼 쌓은 쌀가마니를 고정하는 역할을 한다. 화물선에는 운반하는 물건에 맞게 통과 선반 또는 칸막이 같은 다양한 설비가 갖춰져 있다. 이는 수상운송 시설이 고도로 발달해 있음을 보여준다.

수상운송 면에서 에도는 일본에서 가장 크고 발전한 도시이지만, 강과 부두 그리고 운하망과 다양한 배를 이용하는 비슷한 기반설비가 일본 연안의 주요 다른 도시의 경제기반이 되고 있다. 주요 도시가 전부 연안에 있는 것도 어쩌면 당연하다. 배로 운반해온 짐을 손수레나 멜대로 옮겨 운반할 때는 대부분 풍력이나 물의 흐름

조키부네 - 나룻배로 사용될 때가 많다

야네부네 - 지붕이 있어 쾌적하고 사생활도 보호된다

노를 저어가는 것이 일반적이다

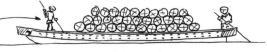

얕은 수로에서는 장대로 밀고나가는 경우가 많다

하천 운송용 화물선

야간용 제등

분재가 장식되어 있다!

야카타부네 - 지붕이 있는 놀잇배

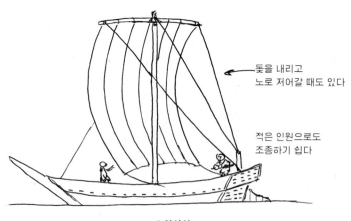

돛을 내리고 노로 저어갈 때도 있다

적은 인원으로도 조종하기 쉽다

소형어선

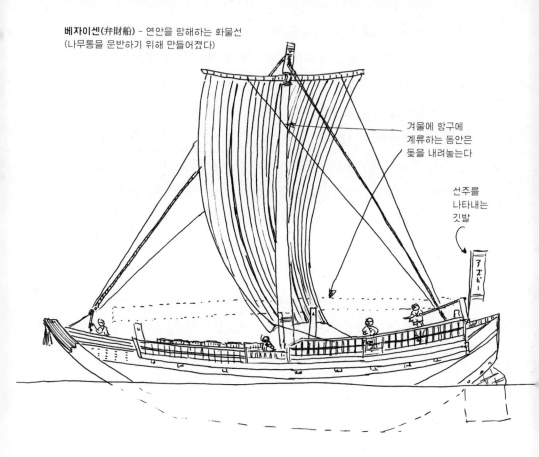

베자이센(弁財船) - 연안을 항해하는 화물선
(나무통을 운반하기 위해 만들어졌다)

겨울에 항구에
계류하는 동안은
돛을 내려놓는다

선주를
나타내는
깃발

주로 보이는 배

에도의 항구와 강에서 볼 수 있는 배의 크기는
매우 작은 것부터 거대한 것까지 다양하다.
에도 사람들은 수로를 적극적으로 이용한다.
작은 배는 한 개의 노로 젓지만,
내륙의 수로에서는 장대로 밀 때도 있다.
어선은 쓰레그물이나 줄낚시 등 물고기 종류에 맞춰서
만들어져 있다. 가장 큰 배는 해상 항해용 화물선으로
여러 개의 돛대와 돛이 있고, 20명 이상의 선원이 필요하다 그리고 인력을 이용한다. 가축을 이용하는 일이 거의 없기 때문에 비축해둔 한정된 곡물을 동물사료로 쓰지 않아도 된다. 또한 거리가 가축의 배설물로 더러워질 일도 없다. 사실 무사가 타고 다니는 말이 거리에 배설을 할 때도 있지만 똥바가지와 통을 든 시종이 늘 뒤따르며 배설물을 거둔다.

강둑 주변은 활기 넘치고 복잡하다. 곳곳에 있는 나루터에 배를 정박하고 상점이나 자재창고, 식당, 여관 등으로 바로바로 갈 수 있다. 강가에는 쓰러져가는 집부터 화려한 저택까지 다양한 집들이 늘어서 있다. 그러나 산업관련 시설이 많고 다리 옆에는 조선소가, 양쪽 연안의 둑에는 회벽 창고가 즐비하다. 강가에는 목재 저장소가 몇 군데 있고, 그 밖의 기와, 석재 저장소, 회반죽 제조공장 등 건축에 필요한 것을 공급하는 작업장이 모여 있다. 한편, 머리를 식히거나 기분전환을 하려고 찾아오는 사람도 많은데, 이곳에는 그런 사람들이 편하게 이용하는 오락거리도 갖춰져 있다. 배를 이용하면 도시를 돌아보기도 쉽고 걷는 것보다 시간도 절약된다. 게다가 강과 운하, 다리 등 변화무쌍한 경치도 즐길 수 있다.

에이타이 다리에서 강의 상류를 바라보면 상업지역답게 어수선하고 떠들썩해 눈과 귀를 사로잡지만, 반대쪽인 에도만으로 눈을 돌리면 본연의 옛스러운 풍경이 펼쳐진다. 시바와 긴자 그리고 쓰키치와 교바시 같은 유서깊은 지역 연안 일대와 마찬가지로 후카가와의 대부분은 감조습지(減潮濕地, 밀물과 썰물에 따라 물에 잠겼다 드러났다 하는 습지-옮긴이)를 매립해 만든 땅이다. 오래된 지역의 해안가는 완연한 발전을 이뤄 대부분이 상업지와 교통망으로 쓰이고 또

후카가와에서의 조개잡이
생계를 위해 캐는 사람도 있고 기분전환 삼아 캐는 사람도 있다. 이들 모두가 캐고도 남을 만큼 조개가 풍부하다

한 어업으로 생계를 꾸려나가는 사람들의 마을이 되었다. 그러나 후카가와에는 여전히 습지와 모래갯벌이 남아있어 한가로운 전원 풍경이 펼쳐진다.

갯벌에서는 많은 사람들이 조개를 캐고 있었다. 생계를 꾸려야 하는지 열심히 캐는 사람이 있는가 하면, 그저 바람이나 쐬러 나온 건지 농담을 주고받으며 즐겁게 캐고 있는 사람도 있다. 사실 이곳에서 얻는 것들은 누군가의 식생활에서 중요한 부분을 차지할 것이다. 입에 겨우 풀칠할 정도로 가난한 사람은 늘 있기 마련이다. 그런 사람에게 돈 들이지 않고 갯벌에서 캐는 식재료는 자신이 직접 먹기도 하지만 내다파는 수입원이다. 엎어지면 코 닿을 데에 갯벌이 있고 어른 아이 할 것 없이 누구나 캘 수 있다는 점에서 후카가와의 조개는 그야말로 이상적이다.

이 갯벌에서 얻는 것은 조개뿐만이 아니다. 먹는 해조도 다양하고 낚시도 즐긴다. 우리가 서 있는 이곳에서 앞바다의 여울에 죽 늘어서 있는 대나무 울타리가 보였다. 바로 김 양식을 하고 있다는 표시이다. 에도의 연안, 그리고 지바와 가나와가의 주변지역을 따라 늘어서 있는 갯벌에서는 김 양식은 물론이고 소금도 만든다. 이곳에서는 인간이 살아가는 데 필수적이고 귀중한 영양식품인 소금을 상업적 규모로 생산하고 있다. 그 과정에서 엄청난 양의 인력과 연료 그리고 시간이 들어간다.

일본의 많은 지역이 그렇듯, 에도 역시 오랜 세월 바다에 의존해 왔다. 처음 이곳에 터를 잡은 주민들은 에도만에서 풍부한 갑각류와 새우, 가자미, 고등어 같은 물고기, 그리고 김과 다시마 같은 먹는 해조를 발견했다. 스미다 강을 비롯해 다른 강에는 뱅어와 붕장어와 미꾸라지 등이 서식하고 있다. 에도는 어촌을 중심으로 발전해왔다. 주민들은 연안 환경에 대한 상세한 지식은 물론이고 풍부한 자원을 아끼고 활용하는 방법도 잘 알고 있었다. 그 덕분에 에도는 난개발이나 해양환경을 파괴하지 않고 크게 성장할 수 있었다.

현재 에도는 연안을 따라 십여 곳의 어촌이 있다. 어촌은 에도의 운송과 공공서비스 같은 산업기반의 혜택을 받고 있다. 어업은 잘 조직되어 있다. 여러 조합이 경합하는데다가 유통망도 확립되어 있다. 규제는 엄격하다. 에도만 내 특정 장소의 어업권과 김 양식장 권리는 특히나 그렇다. 니혼바시 연안의 주요 어시장을 중심으로 복잡한 유통 시스템이 정비되어 있지만 일부 도매상은 특정 어촌과 옛날부터 긴밀한 관계를 유지하고 있다. 에도 주변에서 잡은 해산물은 말리거나 소금 또는 식물성 기름에 절여 보관하기도 하지만, 대부분 그날그날 신선하게 바로 먹는다. 에도만에서 갓 잡은 신선한 생선을 단 몇 시간 만에 시장과 도심의 수많은 가정의 식탁에 올라가게 한다는 것은 실로 놀라운 물류체계다. 에도만은 자원이 풍부하고 어획량 관리도 철저해서 어민은 가까운 해안에서도 충분한 양의 해산물을 수확한다. 수평선에 점점이 흩어져 있는 수많은 하얀 돛은 바다의 풍경에 아름다움을 더해준다.

요리란 식재료를 이용하고, 구할 수 있는 것을 활용해서 기쁨을 주는 뭔가로 바꿔놓는 것을 말한다. 에도의 먹을거리 중에서도 해산물은 가장 중요한 위치를 차지한다. 에도에서는 해마다 십여 권의 식당안내서가 발행된다. 이 안내서에는 적은 양의 밥 위에 신선한 날것 그대로의(따라서 연료 소비도 없다) 생선을 올린 에도마에 스시(에도식 초밥-옮긴이)처럼 맛있고 색다른 요리가 놀라울 정도로 많이 소개돼, 멀리서 여행자와 미식가들이 찾아오게 만든다. 언젠가는 다른 나라의 식습관에도 영향을 미치게 될 이 요리는 바다자원을 훌륭하게 이용하고 독창적으로 조리하는 일본요리의 진수를 보여준다.

에도생활을 대표하는 것

우리는 다리를 건너 후카가와 지역으로 갔다. 해안선 모양과 굽어진 강 때문에 시가지의 형태가 조금 불규칙하다. 하지만 이 지역이 계획적으로 발전해왔다는 것은 한눈에 알 수 있다. 격자모

기바(木場)로 들어오는 목재
에도에서 사용할 건축목재는 뗏목이나 배를 이용해, 운하가 복잡하게 얽혀있는 기바의 저목
장까지 운반된다

양으로 이어져 있는 운하가 이 지역을 여러 개의 섬으로 나눠놓고
있다. 그 섬들의 중심에는 녹음이 짙은 신사와 절, 그리고 넓은 정
원이 있는 무사저택이 있고, 그 주위를 빙 둘러 상가가 빽빽이 들
어서 있다. 이 주변에는 나무가 우거진 소박한 무사거주지역도 두
어 곳 있다.

후카가와의 명물이라면 요리로는 바지락이고 중심 산업은 목재
이다. 운하를 오가는 배를 보고 있자니, 기둥과 들보와 널빤지 같
은 제재목을 저목장(貯木場, 목재를 저장해두는 곳. 수중과 육상 저목장이
있다-옮긴이)에서 반출하거나, 얼추 만든 각재를 저목장으로 운반하
는 배가 많았다.

기바의 수로망

기바는 운하와 용수지가
미로처럼 얽혀있는
지역으로 육지보다
물이 많다. 이는 목재의
운송과 보관 그리고
가공에 매우 효율적이다

다이묘
거주지역

통나무를
저장하는
용수지

목재상

운하

후카가와의 기바(木場, 이 지역에 저목장이 많았던 것에서 유래한 이름-옮긴이)는 습지 같은 저지대 매립지이다. 만조 때나 태풍이 불 때면 물이 넘치기 때문에 살기엔 결코 적합하지 않지만 수중 저목장으로 사용하기에는 최적의 장소이다. 그 이유 중 하나는 만조 때에 흰개미집이 물에 잠기기 때문에 목재에 흰개미가 붙지 않는다는 점이다. 또한 저지대는 운하나 물을 모아두는 용수지를 파기에 적합해서, 이 일대는 수로와 용수지가 마치 그물망처럼 둘러쳐져 있다. 목재 대부분을 배로 운반하기 때문에 이런 지역구조는 물류차원에서 이상적이다. 운하와 용수지는 불이 번지는 것을 막는 기능도 한다. 화재가 많은 에도에서는 매우 중요한 이점이 아닐 수 없다.

에도 전체에는 5백 명 이상의 목재상이 있으며 그들 중 대부분이 이곳에 모여 있다. 특정 지역에서 들여온 특정 목재를 취급하는 큰 도매상 조합들이 몇 곳 있는데, 그들은 목재생산지별로 전문화되어 있다. 그리고 각 저목장과 목재상은 특정한 용도로 사용하기 위한 완제품 형태를 전문으로 취급한다. 목재상은 목수조합과 긴밀한 관계를 유지해 안정되고 믿을 만한 고객을 확보하고 목수들에게는 안정된 공급과 가격을 보장한다. 한편 사다키치 같은 숙련된 목수들은 작업장에 오가기 편한 도심지 근처에 살지만, 미숙련 목수들은 이곳 기바에 많이 살고 있다. 미숙련 목수들은 아침마다 일거리를 찾아 저목장 입구 근처로 모여든다.

후카가와는 에도 생활의 여러 면을 보여주는 흥미로운 곳이다. 이곳은 목재라는 중요한 상품이 들어오는 입구로, 작업장과 창고가 집결된 상업지역이기도 하며 해상 운송망의 중심지이기도 하다. 또한 귀중한 천연식재료의 산지이며 도미오카하치만구(富岡八幡宮)라는 중요한 신사도 있다. 그리고 가난한 사람과 최하층 노동자, 성공한 직인, 부유한 상인, 하급무사, 다이묘까지 다양한 사람들이 살고 있는 곳이다. 후카가와는 급속도로 발전하고 있는 에도의 도심 끝에 있다.

우리가 서 있는 이곳에서 벼가 익어가고 있는 교외의 논이 보였다. 후카가와에는 지역사회의 정체성과 정신이 매우 강하게 숨 쉬고 있다. 이곳의 주민들은 자신들이 틀림없는 에도의 한 부분임과 동시에 독립된 존재라고 느끼고 있다. 그야말로 에도의 정수를 보여주는 지역이다.

적은 자원으로 많은 것을 만들어내는 도시

해질녘, 우리는 에도만이 내려다보이는 나무그늘 아래의 작은 찻집에서 다과를 즐기며 쉬고 있었다. 에도는 이곳을 찾는 사람들을 압도할 정도로 활기 넘치는 곳으로, 우리는 이 여행을 맘껏 즐기고 있다.

언변 좋은 가게주인의 표적이 된 것 같은 느낌이 들 때도 많았지만, 이곳 사람들은 유쾌하고 활기가 넘쳤다. 가장 인상 깊었던 것은 무엇이든 최대한으로 이용하고 적은 자원으로 최대한 많은 것을 만들어내고 있다는 점이다. 적은 자재로 더 좋은 건물을 짓고, 적은 연료로 더 맛있는 음식을 만들고, 적은 염료로 더 아름다운 색을 내고, 적은 강철로 더 날카로운 칼을 만드는 등 부족함을 장점으로 바꿔놓고 있었다.

에도 사람에게는 수리와 재활용의 이점을 알아듣게 설명할 필요가 거의 없다. 그들은 언제나 수리와 재활용으로 돈을 절약하고 있었다. 에도는 마치 집단지성처럼 기능해, 집에서 목욕하기보다 재미있고 경제적인 대중목욕탕 같은 해결책을 마련하기에 이르렀다. 지붕에 올리는 가벼운 기와와 거대한 재활용 시장을 이끌어낸 것은 열린 시장의 힘이다. 그리고 상수도 계획과 건설로 이끈 건 선견지명과 실용주의 그리고 환경에 대한 이해이다. 에도는 놀라울 정도로 원활하게 돌아가는 대도시이다. 우리는 이곳에 짧은 기간 머물면서 다 기억할 수 없을 만큼 많은 것들을 배웠다. 그런데도 우리가 본 것은 에도의 극히 일부일 뿐이다. 우리는 짧은 휴식을 마치고 일어나 다시 강 건너로 향했다.

후지산이 지켜보는 가운데
에도만을 오가는 어선들

육상교통 수단

시가지에서의 이동

(상인)

도보
시가지에서 이동할 때는
도보가 일반적.
에도는 보행자에게
이상적인 도시

가마
발이 없는 가마에
탈 때도 있다.
요금도 적당

가마
부유한 상인은 가마 발이
드리워져 있거나 문이 달
린 품위 있는 가마를 탄다.
('호젠지'가마라고 불림)

(무사)

도보
무사들도 대부분
시가지를 걸어서
이동한다

말
중급무사 이상은 말을 타
는 것이 허락된다. 하인
들이 뒤따라 걷는다

가마
다이묘 같은 상급무사는
여러 명의 가마꾼이 짊어
지는 호화로운 가마를 타
고 다닌다. ('노리모노'가마
라고 불림)

(물자)

인력
보통은 등이나 어깨에
짊어지고 운반한다

미는 손수레
인력으로 운반할 수 없는
짐은 사용하기 편하게 설
계된 미는 손수레로 운반
한다. 에도에는 수천만대의
손수레가 있다

소달구지
가장 큰 화물은 소달구지
로 운반하지만 소는 에도
전체에 600마리밖에 없다.

244

장거리 이동

(상인)

도보
산과 들을 넘어
여행할 때도
걸어서 간다.
그래도 사람들은
유쾌하고 즐겁게 여긴다

가마
험준한 산을 넘을 때는
가마를 고용하는 여행자도 많다

말
마부와 말을 하루 단위로
빌릴 수도 있다. 기복이
심한 비포장길에서 유용하다

(무사)

도보
하급무사도
보통 장거리를
걸어서 이동한다

말
큰 길에서는 말을 탄 무사를
자주 볼 수 있다. 대부분이
공무용이고 그 뒤를 하인이
빠른 걸음으로 따라간다

가마
다이묘는 여럿이 짊어져야
하는 큰 가마를 타고 장거리
를 이동한다. 때에 따라서는
말을 탈 때도 있다

(물자)

인력
장거리라 할지라
도 멜대와 지게로
운반한다

짐말
큰 길에서는 차량 통행
이 금지되어 있기 때문
에 무거운 짐은 말로 운
반하다

파발꾼
편지와 중요한
문서는 여러 명의
파발꾼이 릴레이
형식으로 배달한다

파발마
가장 급한 막부의
공문서 전달에는
무사가 탄 파발마
가 이용된다

■ 도시계획은 정원을 조성하는 것처럼 해야 한다

현대의 도시계획 방법은 크게 잘못되어 있다. 적어도 과거 백 년 동안 도시계획은 풍광을 무시하고 지형을 평평하게 고르고, 수로를 매장하거나 흐름을 바꾸고, 자동차를 이용해 접근성을 높인다는 논리로 도로를 건설해왔다. 현대의 도시는 다른 도시와 경관에 인접해 배치된 일부이거나 단편일 뿐, 실제로 연결성은 없다.

도시계획은 정원을 조성하듯 이루어져야 한다. 원래 있던 생물을 효과 있게 활용하고 인간을 위한 공간을 만든다 해도 인간이 자연에 의존하고 있다는 사실을 잊게 해서는 안 된다. 모두 없애고 '개량'하기보다 점진적으로 계획하고 조금씩 조절해가는 과정을 다시 배울 필요가 있다. 에도가 그랬듯이, 이런 방식으로 계획된 도시는 수많은 인구와 복잡한 경제활동 그리고 교통망을 지속적으로 지원할 수 있다.

18세기 중반의 에도는 당시 세계에서 유일하게 인구 백만 명이 넘는 도시였다. 지금으로부터 백 년 전만 해도 백만 명을 넘는 도시는 몇 곳 되지 않았지만 오늘날에는 400여 곳 이상이며, 천만 명 이상의 인구를 자랑하는 도시도 20여 곳에 이른다. 도시의 인구밀도가 높아지면 음식과 물 그리고 에너지와 물자가 대량으로 필요해지고 그 과정에서 발생하는 폐기물도 처리해야 한다. 그런데 이런 자원을 점점 멀리서(대륙이나 바다 너머에서) 얻어오려고 하면서, 도시에 사는 사람들은 자신들이 사는 곳의 자연 생태계와 자연의 수용력에 무관심해졌고, 주변 자연과 연결되어 있다는 감각과 그에 대한 책임감에서 멀어졌다.

에도처럼 주변 생태계를 충분히 배려하고 그에 어울리는 도시는 생태계와 거주자 모두에게 분명한 이익을 가져다 줄 것이다. 이런 도시에서는 자연의 힘으로 적절한 온도가 유지되고 도심부에도 나무가 무성하며 도시 안에서 식량생산이 가능하고 수질이 좋은 물을 안정적으로 공급한다. 성공의 열쇠는 인간의 거주지와 자연 체계가 상호 의존하는 기능적인 완전체를 어떻게 구성하는지 이해하는 것이다. 그리고 가능한 한 자연의 섭리를 거스르지 않는 것이다. 실제로 그 과정은 정원을 꾸미는 것과 매우 비슷하다.

■ 보행자 전용 구역은 사람과 사람을 이어준다

보행자 공간이 있어야 좋다는 생각에는 누구나 동의할 것이다. 그만큼 보행자 공간은 상업적 그리고 공적 발전의 두드러진 특징이다. 사람들은 차 안에 있을 때보다 걷거나 자전거를 탈 때 다른 사람들(심지어 낯선 이와도)과 원활하게 소통한다. 민주주의 사회가 원활하게 기능하려면 매력적이고 잘 관리된 보행자 공간이 꼭 필요하다. 왜냐하면 사람들이 평등하게 만나고 자신의 활동이 고스란히 드러나는 공간에서는 싫든 좋든 시민의식을 높이고 유지하려고 노력해야 하기 때문이다.

20세기 중반까지만 해도 광범위한 보행자 도로망이 서양사회의 모든 도시와 마을을 연결했다. 에도 역시 오랜 기간 존재했다. 그러나 지금 와서 이를 부활시키는 일은 누가 봐도 어렵다. 지난 몇십 년 동안 우리 생활에서 자동차 의존율은 줄어들기는커녕, 최근에는 과거 걷기 문화가 중심이었던 세계 여러 지역에서조차 자동차 중심의 생활양식이 뿌리내리고 있다. 지금 각 도시에는 보행자 공간을 어떻게 확보할지 해법이 필요하다. 이는 사회문제로서만이 아니라 의사소통, 교통, 도시계획, 에너지 이용, 환경문제의 하나로 다루어야 한다.

■ 장기적 안목을 갖춘 사회기반시설

사회기반시설은 향후 여러 세대에 걸쳐 충분한 서비스를 제공하도록 설계해야 비로소 성공했다고 할 수 있다. 이 말은 중력과 지열, 조수간만, 바람, 그리고 태양과 같은 영구적인 자연 에너지원을 이용한 설비를 늘리고, 지형과 자연 하천 유역, 야생 동물의 통로, 채집 장소 등을 그 본래의 기능을 높이는 방식으로 이용하도록 설계해야 한다는 것이다. 이러한 기준에 비춰볼 때, 현대 사회기반시설이 성공적으로 이루어졌다고만 할 수는 없다. 에너지 비용이 높아지면 기능할 수 없게 될 시설들이 대부분이다.

■ 도시수로

예전의 에도와 오사카 그리고 나고야 같은 도시의 수로는 그 질과 규모가 베니스와 암스테르담에 버금갔다. 하지만 그 수로망은 20세기를 지나며 쇠퇴했고 대부분 콘크리트를 덮어 도로를 만들거나 볼품없이 방치되었다. 그러나 1980년대 호황기에 자산 가치를 높여줄 편의시설처럼 도시수로를 복구하려는 노력을 하기 시작했다. 실제 성공사례는 거의 없지만 많은 도시에서 이 아이디어를 긍정적으로 생각하고 있다. 사라진 도시수로 중 가장 안타까운 것은 니혼바시 강이다. 이 강은 1960년대 초까지만 해도 원래의 모습을 지니고 있었으며 에도의 살아있는 심장과도 같았다. 그러나 1964년 도쿄하계올림픽을 위해 니혼바시 강과 유서 깊은 니혼바시 다리 위로 고속도로를 건설하면서 예전의 아름다움을 가리는 어두운 그림자가 드리워졌다.

최근 들어 수도고속도로를 지하로 하고 니혼바시 강과 니혼바시 다리를 부활시킨다는 계획을 진지하게 검토하고 있다는 사실은 고무적이다. 계획은 아직 구체화되지 않았지만 지자체와 지역기업, 관광관련 단체와 주민 등 이해 당사자들이 모두 이 계획을 환영하고 있다. 이는 실용적인 수로의 중요성은 물론이고 교량과 도시경관 등 도시의 역사적인 요소들이 갖는 문화적 의의를 이해했다는 뜻인 만큼 반가운 소식이 아닐 수 없다.

■ 스스로를 규제하는 재활용과 재사용 시스템을 통합하자

에도에서는 폐기물이 거의 나오지 않았다. 그렇게 되기까지는 윤리적이고 미학적인 가치관이 몸에 배어 있고 일상생활을 영위하는 몸과 마음의 습관이 확립될 필요가 있었다. 그것은 스스로를 규제하는 체계였다. 왜냐하면 거의 모든 폐기물이 누군가에게는 경제적인 자원이 되어 재사용을 위해 재빨리 수거되었기 때문이다.

제조공정은 폐기물을 재료로 이용하도록 진화했고, 그 실행계획은 단순한 상업적 이익이라는 원동력에 따라 결정되었다. 이와 비슷한 시스템이 여러 개발도상국의 비공식적인 도시경제 내에서 진화해왔다. 우리는 그보다 더 철저하고 광범위한 폐기물 활용 시스템들을 설계할 능력이 있다.

■ 제조업자는 자사제품의 생명 주기에 투자하자

집과 도구 그리고 가구를 만들었던 에도시대의 직인들은 자신들이 만든 제품을 사용하는 내내 관리하고 수리했고, 최종적으로 재료를 재활용할 때까지 책임을 졌다. 오늘날도 상품의 제조업자들은 이와 같은 서비스의 수요가 존재하고 그 책임을 지면 이익을 얻는다는 사실을 이해해야 한다.

■ 폐기물 제로를 지향한다

소각하든 매립하든 또는 재활용을 하든, 우리가 1킬로그램의 쓰레기를 버리면 눈에는 안 보이지만 70킬로그램 이상의 폐기물이 나온다. 이는 재료를 채취해서 공장으로 운반하고, 공장에서 생산하고 포장한 뒤 점포나 가정으로 유통되는 과정에서 나오는 폐기물을 합한 양이다. 생산물의 80퍼센트는 생산된 지 6개월 이내에 버려지고, 원재료의 채취 장소에서 쓰레기장까지 일직선으로 흐른다. 이것은 더없이 어리석은 짓이다.

'한 번 쓰고 버리는' 경제 자체만이 문제가 아니다. 대량생산을 하거나 끊임없이 설계를 바꿔 기존 제품을 구식으로 만들어 버리거나 유행을 변화시키는 것만도 문제가 아니다. 정작 중요한 문제는 무언가를 '끝까지 사용한다'는 의미를 우리가 충분히 이해하지 못하고 있다는 데 있다. 에도 사람들은 짚신은 기껏해야 몇 주밖에 못 신는다고 생각했다. 짚신은 기본적으로 몇 번은 고쳐 신을 수 있지만 닳아 떨어질 때까지 신었다가 버려지는 신발이었다. 그러나 버려진 짚신은 나무뿌리를 덮거나 연료로 쓰인다. 거름이나 재가 되어 다시 생산주기에 들어가는 것이다. 이것은 원재료의 순환에서 일어나는 '완전이용'의 예를 보여준다. 한편 제조의 초기단계도 마찬가지이다. 사람들은 벼의 부산물인 짚을 버리지 않고 짚신 등을 만들어 완전하게 사용했다. 그런 의미에서 대량생산을 할 때는 완전한 사용을 기본 전제로 설정하고, 애당초 만들 때부터 대체주기도 원재료의 완전 사용까지로 설정해야 한다. 따라서 우리가 돈 주고 사용하는 물건은 쉽게 고치고 오래 사용할 수 있으며 재활용 과정이 분명해야 한다.

산업계는 요구하는 사람이 없으면 폐기물이 배출되지 않는 방법과 소재를 적극적으로 도입하려고 하지 않는다. 오염과 폐기물은 설계상의 실패를 의미하므로, 우리는 목소리를 높여 더 나은 설계를 요구해야 한다.

■ 지역 상가를 소중히 하자

에도가 매우 살기 좋았던 이유 중 하나는 보행자가 많고 활기가 넘치는 다양한 상점이 몇 분 이내의 거리에 있었다는 점이다. 오늘날 도쿄에도 이런 풍경이 곳곳에 남아 있다는 사실을 안다면 누구든 놀랄 것이다. 에도시대의 상점이 그대로 계승되어 같은 장소에 남아있는 곳도 적지 않다. 전형적인 상점가는 여러 구획에 걸쳐 2층짜리 상점이 즐비하게 늘어선 모습이고, 가게주인은 상가 2층이나 뒤쪽에 산다. 상점가는 이웃들이 모이는 장소이고, 장사를 하다 보면 사적인 접촉이 일어나기 마련이다(가령 가게주인의 아이들과 손님의 아이들이 같은 학교에 다닌다). 물론 자동차나 전철을 타고 큰 백화점이나 대형매장에 가야 하는 이유도 분명 있다. 하지만 대형 체인점이 빠르게 늘어나면 지역상점은 위축될 것이다. 지역상점의 소중함을 잊지말자.

■ 장기사용과 해체의 가능성을 생각한 설계

가장 이상적인 것은 도시와 건물이 몇 백 년은 거뜬히 사용하게 설계하고 건축하는 것이다. 그때 사용하는 설계와 기술적 공정에는 시간이 흐르면서 예측할 수 없는 수요가 발생했을 때 원만히 대응하도록 단계적인 수정 가능성을 고려해야 한다. 하지만 실제로는 내구성과 재사용의 용이성, 특히 유사시의 해체와 이동의 용이성은 상충할 때가 많다. 오늘날의 건물은 해체용 철제기구나 착암기 또는 절단용 토치 같은 파괴적인 힘을 사용해야만 해체할 수 있다. 그 과정에서 발생하는 잔해들은 방대한 폐기물이 된다. 게다가 해체 폐기물을 운송하고 처리하는 데 드는 연료비와 환경비용도 매우 높다. 그런 면을 고려하면 더 뛰어난 설계가 반드시 필요하다.

전통적인 일본의 목조건물은 처음부터 해체가 가능하도록 설계되었고, 재사용된 목재를 취급하는 시장이 발달해 있었다. 한편 영구적인 사회기반시설들은 대개 돌이나 흙으로 지어졌다. 이런 두 가지 특징이 있었기에 도시의 형태를 쉽게 바꾸고 재구성할 수 있었다. 오늘날 많은 설계자가 부재(部材)를 재활용 또는 재사용하고 내구성이 있으면서 쉽게 해체하는 건축을 시도하고 있다. 이런 발상이 세상에 받아들여져 널리 채용될 날도 머지않았다.

일본의 에도식 건축방식이 성공할 수 있었던 이유는 건물의 구성 단위와 자재 그리고 치수체계 등의 기준이 몇 백 년에 걸쳐 발전했고 높은 완성도에 도달했기 때문이다. 상업도 이런 방식과 함께 발달했고, 그것을 충분히 활용했다. 그러나 오늘날 이런 에도 시스템에 필적할 정교함과 보편성을 가진 예를 찾아보기 힘들다. 정부는 규제 당국으로서 에도식 건축방식을 채택하는 것이 급선무이다. 많은 사람들이 해체가능한 건물의 장기적인 이점을 깨닫고 그러한 건축방식을 추구해야 한다.

■ 포장과 재사용

일본에서 확산되고 있는 또 하나의 재활용 방법은 재사용할 수 있는 용기를 사용하는 것이다. 예를 들어 간장과 식초 같은 액체 조미료를 생산하고 판매하는 한 기업은 에도시대에 나무통을 재사용한 것에서 힌트를 얻어 몇 년 전부터 모든 제품을 동일하고 회수가능한 유리병에 담아, 병에 붙이는 라벨만 교체하는 방식을 채용하고 있다. 예를 들어, 간장을 넣었던 병을 세정하고 소독한 다음, 그 병에 식초를 담는 식이다. 이것은 훌륭한 방식이고 마땅히 본받아야 한다.

이와 유사한 예가 또 있다. 지난 십 년 사이 세탁소에서 사용하는 옷걸이는 철사에서 플라스틱 제품으로 바뀌었는데, 플라스틱 옷걸이는 한 번 쓰고 버려지기 쉬워 환경에 대한 우려가 제기되었다. 이에 따라, 대부분의 세탁소에서는 사용하고 난 옷걸이를 반납해달라고 손님들에게 권장하고 있고 그 중에는 옷걸이를 반납하면 소액의 현금을 돌려주는 세탁소도 있다. 대부분의 고객들은 이에 기쁘게 응하고 있다.

■ 환경에 좋은 건축자재를 사용하자

건축물에 사용하는 자재는 생산과 사용 과정에서 환경부담과 에너지 소비가 적고, 또 자연으로 돌려보내기 쉬운 재생 가능한 것이어야 한다고 생각하는 사람이 많아졌다. 일본에서는 전통적으로 대나무와 마(麻) 그리고 그 밖의 생장이 빠른 식물을 건물에 널리 이용했다. 대부분은 지금도 이용 가능한 것들이다. 또한 옛날부터 널리 사용되던 흙은 현재도 훌륭한 활용가능성이 많은 전도유망한 건축자재로 주목받고 있다. 설계상의 과제는 이런 자재를 대량의 에너지를 소비하는 복잡한 생산 공정과 장거리운송을 거치지 않고 이용할 방법을 찾아내는 것이다.

서양에서는 사용한 건축용 목재를 잘게 조각내어 식물의 뿌리를 덮는데 사용하거나 연료로 태우는 것을 제외하면 거의 재활용하지 않고 매립한다. 또한 유리병을 재활용하고 재사용하는 방법은 고도로 발달했지만, 철거현장에서 나오는 창문의 유리, 타일, 플라스틱은 거의 재활용되지 않는다. 이런 건축자재는 쉽게 재활용하게 재설계할 필요가 있다. 그러나 이런 식의 재활용은 문제의 일부만을 해결하는 데 그칠 뿐이므로 건축자재의 생산과 운송 그리고 건축과정 자체에서 발생하는 전반적인 에너지를 본격적으로 줄여야 한다. 환경에 좋은 건축자재는 지역 내에서 생산되어야 하고, 후처리가 대부분 필요 없을 뿐만 아니라 본질적으로 단단하고 유연하며 외관이 아름답고 저렴한 재생가능한 자원을 기반으로 해야 한다. 요컨대, 대나무 같은 장점을 갖춘 새로운 건축자재가 요구되고 있다.

■ 지속가능한 산림관리가 필요하다

건축용 목재는 문제점이 많다. 지속가능한 산림관리는 가능하다. 그러나 지금까지 이론상으로만 활발히 거론되며 널리 받아들여지지 않고 있다. 목재는 재생가능한 자원이지만, 전 세계적으로 벌목에 따른 산림파괴가 빠르게 진행되고 있다. 목조주택의 허용규모를 제한해야 할까? 활엽수와 그 밖의 특정 수종의 목재 사용을 금지해야 할까? 새로운 목조건축의 대부분을 재활용 재료로 지어야 할까? 지리적 특색이 있는 지역에 사는 주민들로 하여금 목재를 자급자족하게 해야 할까? 건축을 위한 목재 사용을 일시적이나마 완전 중단하도록 해야 할까?

목재는 매우 이상적인 건축 자재이므로 목재 사용에 제한을 두는 위와 같은 방식 중 어떤 것을 선택하든 인간은 어려움을 겪게 될 것이다.

물론 긍정적인 측면도 있다. 목재의 제작기술뿐만 아니라 목재

건축의 설계와 공학기술의 발전 덕분에 자재를 매우 효율적으로 사용하고 폐기물을 거의 배출하지 않는 축조공법이 등장하고 있다. 그러나 이런 뛰어난 노력들이 환경재해로 인해 쉽게 물거품이 될 지도 모른다. 이제 에너지가 적게 들고 목재를 사용하지 않는 건축 방법을 개발하고 배워야 한다. 그렇게 되면 굳이 목재에 의존하지 않아도 될 것이다.

■ 적은 연료를 사용하는 부엌

선진국의 부엌은 에너지 소비를 크게 줄이도록 다시 설계해야 한다. 저온조리나 말려서 보존하는 등 에너지 소비를 줄이는 방법 이 권장되어야 한다. 에도의 사례에서 보았듯이 대량으로 조리한 음식을 사 먹는 것도 연료를 효율적으로 이용하는 방법 중 하나이 다. 단 하나의 컵케이크를 만들려고 오븐을 한 시간 예열하는 사람 은 거의 없다. 우리는 집밥과 배달음식을 잘 조합해서 양측의 이점 을 살린 형태를 모색해야 할지도 모른다.

우리는 기름값이 저렴하고 환경문제가 부각되지 않았을 때 개 발된 부엌의 구조와 설계, 방법을 여전히 사용하고 있다. 샤워기와 변기가 가정에서 물을 가장 많이 낭비한다면, 부엌 특히 냉장고는 전력소비의 주범이다. 최근 설계된 제품은 부모 세대들 때에 비해 에너지 효율은 훨씬 좋아졌지만, 부엌의 전력소비량은 여전히 높 다. 에너지 절감형 전등 교체부터 단열성을 높이는 것까지 가정에 서 에너지 소비량을 줄일 수 있는 부분은 많다. 하지만 가장 큰 효과 는 음식을 보존하고 조리할 때 드는 에너지를 크게 줄이는 데 있다.

■ 에너지 절약형 냉난방

일본의 난방기구는 석탄이나 연탄을 사용하는 이동식 화로에서 등유나 가스 또는 전기를 사용하는 난로, 그리고 방마다 설치해두고 사용하는 냉난방기로 진화했다. 일본인들은 집 전체를 시원하게 하거나 따뜻하게 한다는 발상이 거의 없기 때문에 중앙난방을 하는 가정은 찾아보기 힘들다. 이런 발상 때문에 집 전체가 아닌 일부만을 데우는 기구가 다양하게 개발되고 마케팅과 개량도 끊임없이 이루어지고 있다. 전기장판을 비롯해 무릎 덮개, 원적외선 난방기, 고효율 자립형 가스 난방기, 화장실 전체를 난방하는 대신 변좌(양변기에 앉을 때 엉덩이가 닿는 부분-옮긴이)만 데우는 발상 등이 그 예이다. 그러나 요즘 사람들은 더 빨리 난방의 효과를 보려는 경향이 강해서 사무실 등의 난방온도를 너무 높게 설정한다. 가정에서는 무엇보다 절약을 중요시하기 때문에 업계도 꼭 필요한 온도를 유지할 수 있는 난방 기구를 개발하는 데 힘써야 한다.

■ 최소한의 자급자족을!

농작물을 수확하는 행위는 사람을 그 장소에 묶어두는 역할을 한다. 집 근처에서 과일이나 견과류를 채집하거나 물고기를 잡는 것이 옛날에는 매우 당연한 일이었지만 지금은 매우 드문 일이다. 집 근처에서 일용할 양식을 얻는다면 안정감을 느낄 것이다. 지자체 중에는 과일나무와 견과류 나무를 공원 같은 공공장소에 심고, 앞으로 다가올 식량부족을 대비하기 위해 주민에게도 자택에 나무를 심도록 권장하기도 한다. 환경문제가 심해지고 있는 가운데, 먹거리를 자급자족할 수 있는 주민의 존재는 틀림없이 큰 이점이 될 것이다.

■ 반찬을 사 먹는다고 부끄러워하지 말자

가정주부들이 이미 조리된 반찬을 사와 밥상에 올리면 게으르다거나 가족을 세심하게 보살피지 않는다고 비난을 받을 때가 있다. 그러나 그들은 다만 매우 오래된 도시의 전통을 따르고 있을 뿐이다. 에도시대에도 그랬듯이 현대에도 대개 전문가가 대량으로 조리한 음식을 사 먹으면 연료와 냉장, 운송과 보존 면에서 에너지 낭비가 훨씬 적다. 생활의 모든 면에서 그러하듯이, 음식준비도 영양과 포장, 그리고 시간이라는 다각적인 관점에서 현명하게 접근해야 한다. 그런 의미에서 가족을 위해 식사를 준비하는 사람은 매주 조리된 반찬 몇 가지를 산다고 해서 양심의 가책을 느낄 필요가 없다. 오히려 그것은 시장이 제공하는 것을 잘 활용하는 멋진 사례이다.

오늘날 번성하고 있는 편리하고 저렴하며 어디든지 배달 가능한 일본의 배달서비스는 에도시대의 배달서비스에서 전해 내려온 것이다. 배달의 범위는 해외로까지 확대되었지만, 지역 내에서 비로소 빛을 발하는 것들이 있다. 아무리 골목길이 좁고 복잡하더라도, 소포의 모양이 아무리 기이하고 크더라도, 또한 내용물이 아무리 부서지기 쉽고 특이하더라도 그 물건을 배달하는 사람들에게는 문제가 되지 않는다. 그들은 자신들이 배달하는 지역 사람들과 어떻게 관계를 맺는지, 그 지역의 지형과 어떻게 친숙해질지, 그리고 우편물의 모양과 크기에 따라 발생할 모든 사태를 대비해서 어떤 포장용기를 선택하는지 등의 지혜를 조상에게서 배웠기 때문이다. 일본의 배달서비스는 이런 기능들을 규모의 경제와 시간, 연료의 효율적 사용으로 이익을 얻는 전문화된 운송체계로 통합해 자가용 이용을 줄이는 등 긍정적인 방향으로 발전해가고 있다.

■ 가까운 곳에 정원 가꾸기

오늘날 옛 모습이 남아있는 도쿄의 시타마치(下町, 에도시대 때부터 형성되어온 상업지구 - 옮긴이)의 건물은 많이 달라졌다. 그래도 에도시대의 거리와 비슷한 모습을 보여 주는 것은 주민들이 집 밖에 화분을 키우는 습관을 잊지 않고 있기 때문이다. 거리는 여전히 좁고 집과 상점은 밀집해 있어 꽃이나 나무를 심을 만한 공간이 거의 없지만, 선조들이 그랬듯이 그들은 큰 길과 골목길, 쪽마루 등 조금이라도 빈 공간이 있으면 그곳을 식물과 꽃으로 장식한다. 그 모습은 다소 주먹구구식에 통일감이 결여된 인상으로 다가올 때도 있고, 이웃 간에 은근히 경쟁하기도 하고 무한한 애정을 쏟고 있음을 과시하는 것처럼 보일 때도 있다. 집 주변에 식물을 심어 동네를 녹지화하는 것은 일종의 사회적 활동이다. 각자가 그런 노력을 하는 것은 어떤 의미에서 당연하다. 이것은 인간다운 따뜻함을 추구하는 자연스러운 충동이 이 대도시에 표출된 하나의 형태라고 할 수 있다.

절제하는 삶

실용미를 먼저 생각하는 무사의 철학

이제 우리는 에도의 무사(사무라이) 거주
지역 중 하나인 이치가야에 사는 정원사 미노
루를 만나러 갈 참이다. 그곳에 가려면 오가는
배들로 혼잡한 운하를 가로지르는 다리를 여
러 번 건너고, 상인들이 북적대는 시타마치와
상류계급이 사는 고지대를 잇는 언덕길을 넘
어야 한다.

에도는 말 그대로 상하로 나뉜다. 낮은 산
등성이와 언덕에 있는 제한된 고지대는 저지
대의 습한 평지가 내려다보여 무사계급이 살
기에 가장 적합한 곳이다. 무사계급의 주거지
가 에도 성을 빙 두르는 형태로 만들어진 것은
16세기 에도를 설계할 때부터 방어를 최우선
으로 고려했기 때문이다. 에도의 지리적인 구
획은 사회적 계급을 반영한 것이다. 같은 계층
끼리 각각의 장소에 모여 살며 다른 계층과의
왕래는 거의 없다. 다른 계층 간의 왕래는 법
과 관습에 따라 엄중히 통제되고 있다.

무사가 출사할 때 입는 정장

그렇긴 하지만 사회 경제적 일상 활동 안
에서는 상인들이 무사거주지역에 드나들 필
요가 있고 그 반대의 경우도 있다. 다리를 건
너 관문을 지나 무사거주지역으로 들어갈 확
실한 권리가 없는 우리 같은 사람도 적합한 절

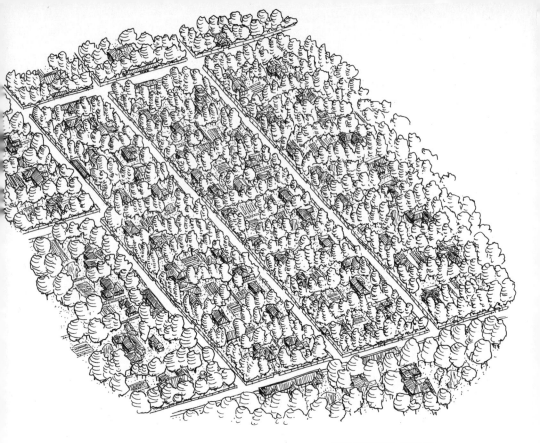

차만 밟으면 비상사태나 사회적 혼란이 일어
나지 않는 한 저지당하는 일은 없다. 무슨 용
무로 왔는지 캐묻는 파수꾼의 질문을 받았지
만 우리는 무사히 관문을 통과해 폭이 좁고 녹
음이 우거진 반초(番町, 현 도쿄 지요다구의 일부 지
역에 해당하는 곳-옮긴이) 거리로 들어섰다. 이곳

무사거주지역은 직사각형
의 구획이 격자모양으로 늘
어서 있는데, 지형에 따라
서는 규칙적으로 구분할 수
없을 때도 많다. 그렇지만
최하급 무사를 제외한 모든
무사에게는 큰 정원을 조성
할 수 있을 만큼의 넓은 부
지가 주어졌고, 수백 년을
지나오며 나무는 완전히 자
라 무성해졌다

은 우리가 집을 구경하게 될 하세가를 포함해 중급무사와 하급
무사의 가족이 사는 수백 채의 집이 있는 지역이다. 근교에 사는 미
노루는 정기적으로 무사저택의 정원을 손질하러 다닌다. 미노루는

오늘 오후에 우리에게 정원을 보여주려고 주인 허락을 받아두었다고 했다. 우리는 미노루를 만나러 가기 전 이곳의 상황을 파악해두기로 했다.

반초에서 남동쪽으로 조금만 걸어가면 에도 성이 나온다. 그쪽에 있는 내해자에는 둑을 뒤덮고 있는 키 큰 소나무가 하늘 높이 솟아 있다. 우리가 방문할 곳은 꽤 소박한 집이지만 일대에는 2백 명이 넘는 다이묘가 살고 있고 그들의 광대한 저택부지는 에도 성을 빙 두르는 형태로 모여 있다. 남쪽에는 다이묘코지라고 불리는 구역이 있다. 그곳의 저택과 정원은 남향의 경사면에 있어 최고의 입지조건을 누리고 있다. 외해자를 넘어 북쪽과 서쪽으로 가면 사원과 무사저택 그리고 상인거주지가 뒤섞여 있고, 에도의 경계를 넘어서면 논이나 넓은 공터가 드문드문 펼쳐진다.

에도에는 260명의 다이묘와 그 가족이 살고 있다. 또한 쇼군의 직속무사인 5천 명 이상의 하타모토(旗本)와 1만7천 명 이상의 고케닌(御家人, 쇼군 직속무사로 하타모토보다 아래에 속한다-옮긴이), 보병에 해

무사저택의 대문
거대하고 정교하게 만들어진 것부터 단순하고 소박하게 만들어진 것까지 다양하다. 왼쪽의 큰 문은 격이 높은 다이묘(녹미 32만 5천 석) 저택의 문. 오른쪽은 녹미 100석 이하를 받는 무사 집의 문

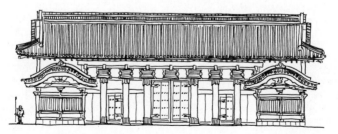

무사의 복장

무사의 복장은 가미시모 외에는 기본적으로 농민과 상인의 의복과 매우 비슷하고 고소데와 짧은 하오리의 형태는 계층에 관계없이 거의 똑같다

중급무사

나가반주 (겉옷과 같은 기장의 속옷)

가미시모 (가타이누라 고도 함)

고소데

짧은 하오리

하카마 주름잡힌 하의

허리에 항상 검을 차고 다닌다. 보통 두 개

다비(일본식 버선) +조리(일본 짚신) 또는 게다

정장 **평상복**

가미시모

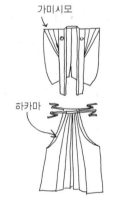

하카마

하오리나 한텐 (하오리 비슷한 짧은 겉옷의 하나)용은 짧다

1척(36센티미터)

1½

3½

고소데

일할 때는 움직임이 편하도록 소매를 접어 올릴 때가 많다

오비(허리띠). 남성용은 폭이 좁은 면직물이고 몸통에 두 번 정도 휘감은 후 묶는다

모모히키

모든 계층이 착용하는 작업용 바지

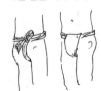

몸통에 휘감아 앞으로 묶는다

짧은 길이도 있다.

각반 속으로 넣어 입을 때도 많다

뒤쪽이 터져 있어 고리로 걸거나 끈으로 묶는다

다비
조리나 게다에 신을 수 있게 발가락 부분이 두 개로 나누어져 있다. 하얀 면직물로 만듦

훈도시 훈도시는 모든 계층의 남성이 착용하는 기본적인 속옷. 가장 기본적인 형태는 가늘고 긴 면으로 만든 천으로 한 치수가 모두에게 맞는다

1척 (36센티미터)

6척(2.2미터)

6척 훈도시

묶는 법은 여러 가지

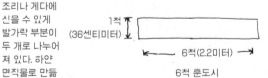

더운 여름 중노동을 하는 남성은 훈도시 한 장만 걸친다

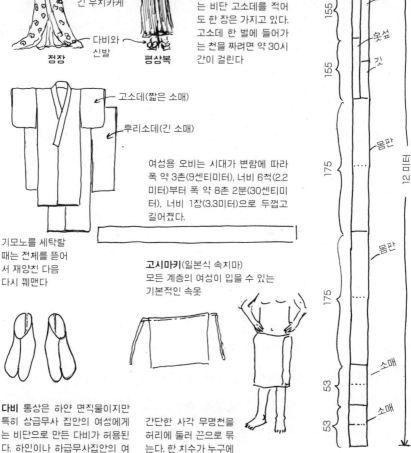

중급무사가문

- 나가반주
- 고소데
- 오비
- 옷자락이 긴 우치카케
- 다비와 신발

정장   평상복

여성의 의복

여성이 입는 옷은 형태는 거의 일정하지만 천과 장신구로 변화를 준다. 중하급 무사 집안의 여성은 직접 무명천을 짜서 옷을 만든다.

대부분의 여성은 선조로부터 대대로 전해오는 비단 고소데를 적어도 한 장은 가지고 있다. 고소데 한 벌에 들어가는 천을 짜려면 약 30시간이 걸린다

소매가 짧은 기본 고소데에는 남녀나 계층을 불문하고 표준 폭(1척=36센티미터)의 천 1단(反, 12미터)이 필요하다. 몸판과 소매 그리고 옷섶으로 사용하는 것들은 각각 직사각형 천으로 재단한다

- 옷섶
- 깃
- 옷섶
- 깃
- 몸판
- 몸판
- 소매
- 소매

155
155
175
175
53
53

12 미터

- 고소데(짧은 소매)
- 후리소데(긴 소매)

여성용 오비는 시대가 변함에 따라 폭 약 3촌(9센티미터), 너비 6척(2.2미터)부터 폭 약 8촌 2분(30센티미터), 너비 1장(3.3미터)으로 두껍고 길어졌다.

기모노를 세탁할 때는 전체를 뜯어서 재양친 다음 다시 꿰맨다

고시마키(일본식 속치마)
모든 계층의 여성이 입을 수 있는 기본적인 속옷

다비 통상은 하얀 면직물이지만 특히 상급무사 집안의 여성에게는 비단으로 만든 다비가 허용된다. 하인이나 하급무사집안의 여성은 착용할 수 없다

간단한 사각 무명천을 허리에 둘러 끈으로 묶는다. 한 치수가 누구에게나 다 맞는다

당하는 엄청난 수의 최하급 무사 아시가루(足輕)와 짐꾼, 경비병 등을 합하면 65만 명 넘게 살고 있다. 다이묘 저택을 포함한 무사지역의 면적은 에도 전체의 63퍼센트를 차지한다.

한편 60만 명에 달하는 상인은 에도 면적의 18퍼센트에 불과한 곳에서 생활한다. 나머지 19퍼센트는 사원과 신사 그리고 그 밖의 용지로 사용된다. 실제로 다이묘 거주지역의 면적은 상인거주지역의 면적을 훨씬 초과한다. 무사거주지역과 상인거주지역의 인구밀도 차이는 대충 보아도 상당하다.

넓은 거리를 거닐다 보면 무사거주지역과 상인거주지역의 기반시설이 어떻게 다른지도 바로 알 수 있다. 무사거주지역의 거리는 납작한 돌로 포장했고, 어느 거리나 빗물과 하수가 흘러드는 넓은 석조 길도랑을 만들어놓았다. 무사거주지역으로 들어가려면 길도랑을 가로지르는 멋진 돌다리를 건너야 한다. 거리는 상인거주지역보다 청결하고 청소도 구석구석 잘 되어 있다. 지나다니는 사람은 있지만 무엇보다 상점이 없어서 상인거주지역처럼 북적거리거나 소란스러운 모습은 찾아볼 수 없다. 무사 집안의 여성은 물건을 사러 밖으로 나가는 것이 허락되지 않는다. 따라서 상인들이 집으로 찾아온다. 식재료나 가정용품 그리고 그 밖의 물품을 사라고 외치고 다니는 많은 행상인들이 보였다. 가정에서 필요한 거의 모든 물품은 이런 행상인들이 충분히 조달한다.

무사거주지역에 사는 사람들은 입는 옷도 상인들과 다르다. 천을 재단하는 방법은 거의 같지만, 검소함과 예절의 제약 때문에 특히 평상복은 검정색이나 어두운 회색, 또는 어두운 갈색이나 남색처럼 색깔과 무늬가 상인들의 옷보다 훨씬 수수하다. 직물 자체는 단순한 짜임이고, 집안의 여성이 전문가에 버금가는 솜씨로 짜는 경우도 많다. 그리고 비단보다 면으로 만든 옷이 훨씬 많다. 우리가 본 거의 모든 무사는 결코 거만하지 않은 위엄이 있었고 재력이 허락하는 선에서 신발부터 상투에 이르기까지 복장을 단정하게 갖춰 입었다. 무사는 허리에 검을 두 자루씩 차고 다닌다. 이 검은 무기라기보다 신분을 상징하는 역할을 한다. 그리고 무사들의 지위는 옷과 장신구의 질이나 디자인의 미묘한 차이, 수행원들의 수와 구성으로 구분한다. 말을 타고 지나가는 무사는 대부분 앞뒤로 여러 명의 마부와 짐꾼을 거느리고 있었다. 또한 가마를 탄 무사도 자주 지나갔다. 그 중에는 가마에 발이 없는 것도 있고 발이 드리워진 것도 있었다.

상인거주지역에는 2층짜리 건물이 즐비했고 1층에 있는 상점은 거리에 접해 있었다. 그러나 이곳은 규칙적인 간격으로 문이 나있는 길고 높은 담으로 둘러져 있다. 우리는 그 담을 따라 걸었다. 담의 구조는 다양하다. 회반죽을 바른 담에 기와를 올린 것도 있고 널빤지로 둘러친 담도 있으며 산울타리 담장도 있다. 담 너머로는 여러 종류의 나무가 보였다. 거리까지 뻗어 나온 가지도 많아 정원의 모습을 상상해보았다. 담 너머로는 집의 지붕만 보인다. 그 모습만으로도 그 집이 기와지붕의 소박한 단층집이며 길에 접한 대문에서 꽤 깊이 들어간 곳에 있음을 알 수 있었다.

대문도 매우 다양하다. 담보다 약간 안쪽으로 들어가 있고, 옻칠을 하지 않은 간소한 목제지붕이 덮여 있는 대문들이 많았다. 기와지붕도 있지만 삼나무 지붕널과 얇은 널빤지를 올린 지붕도 있다. 나무로 만든 묵직한 대문 양쪽에 있는 작은 직사각형 문간채가 담의 일부를 이루고 있는 저택도 몇 채 있었다. 이런 형태는 저택의 주인이 말을 소유해도 될 정도의 지위(수입이 반드시 높은 것은 아니지만)에 있음을 보여준다. 문간채는 마구간과 마부의 숙소로 쓰인다. 몇 구획 떨어진 곳에는 더 높고 웅장하고 정교한 대문이 있다. 지위가 더 높은 무사의 저택임을 나타낸다.

각각의 지위에 따른 대문의 크기와 형태 그리고 장식은 오랜 시간에 걸쳐 표준화되어 집안의 지위를 확인하는 분명하고 공공연한 수단의 하나가 되었다. 다이묘 저택에 사용하도록 정해진 별도의 대문은 거대하고 호화로운 조각이 새겨져 있다. 이 대문을 만드는 데 감당할 수 없을 만큼의 건축비용이 들어갔다. 그런데 1657년에 일어난 메이레키 대화재(1657년 3월 2일부터 3월 4일까지 이어진 대형 화재로 당시 에도의 절반이 소실되고 많은 사상자가 발생한 사건. 에도 3대 화재 중 하나-옮긴이) 이후 자금과 자재가 부족해서 건축양식이 재검토되었다. 그 이후에 지어진 다이묘 저택의 대문은

대부분의 무사들은 검소하고 수수하게 옷을 입지만, 예술에 일가견이 있는 사람처럼 돋보이는 의상을 입은 무사도 일부 있다. 그들은 기본적인 옷의 무늬를 미묘하게 개량한다든지 조화롭게 코디해 이런 효과를 낸다

크긴 하지만 담장 중간에 세운 일각문으로 정교한 장식은 볼 수 없게 되었다.

크고 호화로운 집에 살며 소비를 과시하는 다이묘의 생활방식은 이 지역에 사는 중급무사와 엄청난 차이가 난다. 이런 중급무사는 모두 명목상 무인이며 계급체계와 명령계통을 충실을 지키고 있다. 하지만 백 년 이상 평화가 지속되면서 완전히 월급쟁이 관료로 바뀌었다.

중급무사들은 교양도 있고 역사와 관례도 잘 알고 있다. 그들은 집안 대대로 물려받은 그들의 다이묘가 주는 녹미에 의지해 생활한다. 이 때문에 무사는 주군에게 절대적으로 충성한다.

각 무사가 받는 녹미는 주로 지위에 따라 다르고 석(石) 단위로 잰다. 한 석은 한 명이 한 해 동안 먹기에 충분한 정도로 약 150킬로그램의 쌀에 해당한다. 그 밖에도 여러 요소가 녹미에 영향을 미친다. 각 지방의 재정상태도 주요 요소로 작용한다. 부유한 지방의 무사는 가난한 지방의 무사보다 넉넉한 생활을 한다. 또한 지방재정이 어려워지면 녹미의 일부를 영주가 빌려가는 형태로 실질적인 녹미 삭감이 이뤄질 때도 많다. 한편 특별한 자리에 오르거나 자식을 높은 지위에 오르게 해 수입을 늘릴 수도 있다.

무사의 계급과 직위는 세습과 공적을 기반으로 한다. 어쨌든 대다수의 무사는 수입이 그다지 많지 않다. 이 구획에 살고 있는 무사들은 주로 일년에 녹미 100~300석을 받는 중급무사들이지만 근처에는 훨씬 더 많은 녹미를 받는 무사도 살고 있다.

무사의 저택

모퉁이를 돌아 좁은 길로 들어서자 정원사인 미노루의 모습이 보였다. 그는 꺾꽂이용 가지가 담긴 바구니가 여러 개 놓여있는 수수한 두 짝 판문 앞에 웅크리고 앉아 긴 담뱃대를 빨고 있었다. 그의 이름을 부르자 우리를 향해 손을 흔들더니, 담뱃대를 툭툭 털어내고선 영차하고 일어나 우리를 하세가와 저택 안으로 안내했다.

대문 안으로 들어서자 중앙에 넓은 돌이 깔린 통로가 쭉 뻗어 있는 마당이 가장 먼저 눈에 들어왔다. 소박하고 잘 관리된 마당이다. 담벼락 바로 안쪽에는 여러 종류의 나무가 심어져 있었다. 그 중에서도 멋진 벚나무가 유달리 돋보였다. 봄에 벚꽃이 피면 친구들과 이웃들이 꽃구경을 하려고 들른다고 했다. 그 밖에도 키 큰 삼나무 한 쌍과 밤나무 한 그루가 있었다. 물론 동백나무가 주를 이루는 관상용 관목과 아주 작은 철쭉도 여러 그루 있었다. 발밑의 화단 여기저기에는 이제 막 피기 시작한 꽃들이 보였다. 이끼가 낀 그늘진 바닥에는 자갈이 깔려 있었다. 사람의 발길이 잦은 탓인지 흙이 드러난 곳도 군데군데 있었다. 오른쪽에는 간소한 사립문이 나있는 높은 대나무 담장이 마당 한쪽을 가리고 있었다. 그 너머를 볼 수는 없었지만 가정용 텃밭과 이 집의 전용 우물이 있다고 한다. 왼쪽에는 높은 회양목 울타리가 있다. 그 사이로 넓은 정원이 언뜻 보였다.

하세가와는 아버지에게 물려받은 이 집에서 아내와 어린 두 아들과 살고 있다. 하녀 한 명도 같이 살고 있다. 가신인 하급무사 고이치는 매일 아침 근처 막사에서 저택으로 출근해 주군이 어딜 가든 항상 동행한다고 한다. 저택 부지 안에 가신의 거처를 둔 집도 많다. 하세가와도 그렇게 하고 싶지만 지금은 그럴 만한 경제적 여유가 없다. 그래도 고이치는 신뢰를 받고 있고 가족의 일원으로 대우받고 있다고 한다.

하세가와가 생활하는 집은 대문에서 8미터 정도 들어가야 있다. 정면에는 박공벽(박공처마 밑에 있는 삼각형 모양의 벽-옮긴이)과 비스듬히 경사진 기와지붕이 보였다. 예전 에도 무사의 집 지붕은 나무너

대문에서 바라본 현관. 대문 앞에는
정원사가 묘목장에서 가져온 새 묘목이 있다

무사저택의 방 배치

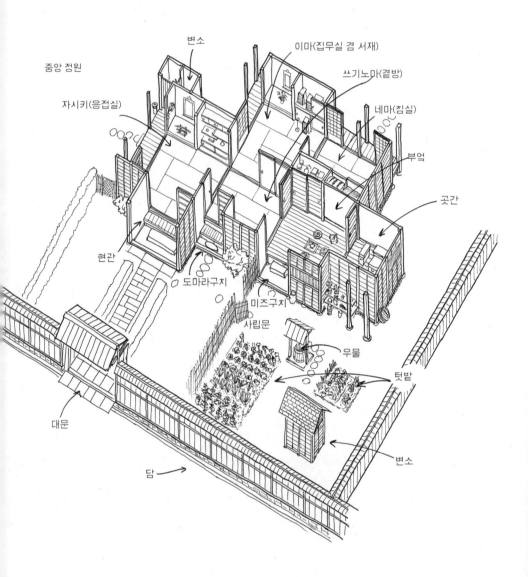

변소
이마(집무실 겸 서재)
쓰기노마(곁방)
중앙 정원
네마(침실)
자시키(응접실)
부엌
곳간
현관
도마라구치
미즈구치
사립문
우물
텃밭
대문
변소
담

272

와나 널빤지 또는 이엉 등으로 만들었지만, 지난 백 년 사이에 산림자원이 줄어 이용을 단념해야 할 만큼 자재가격이 크게 올랐다. 화재 위험도 있어서 막부는 신축하는 집의 지붕은 기와로 만들도록 했다. 이 집의 지붕은 낮은 우진각지붕 형태로, 지붕마루에는 장식용 기와가 줄지어 덮여 있다. 지방에 따라서는 맞배지붕을 올리고 하얗게 빛나는 회벽에 기둥이 드러나게 만든 공법으로 지위를 나타내는 집도 있다. 그러나 에도에서는 이런 조심스러운 과시조차도 빈축을 사기 때문에 일반적으로 낮은 지붕을 선호한다.

가가 지방(현 이시카와 현 남부-옮긴이) 같은 부유한 지방의 무사저택은 맞배지붕을 올리고 벽에는 기둥을 드러내는 공법처럼 겉은 수수하면서도 눈에 띄는 장식적인 건축으로 지위를 나타내지만, 절약에 초점이 맞춰진 에도에서는 우진각지붕의 저택이 많다

하세가와는 중급무사이긴 하나 어엿한 엘

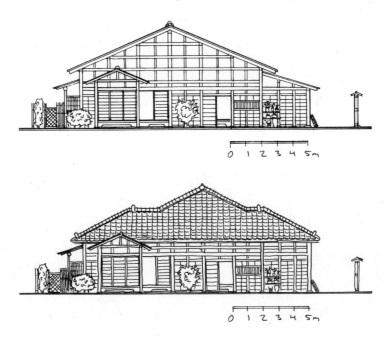

리트의 일원이다. 그런데도 그의 집 외관은 크지 않고 실용적이며 장식이 없다는 인상을 준다. 우리는 이 집으로 오는 길에 근처에서 아름다운 회벽 집도 보았고 진한 황토색 흙벽으로 만들어진 집도 봤다. 하세가와 집의 외벽은 세로로 세운 널빤지에 띳장(널빤지로 만든 문 따위에 가로로 대는 띠 모양의 나무-옮긴이)을 대고 아무런 칠도 하지 않은 간소한 구조로 만들어졌다. 지금은 세월이 흘러 고색이 짙어 졌고 낡아 보이기도 하지만 하세가와 가문은 이 집에서 4대째 살고 있다. 약간씩 낡은 듯한 분위기는 안락함과 고상함, 그리고 영속성 을 자아내어 마치 땅에서 집과 정원이 저절로 피어난 듯한 인상을 준다. 대문에 들어서서 안쪽으로 걸어 들어가면 격식 있는 안채 현 관이 정면에 보인다. 이 현관은 에도 성에 출사하거나 귀가하는 주 인(이 근처의 무사는 모두 쇼군 직속의 가신이다)과, 상급무사를 비 롯해 자신의 부모와 장인장모, 그리고 계급은 같지만 친분이 없는 사람 등 경의를 표할 필요가 있는 손님이 사용한다. 그 밖에도 안채 로 들어가는 두 개의 입구가 더 있다. 하나는 '도마리구치'라고 부 르는 여성과 아이들이 매일 격식 없이 드나드는 입구이다. 또 하나 는 하인들이나 배달 온 사람들이 드나드는 '미즈구치'라는 부엌 입 구로, 주로 우물에서 부엌으로 물을 쉽게 나를 수 있게 만든 문이다.

위엄 있는 조화

자고로 무사저택은 대문과 박공벽 그리고 현관이 위엄 있는 조 화를 이루도록 설계되어 왔다. 그 중에서도 현관은 정중히 예를 갖추어 손님을 맞이하는 공간이다. 폭이 넓은 처마 밑에 자리한 현관은 집에서 약간 돌출되어 있고 작은 지붕이 따로 덮여 있다. 나무로 간소하게 만든 구조가 고풍스러운 멋을 한껏 뽐낸다. 대문에서 현관의 높은 문틀까지 이어진 길에는 판석이 깔려 있다. 현관 문틀을 넘어서면 좁은 바닥에 납작한 디딤돌이 놓여 있고 그 앞에 시키다이라는 한 단 높여 만든 널찍한 목제 현관마루가 있다. 이 모든 것이 조화를 이루어 단정함과 위엄을 자아낸다.

디딤돌은 원래 신발을 벗어놓는 곳인데 실용적이면서 정취를 풍기기도 한다. 농가나 도시의 나가야에서는 현관에 들어서면 거의 바닥이 흙으로 되어 있고 그곳에 그대로 신발을 벗어놓고 보통은 마루로 올라선다. 그런데 무사의 집에서는 신발을 벗어놓는 디딤돌을 곳곳에서 볼 수 있다. 예컨대 정원이나 집 한쪽의 뜰에서 툇마루로 올라가는 곳에 놓여 있거나, 다실로 들어갈 때 저택의 현관처럼 현관마루로 올라서는 곳에 놓여있기도 한다. 디딤돌은 일부러 거의 다듬지 않은 자연 상태 그대로 사용하기 때문에 자연과 직접 교감하고 있다는 분위기를 풍긴다. 그런 이유로 일부러 예스러운 돌을 놓는 경우가 많다. 대부분 움집에서 살았던 고대에는 단을 높인 바닥이 기술과 사회의 발전을 상징했고, 일반적으로 지배계급만 사용했다. 그만큼 디딤돌은 밟고 올라간다는 의미에서 상위계급의 세속적인 토템이라 하겠다.

일반적으로 디딤돌에 올라서 짚신이나 게다 같은 신발을 벗고 현관마루로 올라선다. 신발을 벗는 행위는 집 안으로 들어가는 첫 단계다. 넓은 현관마루는 인사를 나누는 두 번째 단계를 위한 장소이다. 현관마루는 가마를 타고 온 집주인이나 귀한 손님이 땅바닥에 발을 디디지 않고 집 안으로 바로 들어가게 만든 공간이지만, 지금은 상징적인 의미가 더 강하다. 방문객은 마치 작은 무대 같은 현관마루에 앉아 마음을 가라앉힌다. 그리고 의례상 두 명 이상이 한 번에 앉을 만큼 넓은 경우가 보통이다. 손님의 신분이 주인보다 현격히 낮을 때는 손님은 현관마루에 올라오지 않고 두 손만 현관마루에 올리고 인사한다.

짙은 색의 널빤지에 두꺼운 띳장을 댄 간소하고 단단한 미닫이 문을 닫으면 현관마루와 집 안 내부를 구분할 수 있다. 현관마루 맞은편에는 다다미가 깔린 방이 여러 개 늘어서 있다. 상황에 따라 하세가와 또는 가족 중 누군가가 다다미방에 앉아서 손님과 정식으로 인사를 나눈다. 그런 다음 손님이 집 안으로 들어오도록 주인집 사람들이 몸을 옆으로 비키면 손님은 현관마루에서 무릎걸음으로 방 안으로 들어온다. 그것으로 인사가 끝난다.

무사저택의 현관은 인사의례를 행하는 정교한 무대장치와 같고, 인사를 나누는 사람들이 스스로의 품위와 상대에 대한 존경의 뜻을 표현하는 장소로 기능한다. 격식 높은 무사저택의 현관마루는 가로세로 폭이 모두 넓고 고급 소재가 사용되는 반면, 최하급 무사저택은 간소한 현관마루라도 겨우 만들 정도이다. 하지만 규모나 격식과는 관계없이, 무사저택의 현관은 어느 집이나 다 비슷하게 구성되어 있다. 그것은 의례적인 인사의 순서가 똑같기 때문이다. 이처럼 현관마루는 단순해 보이지만 참 많은 것을 말해준다.

미노루는 하녀와 짧은 대화를 주고받더니, 주인은 외출중이고 주인집 아들은 사숙에 가고 없다며 우리를 집 안으로 안내했다. 현관을 지나자 다다미 여덟 장이 깔린 잘 꾸며놓은 방이 펼쳐졌다. 그곳 은 전형적인 서원 건축양식(무로마치시대에 발생 하여 모모야마 시대에 발달한 주택 건축 양식. 선종(禪 宗)의 서원 건축양식이 공가(公家)나 무가(武家)의 집에 채택 되어서 생긴 것으로 현관·도코노마·선반·명장지· 맹장지가 있는 집 구조-옮긴이)을 갖추고 있었 다. 정면에는 족자가 걸려있는 도코노마 가 있고, 그 오른쪽 벽 위로 멋진 붙박이 선반이 설치되어 있었다. 이것들은 간소 하지만 정교하게 설계된 아름다운 구조 로 검게 옻칠이 되어 있었다. 이 방 오른 편에는 옆방과 구분 짓는 섬세한 무늬가 들어간 일본 전통종이를 바른 명장지가 있었

현관의 세부구조

기본적인 구조는 동일하고 주인의 지위에 따라 크기와 정교함이 결정되며 그 밖에 도 여러 가지 유형이 있다

현관마루

목제 바닥과 벽

높은 지위의 손님이 품위를 지키며 가마에서 바로 현관 마루에 내릴 수 있는 현관구조가 이상적이다

흙바닥과 벽

가장 소박한 무사저택의 현관은 토방 같은 흙바닥

디딤돌

신발을 벗어 놓는 디딤돌은 목제 바닥만큼 기품은 없지만 손님을 환영한다는 의미를 내포하고 있다

다. 방 왼쪽에 있는 외부 덧문과 명장지를 열면 벽 전체가 열리면서 이 집에서 가장 큰 정원이 펼쳐진다. 이 정원은 방 안 활동의 배경이 되기도 하고 방의 설계와 의장에도 비중 있는 역할을 한다.

이 방과 정원 사이에는 툇마루가 놓여 있다. 툇마루는 통로 역할은 물론 앉아 쉴 수도 있는 공간이다. 방에서 보면 정원은 무한한 깊이를 느끼면서 조용히 사색할 수 있게 설계되어 있다. 정원은 시간의 흐름과 계절의 변화를 분명하게 알게 해주고, 어쩌면 조상 대대로 살아온 집의 옛 풍경을 떠오르게도 한다.

만듦새의 질과 전체의 균형 그리고 모든 요소의 색채와 표면의 완성도 면에서 이 방은 완벽하게 조화를 이루고 있으며 매우 아름답다. 그리고 무엇보다 평온하다. 조용하고 정돈되어 있어 엄숙한 기분에 젖게 한다. 그리고 방이 그렇게 크진 않지만 상대와의 밀접한 거리를 유지하면서도 결코 부담되지 않는 여유가 있어 손님과의 깊은 교류가 가능하다. 몇 백 년 동안 전해 내려온 전통적 특징이 담겨 있고, 가보를 장식해둘 만한 여러 장소에 의해 두드러지는 의장 요소는 과거 귀족사회와의 끊임없는 연결성을 넌지시 비추고 있다. 공간 자체가 사람과 사람 그리고 사람과 자연의 조화를 보여주며, 세심한 배려와 관리로 세월이 흘러도 변치 않음을 알 수 있다. 격식미의 심장부인 이 방은 독립된 정자나 산속에 은둔한 학자의 암자처럼 느껴진다. 세월이 흐를수록 멋스러움이 배어나고 몇 세대가 지나도 그 매력이 더해지도록 설계되어 있다. 얼마 안 되는 수입으로 생활하는 무사라도 이런 시적인 정취로 정신적인 충족을 얻는 집과 정원을 가질 수 있다는 사실은, 일본인이 진심으로 갈망하는 것이 무엇이며, 그 갈망을 채우는 것이 무엇인지를 시사해준다. 일본 주거공간의 진수가 바로 여기에 있다. 우리들은 잠시 앉아 그 모든 것을 실컷 느껴보기로 했다.

▌다다미방을 돋보이게 하는 꾸밈의 아름다움

우리는 자시키를 둘러보았다. 마음을 진정시면서 기운을 북돋게도 하는 신비한 특징은 어디에서 어떻게 생기는 걸까? 이런 완벽한 조화를 이루는 꾸밈을 논하기 전에 먼저 이곳에서 들리는 소리부터 생각해봐야 할 것이다. 집 주변 거리는 조용하지만 길을 오가는 행상들의 외침소리와 이웃 간에 인사를 나누는 목소리가 쉼 없이 들려온다. 바깥 담장과 정원수는 이런 소리를 완전히 차단할 수는 없지만 어느 정도 완화시켜주는 기능을 한다. 집들은 거리에서 조금 떨어진 곳에 있고, 자시키는 대문이 아닌 정원을 향해 있기 때문에 이곳에 있으면 거리의 소음 대신 주로 정원에서 나는 소리가 들린다. 예컨대, 새의 지저귐을 비롯해 곤충의 날갯짓소리, 나무를 스치는 바람소리, 연못에 사는 개구리의 울음소리, 졸졸 흐르는 물소리 등이 들려온다. 방이 소리를 모으는 깔때기 같은 작용을 하기 때문에 이곳에 있으면 정원에서 나는 소리가 청명하게 들리는 반면, 다른 방향에서 나는 소리는 막아준다. 자시키에서 정원쪽 미닫이문을 열어두면 자시키와 정원은 정원에서 나는 소리에 둘러싸인 꽤 고립된 하나의 섬 같은 상태가 되면서, 매우 편안한 느낌을 준다. 지금은 더운 여름이라 정원 쪽 미닫이문을 열어놓은 것은 당연하지만, 거센 비바람이 불 때를 제외하면 일년 내내 심지어 겨울에도 열어놓는다고 한다.

자시키에는 산들바람도 들어오기 때문에 이곳에 앉아 있으면 마치 야외 그늘 아래 있는 것 같다. 필요하면 정원 쪽 문뿐만 아니라 현관이나 다른 방으로 통하는 미닫이문까지 열어 통풍을 더 원활하게 할 수도 있다. 집 주위를 빙 둘러 나무를 심어놓은 덕분에 그늘이 만들어지고 집 전체의 공기가 시원해진다.

그 때문에 문을 열면 어느 방향에서든 시원한 공기가 집 안으로 쉽게 들어온다. 자시키는 남향으로 정원을 두고 있고, 여름에는 그늘이 최대한으로 드리워지고 겨울에는 햇살이 잘 들

다다미가 깔린 잘 꾸며놓은 자시키와 조화를 이루는 정원은 시대를 막론하고 세상에서 인간이 있어야 할 곳이 어디인지 알려주는 표상이다

어 집 안을 따뜻하게 하는 구도로 나무를 심었다. 바람은 따뜻함과 시원함을 가져다준다. 그리고 정원의 좋은 향기도 실어오기 때문에 꽃이 피는 시기 내내 향기로운 잔치가 벌어지는 듯한 정취를 느끼게 해준다. 좋은 향기를 맡으면 마음이 편안해지고 치유도 된다.

자시키에 쓰인 다다미에서는 특유의 풀내음이 난다. 새 다다미일수록 향이 강한데, 그 위에 누우면 특히 뚜렷해진다. 다다미는 감촉도 풍부하다. 짚의 결을 따라 스치면 표면이 매끄럽게 느껴지지만, 반대 방향으로 스치면 상당히 까칠하다. 손뿐만 아니라 발바닥을 통해서도 쉽게 느껴지며 버선을 신고 있을 때도 마찬가지이다. 다다미 위에 서 있거나 누워 있으면 쾌적하고 이불을 깔지 않고도 잘 만큼 폭신하다.

새로 지은 집은 건축용 자재 특유의 냄새가 날 때가 많지만 공기에 노출되면서 차츰 옅어진다. 오래된 이 집은 미닫이문에 바른 종

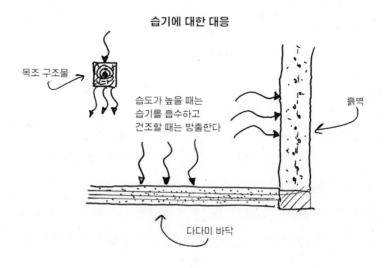

습기에 대한 대응

목조 구조물

습도가 높을 때는 습기를 흡수하고 건조할 때는 방출한다

흙벽

다다미 바닥

이에서 향기가 난다. 종이 자체에서 나는 나뭇잎 같은 향기와 접착제로 사용한 밥풀에서 나는 달콤한 향기가 섞여 있다. 이 향기는 습도가 높아서 완전히 사라지지는 않는다. 이상하게도 아무리 습기가 많아도 종이와 목재골조, 다다미와 흙벽은 늘 건조한 느낌이 든다. 이는 자시키 건축에 사용된 자재들이 내부의 습도를 주위의 공기와 균등하게 유지하기 위해, 습도가 높을 때는 수분을 흡수하고 건조한 날에는 방출하기 때문이다. 즉 종이, 목재골조, 다다미, 흙벽 같은 건축 자재들이 끊임없이 팽창과 수축을 반복하고 있다는 것이고, 설계할 때도 충분히 고려한다. 어쨌든 이런 작용 덕분에 비가 오는 날에도 건조한 날에도 방 안은 늘 쾌적하다.

흙벽은 건조한 모래 같은 감촉으로, 만지면 약간 깔끄럽고 흙냄새가 난다. 미닫이문의 나무틀은 나뭇결을 그대로 살리되 숙련된 직인이 대패로 매끄럽게 손질해 놓았다. 만져보면 역시 말라 있는 느낌이 난다. 그리고 특히 편백나무나 삼나무로 만든 나무틀은 몇 년 동안 그 향기가 지속된다.

한편 흠 잡을 데 없이 검게 윤이 나는 옻칠한 부분의 표면은 항상 촉촉한 인상을 준다. 만지면 유리를 만졌을 때처럼 손끝에 약간 들러붙는다. 매끄러운 옻과 피부가 밀착해 끈적하거나 촉촉한 느낌을 주기 때문이다. 더 면밀히 살펴보면 옻은 충분히 마른 것처럼 보이지만 사실은 말라있지 않고 포개어져 있을 뿐이다. 전문적으로 말하면 옻은 액체인 동시에 고체이며 중력의 영향으로 수백 년 동안 아주 미세하게 흘러내린다. 옻의 광택을 두드러지지 않게 하는 방법도 있지만 대부분의 경우 이 집처럼 옻칠한 부분이 빛을 발

자연광의 조절

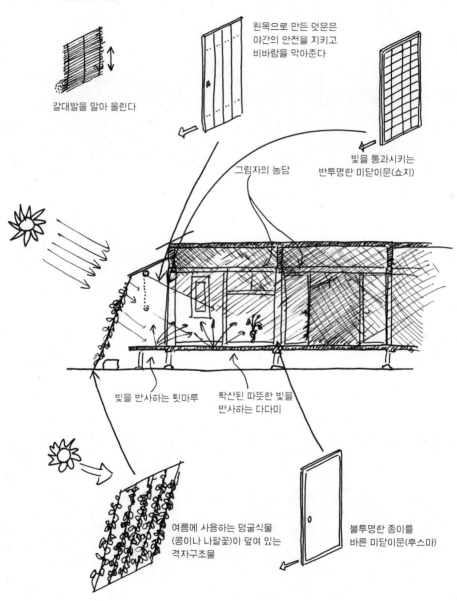

갈대발을 말아 올린다

원목으로 만든 덧문은
야간의 안전을 지키고
비바람을 막아준다

빛을 통과시키는
반투명한 미닫이문(쇼지)

그림자의 농담

빛을 반사하는 툇마루

확산된 따뜻한 빛을
반사하는 다다미

여름에 사용하는 덩굴식물
(콩이나 나팔꽃)이 덮여 있는
격자구조물

불투명한 종이를
바른 미닫이문(후스마)

자연광의 이동

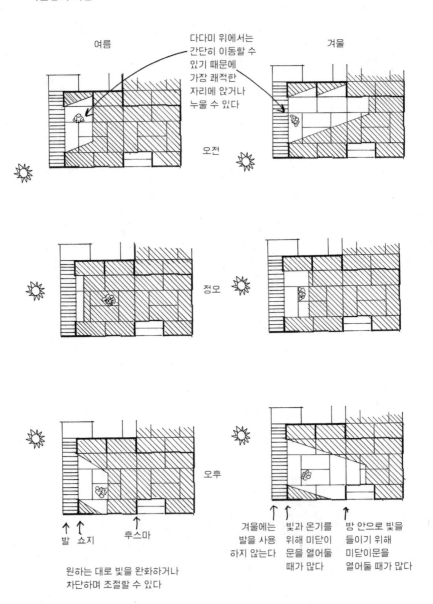

다다미 위에서는 간단히 이동할 수 있기 때문에 가장 쾌적한 자리에 앉거나 누울 수 있다

여름   겨울

오전

정오

오후

발   쇼지   후스마

원하는 대로 빛을 완화하거나 차단하며 조절할 수 있다

겨울에는 발을 사용하지 않는다

빛과 온기를 위해 미닫이 문을 열어둘 때가 많다

방 안으로 빛을 들이기 위해 미닫이문을 열어둘 때가 많다

한다. 마치 방 안 이곳저곳에 빛을 반사하는 아주 작은 물웅덩이가 있는 듯하다.

자시키는 시시각각으로 변하는 햇빛이 비춰져 실로 생기가 넘친다. 오후쯤 되면 거의 눈부심이 없는 한결같은 따뜻한 햇빛이 주변에 가득 퍼진다. 부드럽게 흔들리는 나뭇잎 사이로 새어나오는 햇빛은 지면과 벽에 얼룩무늬를 만들고, 정원에 심은 꽃들의 생기 넘치는 빛깔과 어울려 아름답게 빛난다. 햇빛은 또한 우물의 반짝이는 수면과 밝은 색을 띤 정원의 지면과 자갈, 그리고 반들반들하게 잘 닦인 툇마루의 표면에 반사된다. 위쪽으로 반사된 빛은 자시키를 채우고 천장까지도 환하게 비춘다. 이처럼 방 안을 환하게 비추는 햇빛의 장관에도 불구하고, 활짝 갠 날조차도 그늘지는 부분이 있다. 선반의 후미진 곳과 내부의 목제 창호, 그리고 미닫이문 뒤에 가려진 방의 어둠은 공간에 색다른 느낌을 더해줘 빛의 유희를 빛과 어둠의 줄다리기로 바꾸어 놓는다. 그리고 갈대발이나 절반만 닫은 미닫이문, 또는 뻗어 올라가는 덩굴식물로 덮인 격자구조물 등 빛의 필터역할을 해주는 것들도 많다.

자시키의 밝기는 스위치를 끄고 켜듯 간단히 제어하는 것이 결코 아니다. 온종일 그리고 사계절 내내 덧문과 발, 그리고 가리개 등을 슬기롭게 이용함으로써 밝기와 색의 무수한 농담을 만들어내고 밝기를 조절한다. 그리고 다다미방이라면 원하는 곳에 앉거나 누울 수 있기 때문에 언제든 빛이 잘 드는 자리로 옮길 수 있다.

우리는 무릎을 꿇은 자세로 시선을 살짝 옮겼다. 자시키는 마치 3차원 골조 같다. 자시키 자체가 관찰의 대상이 된다기보다 인간의 존재감이나 됨됨이를 눈에 띄게 하고 정원이나 족자, 장식이나 공물(供物), 혹은 꽃이나 읽던 책 같은 몇 안 되는 사색의 대상으로 시선을 향하게 한다. 이 방에서 뭔가를 먹거나 마실 때는 관심과 주의가 자연스럽게 음식과 음료로 옮겨간다. 생활방식과 주변의 상황 그리고 가치관은 실용성이 없는 미술품보다 매일 사용하는 문화적 요소를 갖춘 공예품, 예컨대 꽃병을 비롯한 그릇, 향로, 받침대, 함, 필기도구와 같은 공예품의 장점을 이해하는 데 중요한 역할을 한다. 이런 양식의 방에 어울리는 장식은 소박하고 절제된 것들이다.

그림이나 서예 같은 예술작품은 보통 교양을 길러주고 정신적 자극을 준다고 여겨진다. 도코노마에 장식하는 서화로는 계절이나 시적으로 관련된 것 또는 집 주인과 관련이 있거나 문화와 역사적 지식의 깊이를 보여주는 것 등이 어울린다. 그림은 책처럼 '읽기' 위해 있는 것이고 보는 사람은 그림의 의의와 그것이 불러일으키는 것을 감상하고 여러 가지를 생각한다. 윤이 나는 금속은 문고리나 작은 철물이 달려 있는 장식품에서만 볼 수 있다. 거기에는 정성껏 광을 낸 은색의 빛과 눈부시게 밝은 금색 반점의 반짝임이 어른거린다. 예술작품과 철물, 그리고 꽃꽂이는 모두 눈을 편하게 해주는 것들이다. 그곳에 시선이 잠깐 머물지 오래 머물지는 색에 따라 결정된다. 화려한 색이라면 시선을 금방 다른 곳으로 돌리고 싶을 것이고 수수한 색이라면 오랫동안 응시하게 될 것이다. 최고의 풍류가는 방에 선명한 색의 물건을 기껏해야 하나 정도 놓아 더 수수하고 평온한 풍경으로 시선을 돌리게 할 것이다.

정원 맞은편의 오른쪽 미닫이문을 열면 다른 방이 펼쳐진다. 그

방은 자시키보다 작고 도코노마는 있지만 붙박이 선반은 없다. 또한 사방이 미닫이문으로 둘러져 있다. 보통 '쓰기노마(곁방)'라고 부르는 집 중앙에 있는 이 방은 여러 목적으로 사용된다. 필요하다면 자시키와 이 쓰기노마 사이에 있는 미닫이문을 열어 자시키를 확장할 수도 있지만, 정원에서 멀리 떨어진 만큼 쓰기노마는 어둑하다. 이 방에는 여성과 아이들이 매일 드나드는 '가족용' 출입구도 있다.

또 다른 미닫이문을 열면 또 하나의 격식 있는 공간인 '이마'라는 서재가 나온다. 이 방도 정원에 접해 있고 도코노마와 붙박이 선반도 있다. 이 방은 주인의 사적인 영역으로 남성적이고 편안한 분위기로 꾸며져 있다. 또한 주인의 개성을 반영한 장소로 여겨져 실제로 좀 별스러운 취향도 너그러이 이해된다. 원숭이가 그려져 있는 족자는 이 집 주인인 하세가와의 개인적인 취향이나 마음을 반영한다. 벼루가 있는 탁상이 항상 방 한가운데를 차지하고 있다. 이 방에서도 정원이 보이고 자시키와 똑같이 정자 같은 분위기가 감돌며 사생활도 보호된다. 책을 읽거나 글을 쓰거나 친한 사람과 사적인 이야기를 나누며 이곳에서 오랜 시

아름다움의 디테일

꽃병이나 향로 또는 옻칠한 함 같은 작은 장식품을 방에 하나만 두었을 때 그 모양과 색이 돋보이는 법이다. 더불어 부드러운 색의 벽이나 바닥 또는 집 밖에 있는 자연의 나뭇잎처럼 눈을 편하게 해주는 장소가 있다면 평온함과 자극이 조화를 이룬 효과를 얻을 수 있다

융통성 있는 배치

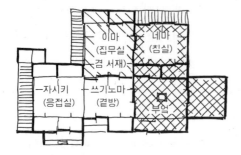

격식을 갖춰야 할 때

많은 손님이 있을 때는 자시키와 쓰기노마의 미닫이문을 열어 방을 하나로 만들어 사용한다. 이마는 닫아놓지만 개인적인 이야기를 할 때는 바로 사용할 수 있다. 부엌과 침실은 닫아놓는다

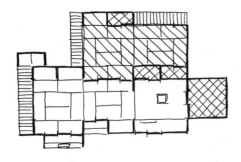

아주 사적인 시간

자시키에서 부엌까지 집 전체의 문을 열어놓는다. 여름에는 바람이 통해서 시원하다. 이마와 네마 사이도 열어놓지만, 개인적인 공간이므로 다른 방과의 사이는 닫아놓는다

일상적인 사용

낮에는 이마와 네마 사이의 문을 열어 한 방처럼 사용하는 것이 일반적이다. 부엌과 쓰기노마는 집안일 등을 할 때는 연결해둔다. 자시키와 그 밖의 방 사이에 있는 미닫이문은 빛이나 바람을 들이기 위해 열어놓을 때도 있지만 가족이 자시키를 사용하는 일은 거의 없다

간을 보내는 하세가와를 쉽게 상상해볼 수 있다. 때로는 이 방으로 아이들을 불러 꾸짖기도 하고 칭찬도 할 것이고, 절친한 벗이 찾아오면 자시키에서 특별한 예를 갖추지 않고 이 안식처로 바로 맞아들이기도 할 것이다.

자시키, 쓰기노마, 이마, 이 세 곳은 집에서 가장 격식 있는 공간이다. 사용 빈도는 그리 높진 않지만 집의 면적 중 절반 이상을 차지한다. 다른 방에 비해 정교하게 만들어져 있어 더 안락하다. 그리고 윗사람이 예고 없이 찾아올 경우를 대비해 평소에도 티끌 하나 없이 깔끔하게 유지하고 나름의 장식도 해놓았다. 장식이 빈약한 방에서 윗사람을 모시는 것은 결례라고 여기지만 반대로 지나치게 호사스럽거나 분에 넘치는 장식과 마감처리는 사치금지령 위반으로 고발될 수도 있다. 무사에게 손님을 맞이하는 일은 다름 아닌 그에 어울리는 공간을 제공하는 일로, 긴장되고 많은 경비가 필요한 의례에 시달리는 일이다. 하지만 피할 수 없고 분명하게 돋보이는 의례의 대부분은 손님을 맞는 의식의 아름다움을 높이기 위한 것이다.

사적인 공간

밖에서 자갈을 밟는 소리와 떠들썩한 아이들의 목소리가 들려왔다. 하세가와의 두 아들이 근처에 있는 사숙에서 오후 수업을 마치고 이제 막 집에 돌아온 모양이었다. 쓰기노마에 있는 미닫이문이 달가닥 소리를 내며 열리더니 하녀가 얼굴을 내밀고 마루가 깔린 작은 부엌으로 얼른 오라고 우리에게 손짓했다. 그녀는 부엌에서 신을 신발을 가져다주며 우리에게 마룻바닥의 가장자리에 앉으라고 안내했다. 미노루도 자리에 함께했고 그녀는 곧 차를 내다주었다. 부엌은 집 안의 아주 사적인 공간으로 하인과 직인 그리고 상인들이 드나드는 곳이다.

"다녀왔습니다!" 두 아이가 큰 소리로 말하며 가족이 편하게 드나드는 부엌 출입구(미즈구치)로 들어왔다. 아이들이 부엌으로 들어오자 하녀는 두 손으로 바닥을 짚고 깊이 머리 숙여 절을 하며 어린 주인님을 정중하게 맞이했다. 아이들은 아직 열두 살도 안 됐지만 사회적으로 지위가 높기 때문에 우리도 미노루를 따라 최대한 경의를 담아 절을 했다. 하녀가 소개라기보다는 설명조로 "이 사람들은 정원사와 함께 온 사람들이에요." 하고 말했다. 우리는 진지한 얼굴로 고개만 끄덕였다. 두 아이는 하녀가 따라준 차를 받아들더니 우리에게는 눈길도 주지 않고 화로 옆에 앉아 오늘 있었던 일을 신나게 이야기했다.

우리는 다시 차를 마시며 부엌을 둘러보았다. 오른쪽에는 매우 좁은 도마(토방)와 미즈구치라는 출입문이 있었다. 바깥에 있는 우물로 가는 가장 가까운 문이라서 이렇게 불린다. 도마에는 아궁이와 개수대가 있었다. 두 소년이 앉아 있는 곳 앞에 놓인 화로는 마룻바닥 중앙에 있다. 왼쪽에는 목제 미닫이문이 달린 수납장이 있고 쟁반과 접시, 주방도구와 그 밖의 가정용품으로 채워져 있다. 이런 검소한 가정에서도 결혼식이나 장례식 같은 특별한 날에는 많은 사람들을 접대해야 하므로 그릇을 스무 쌍씩 준비해두고 있다고 한다.

우리가 둘러본 다른 방의 천장은 모두 화려했지만 부엌의 천장은 검게 그을린 서까래가 드러나 있다. 무사저택의 부엌은 농가나 상인의 집 부엌과 비슷한 면이 있다. 이 집에서도 부엌은 가신이나 하인을 포함해 온 집안사람들이 모이는 주된 장소이며 특히 여성의

무사저택의 부엌

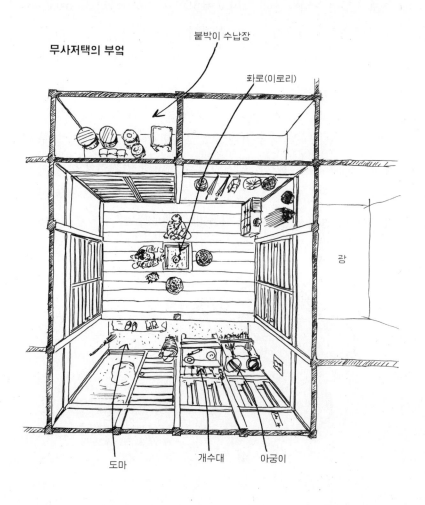

붙박이 수납장

화로(이로리)

광

도마

개수대

아궁이

영역이다. 공적인 자리에서는 보통 여성은 자시키에 들어가선 안 되고, 보이지 않는 곳에서 의무를 다해야 한다고 알고 있다. 무사끼리 모이는 자리에서는 아들이나 가신 또는 하인 등 남성이 시중을 든다. 자시키에서 거한 대접을 받는 것은 존경의 표현인 반면, 가족들이 함께 하는 화로가 놓인 자리에 초대받는 것은 수용과 신뢰, 그리고 친밀함을 나타낸다. 그리고 부엌이야말로 가족이 제공하는 최고의 환대를 누리는 곳이라는 인식이 일반적이다.

무사의 집이 일반인의 집과 차이가 있다면 그건 바로 격식 있는 여러 방과 정원이다. 그런데 흥미롭게도 부엌 같은 기능적인 공간은 전체적으로 아주 비슷하다. 무사의 부엌은 전형적인 상가의 부엌보다 작고 검소하며 농가의 부엌보다도 확실히 작다. 어느 부엌이나 비슷한 자재와 기술로 지어지고, 연료를 아끼려는 자세도 비슷하다. 조리와 조명, 그리고 난방에 연료를 과하게 쓰는 집을 보려면 계급이 훨씬 높은 무사의 집을 방문해야 한다.

무사는 소박하고 건강에 좋은 식사를 한다. 대부분의 식사는 하얀 쌀밥과 구운 생선 같은 주식에 된장국이나 맑은장국과 채소절임으로 구성된다

무사의 가내수공업

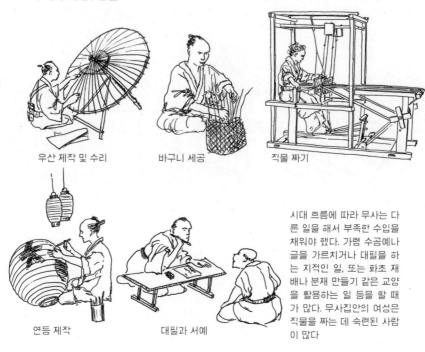

우산 제작 및 수리   바구니 세공   직물 짜기

연등 제작   대필과 서예

시대 흐름에 따라 무사는 다른 일을 해서 부족한 수입을 채워야 했다. 가령 수공예나 글을 가르치거나 대필을 하는 지적인 일, 또는 화초 재배나 분재 만들기 같은 교양을 활용하는 일 등을 할 때가 많다. 무사집안의 여성은 직물을 짜는 데 숙련된 사람이 많다

    부엌과 더불어 이 집의 사적인 영역에는 다다미 여섯 장 크기의 침실과 다다미 네 장 반 크기의 곳간이 있다. 침실에는 툇마루가 있고 작은 정원으로 이어져 있어 매우 쾌적하고 채광이 좋아 낮 시간을 보내기에 좋다. 주로 침실용으로 쓰지만 서재와 연결하면 아담하지만 안락한 거실이 된다.

    무사의 집에서는 자시키와 서재라는 격식 있는 방만 적절하게 갖춰놓으면 나머지 방은 경제적 여유가 있는 한 자유롭게 설계한다. 사실 이 집에서는 미닫이문을 열어 서재와 쓰기노마를 하나로

절약과 쓰레기 배출 예방

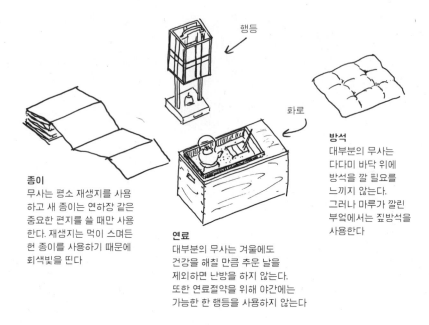

행등

화로

방석
대부분의 무사는
다다미 바닥 위에
방석을 깔 필요를
느끼지 않는다.
그러나 마루가 깔린
부엌에서는 짚방석을
사용한다

종이
무사는 평소 재생지를 사용
하고 새 종이는 연하장 같은
중요한 편지를 쓸 때만 사용
한다. 재생지는 먹이 스며든
헌 종이를 사용하기 때문에
회색빛을 띤다

연료
대부분의 무사는 겨울에도
건강을 해칠 만큼 추운 날을
제외하면 난방을 하지 않는다.
또한 연료절약을 위해 야간에는
가능한 한 행등을 사용하지 않는다

옷
무사의 집에서는 천을 짜서
꿰매어 완성하는 것까지 가
족이 입을 옷은 대부분 직접
만든다. 염색은 보통 외부에
맡긴다. 닳은 옷을 덧대기
쉽게 같은 천으로 만들 때가
많다. 아이들은 버선을 비롯
해 거의 모든 옷을 물려 입
는다. 하인은 추운 계절에도
버선을 신을 수 없다

전병

과자
상인은 손님에게 다과를 대
접하는 것이 당연한 일이지
만, 무사들 간에는 손님도
기대하지 않고 주인도 아무
것도 내놓지 않는다

무사저택과 정원

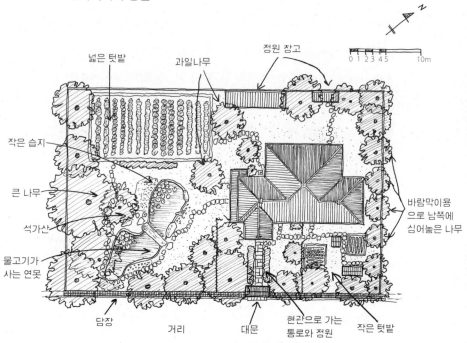

넓은 텃밭
과일나무
정원 창고

0 1 2 3 4 5   10m

작은 습지

큰 나무

석가산

물고기가
사는 연못

바람막이용
으로 남쪽에
심어놓은 나무

담장   거리   대문   현관으로 가는
통로와 정원   작은 텃밭

연결하고 부엌과도 합쳐 보다 큰 사적인 공간을 만들 수 있다. 이것은 방이 두 가지 역할을 해내게 하는 효율적인 방법이다. 비슷한 신분의 무사는 가족이 생활하는 공간을 충분히 확보하기 위해 사적인 방을 하나 더 늘려야 한다고 판단할지 모른다. 특히 삯일이나 수공예로 수입을 보충하는 경우라면 여분의 방이 더욱 필요하다. 그 방에 마루를 깔지 다다미를 깔지

이 집의 부지는 300평(약 990제곱미터)이고 건평은 30평(약 99제곱미터)으로, 녹미 100석을 받는 무사에게 주어지는 면적으로는 거의 최대이다.

부지는 텃밭과 관상용 정원을 만들 수 있을 만큼 충분히 넓지만, 하급무사의 집에서는 정원의 거의 전부를 밭으로 만드는 경우도 드물지 않았다. (막부 말기 하급무사였던 야마모토 마사히로의 집 참고)

는 일의 특성에 따라 정한다.

하세가와의 집은 변소가 두 개 있다는 점에서 약간 호화로운 편이다. 하나는 가족과 하인들이 사용하도록 지어진 옥외 변소로 우물 가까이에 있으며 부엌 출입구를 통해 갈 수 있다. 이 변소는 대문에서 매우 가까워 거름장사들이 어려움 없이 대소변을 퍼간다. 이 지역에 살고 있는 무사들의 대소변은 일반 평민들의 대소변보다 비싼 값에 팔리지만, 다이묘 저택이나 유곽에서 나오는 대소변만큼 비싸진 않다. 또 하나의 변소는 안뜰과 자시키 가까이에 있으며 '손님용'이다. 부엌이나 다른 사적인 방에서는 거리가 있기 때문에 불편하지만 손님에게는 안성맞춤인 자리에 있고 예비용이라지만 이쪽 변소가 더 볼품 있다.

이 집에는 별채의 곳간은 없다. 하세가와는 말이나 마구간을 소유할 만한 신분이 아니기 때문이다. 게다가 집터에는 안채에 창고만 몇 개 더 있는 아주 간결한 구조로 지어졌다. 탁 트여 있고 구조를 쉽게 변경할 수 있으며, 격식 있는 공간의 건축이나 세부장식의 질도 매우 높다는 점을 고려하면 살기 좋은 집이다. 만약 가계에 여유가 생기면 생활공간이나 작업장으로 사용할 방도 간단히 증축하기도 한다. 반대로 가계가 어려워지면 부지 안에 막사를 지어 마부나 짐꾼의 역할을 하는 하급무사에게 임대할 수도 있다.

미노루는 약간 과장되게 입맛을 다시며 차를 다 마셨다. 그리고 딱히 누가 있는 것도 아닌데 "잘 마셨습니다!" 말하더니, 하녀가 다가오자 일어나 가보겠다고 인사를 했다. 두 아이는 우리를 힐끗 보고는 퉁명스럽게 고개를 끄덕였다. 우리는 깊이 고개 숙여 절을 하고 부엌 출입문으로 나왔다.

　부지 자체는 그렇게 넓지는 않지만 집 전체를 빙 둘러 정원이 있었다. 사실 집의 건평은 부지 면적의 8분의 1에 불과하고, 나머지는 다 정원이다. 대문에 들어섰을 때 봤던 앞뜰이 가장 작고 단순하지만 관상용으로 손질이 잘 되어 있다. 안채 현관까지 넓은 판석을 깐 통로가 이어져 안뜰 같은 분위기를 자아낸다. 자시키에서 보이는 안쪽 정원도 손님에게 좋은 인상을 주게끔 잘 꾸며져 있지만 이마(서재)에서 보이는 정원은 주인의 독특한 취향이 반영되어 있다.

▎텃밭을 일구는 생활

우리는 대문 오른편에 있는 뜰 안으로 들어왔다. 이곳은 넓은 뒤뜰과 마찬가지로 손님의 눈에 잘 띄지 않는다. 이곳은 부엌 출입구 앞에 있어서 '부엌뜰'이라고도 한다. 우물과 가족용 변소, 그리고 작은 텃밭이 있다. 이 텃밭은 가족이 가꾼다. 미노루의 안내를 받아 집 뒤쪽으로 돌아갔을 때 우리는 그 자리에 우뚝 멈춰 서고 말았다. 뒤뜰은 작은 농장을 방불케 했다.

　법령으로 정해져 있는 것은 아니지만 하세가와 같은 무사가족은 가능한 한 자급자족하는 생활을 권장한다. 무사에게는 넓은 토지가 주어지는데 재정적 어려움을 겪게 되면서 토지를 이용한 도시농업이 확산되었다. 이웃 무사들과 마찬가지로 하세가와 집에서도 자신들이 먹을 채소나 약초의 상당량을 재배하고, 수확한 작물을 친척이나 이웃들과 교환할 때가 많다. 다만, 절대 팔지는 않는다.

벼농사에 필요한 복잡한 관개시스템을 마련할 수 없기 때문에 벼농사는 힘들지만, 대부분의 가정에는 상수도를 따라 공급되는 우물이 있어 채소재배는 충분히 가능하다.

미노루의 말에 따르면 안채를 둘러싸고 있는 이 정원의 나무들은 열매를 맺는지 낙엽을 부엽토나 비료로 사용할 수 있는지 나름대로 기준에 따라 심는다. 잣나무의 경우 열매는 먹고 이파리는 작물을 덮는 데 이용한다. 큰 활엽수 중에는 밤나무처럼 식용 열매는 물론이고 넓은 그늘을 만들어주는 수종도 있다. 또한 매화나무처럼 관상용으로도 좋고 열매를 맺는 나무도 있다. 그러나 최대한 많이 열매를 맺게 하든지 관상용으로 꽃을 피우게 하든지 둘 중 하나의 목적으로 품종을 개량해온 종들이 대부분이다. 사람들에게 황홀감을 줄 정도로 예쁜 꽃을 피우는 벚나무에 맛있는 버찌가 열리지 않는 이유가 바로 여기에 있다. 하세가와 집의 정원에는 작은 과수원이라고 할 만큼 사계절에 따라 그때그때 열매를 맺는 나무가 많다. 많은 열매를 맺는 감나무나 복숭아나무, 또는 비파나무나 귤나무 등은 이목을 끌 만큼 시각적으로 아름답지는 않지만 정원의 장식적인 미장센에 쉽게 녹아든다.

채소밭에는 비료더미와 연못, 농기구를 수납하는 선반과 덩굴식물로 덮인 격자구조물, 그리고 그늘을 만들어주는 틀이 있다. 모두 미노루의 도움을 받아 만든 것들이다. 미노루의 전문지식에 따라 물길도 잘 정비되어 있다. 이 집의 연못은 아주 작은 습지이고 이웃의 많은 연못과 함께 습지생물에게 귀중한 서식지가 되고 있다.

하세가와 집에서 집안일은 거의 하인과 여성이 하지만, 밭일은

도시의 밭
정원 중 어느 정도를 밭으로 일구고 얼마나 관상용 정원으로 꾸밀지는 각 가정에서 정하지만,
대개는 자신들이 먹을 만큼의 채소를 재배한다

가족 모두가 함께한다. 무사가 흙일을 한다고 해서 품위가 떨어질
염려는 전혀 없다. 하세가와의 두 아들도 늦은 오후의 햇살 아래서
맨발로 무밭의 잡초를 뽑으며 땀을 흘린다고 한다. 무사의 가족이
이렇게 텃밭을 일궈 충당하는 식재료는 일부이지만, 그래도 그들
은 충분히 가치 있는 일이라고 생각한다. 어떤 의미에서 이런 생활
방식은 몇 백 년 전에 병농분리(兵農分離, 근세에 무사와 농민을 나누어
신분을 고정함 – 옮긴이)에 따라 무사가 성 주위에 발달한 마을로 이주
하기 이전, 농촌의 지주이거나 농민이었던 시대를 떠올리게 한다.
실제로 소수의 무사는 여전히 농촌에 살고 있다. 주로 통치하기 어
려운 외딴곳에 살고 있으며 그곳에서 그들은 촌장과 다름없는 생

활을 하고 있다.

  에도 같은 도시 정원을 기반으로 하는 생활방식에는 미학적이며 철학적 요소가 강하게 스며있다. 가장 높은 수준의 교양은 산 속에서 사는 금욕적인 학자 전통이다. 하세가와나 그의 이웃 누구도 실제로 그런 삶을 살려고 하지는 않는다. 대신 그들은 미술품과 시

도시를 뒤덮는 수목
절과 신사는 나무가 울창하고, 다이묘 저택도 많은 나무로 뒤덮여 있거나 정원이 조성되어 있다. 무사저택이 있는 지역에도 뜰이 있어 수목이 무성하다. 상인거주지역과 거대한 막부 관련시설을 제외하면 에도 전체가 수목으로 덮여 있다고 해도 과언이 아니다

0 1 2 3 4 5km

가(詩歌)에서 그러한 전통을 추구한다. 참근교대 제도에 따라 많은 무사들은 먼 지방에서 자신의 영주가 사는 이곳 에도에 머물러야 한다. 주기적으로 거처를 마련해야 하는 그들에게 정원은 고향의 자연환경을 재현하고 영주에 대한 충성심을 보여주는 수단이 된다. 이처럼 유랑하는 무사들은 흔히 정원에 옮겨 심으려고 고향에서 나무와 관목, 꽃과 채소를 가지고 온다. 그 덕분에 익숙한 색과 향기가 그들 주변을 에워싼다. 영주나 경제적인 여력이 있는 무사들은 정원에 바위와 언덕 그리고 연못을 이용해 자신의 고향을 떠올리게 하는 축소판 지형을 만든다. 이런 상류계급이 고향집 정원에서 나는 특산물을 먹을 수 있는 유일한 방법은 에도에 마련된 집에서 직접 재배하는 것이다. 식재료를 직접 재배하려면 환경과 식물에 대한 중요한 지식을 완벽하게 익혀야 한다.

애당초 무사들이 스스로 먹을 식재료를 직접 재배할 필요가 없었다면 이렇게까지 열정을 가지고 도시농업에 힘쓸 일은 없었을 것이다. 작물 생산과 분배가 적절하게 이루어지지 않았고, 특히 재정 악화로 중급무사와 하급무사가 받는 봉록이 줄게 되면서 하세가와를 비롯한 무사들은 경제적 곤경에 빠졌다. 그들은 밭을 경작하지 않아도 굶어죽지는 않겠지만 밭이 있으면 먹고살기가 나아질 것도 분명하다. 무사들은 옛날 방식을 이용해 힘든 상황에서도 어떻게든 극복해 보려고 최선을 다하고 있다.

이런 도시농업은 에도의 무사거주지역에 사는 수천 가구에 퍼져 있다. 상인 중에도 집에 작은 텃밭과 뜰이 있는 사람이 많지만 인구가 밀집한 상인거주지역은 땅값이 비싸기 때문에 나무를 심을

일본의 정원은 선택된 자연의
모형이다. 그 안에는 자연을 구
성하는 주요 요소들이 포함되
어 있고 그것이 주위의 자연과
도 상호작용을 한다

넓은 정원보다는 자그마한 뜰이 많다. 그래도 무사들에게는 여전히 많은 토지가 주어지고 있다. 수천 가구에 달하는 무사에게 주어진 토지의 3분 1 또는 2분의 1을 작물 재배 용도로 쓴다면 에도의 50퍼센트에 달하는 땅이 작물 재배용도로 쓰이고 있음을 짐작할 수 있다. 무사저택 부지의 상당 부분은 수목이 우거진 관상용 정원이 차지하고 있다. 에도의 13퍼센트를 차지하는 절이나 신사 부지도 마찬가지이다. 에도는 유례를 찾아볼 수 없을 정도로 녹음이 우거진 도시이다. 처음부터 그렇게 설계했다. 연못과 강 같은 수자원은 수목 성장 시스템과 전반적으로 관련이 있다. 에도의 녹지대가 현재 이렇게 건전함과 다양함의 정점에 이르게 된 것은 여러 세대에 걸쳐 신중하게 계획하고 잘 가꿔온 결과이다.

우리는 하세가와 저택 대문 앞에서 미노루와 작별을 하고 왔던 길로 돌아왔다. 땅거미가 지면서 짙은 그늘과 시원한 산들바람을 즐겼다. 바다에서 멀리 떨어져 있었지만 바닷가의 향기가 은은하게 풍기고 주변에서 아름다운 새소리가 들려왔다. 거리에는 귀가를 하거나 도시로 나가 밤을 즐기려는 무사들이 오가고 있었다. 그리고 겨드랑이에 책을 끼고 기분 좋게 걸어오는 하세가와와 몇 걸음 뒤에서 그를 뒤따르는 충신 고이치가 보였다. 수많은 무사저택의 담장 너머로 밥 짓는 냄새가 주변을 가득 채웠다.

우리는 넓은 거리를 지나 다리를 건너 큰 교차로로 나갔다. 앞쪽으로는 에도만이 보이고 반대쪽으로는 후지산이 보였다. 그 풍경을 보고 있자니 우리는 대지와 이어져 있고 또한 대지로부터 보호를 받고 있다는 느낌을 동시에 받았다. 바로 그때 아주 잠깐 땅이 흔들

다이묘 저택

다이묘 저택은 개인의 집으로써만이 아니라 군사사령부와 행정본부로써의 역할도 한다. 각 다이묘에게는 상급, 중급, 하급으로 구분된 세 곳의 토지가 주어지는데 그 규모와 위치는 막부 안에서의 다이묘 지위에 따라 결정된다. 다이묘가 거주하기 좋은 이상적인 집은 눈부시게 아름다운 모습으로 자연을 향해 열려 있는 호화로운 집이다. 나무가 우거진 넉넉한 토지에 튼튼하게 지어진 담으로 구획되어 있어 빛과 바람이 자유롭게 통하는 집을 말한다. 부지에는 숲을 비롯해 개울, 폭포, 언덕, 골짜기, 연못, 돌, 꽃, 과일, 절임에 사용할 채소가 있고, 이곳은 새와 작은 동물의 서식지이기도 하다. 무사의 신분이 상류층 평민으로 하락해 집의 크기가 작아지더라도 이런 다이묘 저택의 특징은 유지될 때가 많다

가미야시키(上屋敷)

관사의 기능을 한다. 건물은 화려하고 쇼군을 맞이하는 데 부족함이 없는 크기이다. 보통은 에도 성과 가장 가까운 곳에 짓는다. 건물은 독자적인 설계에 따라 자시키와 손님방이 복잡하게 늘어서 있는 서원양식으로 지어진다. 정원에는 정자가 여러 개 있고, 곳곳에 연못이 있다. 큰 부엌과 욕실, 곳간과 집무실, 그리고 하인의 숙소도 있다. 저택의 주변은 가신들의 막사가 있어 거리와 차단되어 있다

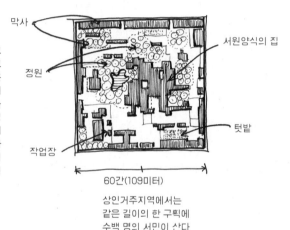

막사

정원

서원양식의 집

텃밭

작업장

60간(109미터)

상인거주지역에서는 같은 길이의 한 구획에 수백 명의 서민이 산다

나카야시키(中屋敷)

다이묘 가족이 사는 가미야시키보다 작은 것도 있지만 도시 중심부에서 떨어져 있기 때문에 넓은 토지를 얻기 쉽고 그만큼 큰 정원을 만들 수 있는 경우도 많다. 나카야시키는 주거공간이지만 공적인 공간과 사적 공간, 그리고 작업공간이 명확하게 구분되어 있다. 하급무사 집안에서 많은 사람들이 일을 하러 오는데, 짐꾼이나 청소부, 또는 시녀나 시종의 일을 한다. 나카야시키도 막사로 둘러져 있어 주변과 차단된 경우가 많다

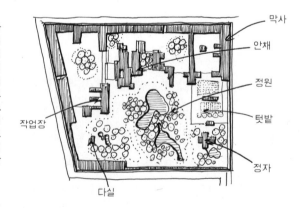

막사

안채

정원

텃밭

작업장

정자

다실

시모야시키(下屋敷)

별장이나 피난소로 쓰이는 곳으로 보통 도시의 중심부에서 멀리 떨어진 곳에 짓는다. 도시 경계의 밖이나 배가 오갈 수 있는 수로 근처에 있을 때도 많다. 입지 장소와 광대한 부지 덕분에 자유로운 설계가 가능하다. 정원은 매우 넓고 사냥을 할 법한 자연 들판이 남아 있기도 하고 작은 호수만한 연못이 있기도 하다. 에도에서는 화재가 자주 발생하기 때문에 시모야시키에는 재해 시 긴급기지 역할을 할 수 있는 설비가 갖추어져 있고, 내구성이 큰 창고나 곡물 저장고도 만들어져 있다. 휴식을 위한 장소이지만 이곳에도 매우 많은 무사가 상주하고 있다

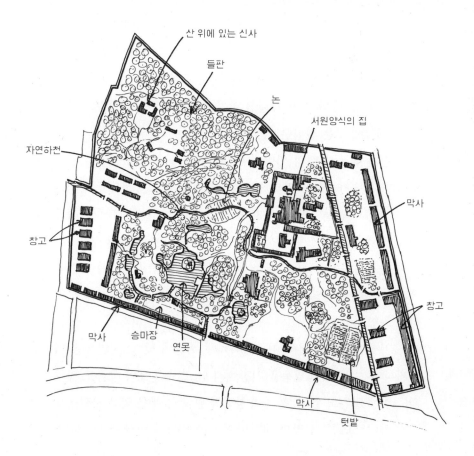

산 위에 있는 신사

들판

논

서원양식의 집

자연하천

막사

창고

창고

막사 승마장

연못

막사

텃밭

렸고 길을 가던 사람들 모두 그 자리에 멈춰 섰다. 하지만 흔들림은 아주 약했고 얼마 가지 않았다. 근처에 있던 사람들은 무사, 상인 할 것 없이 서로 마주보며 긴장을 풀고 안도의 웃음을 나누었다. 에도 사람들은 지구가 혜택을 줄 뿐만 아니라 소중한 것을 앗아갈 수도 있음을 늘 염두에 두고 있기 때문에 그에 맞춰 생활을 설계한다.

우리는 내일 항구에서 배를 타고 숙소로 돌아간다. 남쪽으로 2~3일 정도 가면 도착할 것이다. 우리가 사는 곳은 기후도 초목도 에도와는 현저히 다르지만 생활방식 자체는 이번 여행에서 만난 사람들의 생활방식과 매우 비슷하다. 이번 여행에서 가장 인상 깊었던 것은 우리들의 생활이 얼마나 밀접하게 연결되어 있고 서로 의존하고 있는지였다. 모든 사람들은 자원을 비롯해 에너지, 물, 음식, 주거, 의복에 갖는 관심은 비슷하다.

농민은 실로 사회의 기반이며 생산력이 풍부한 생물권의 관리인이다. 지속가능한 주거와 농업을 위해 꼭 필요한 선조들의 지혜를 지키는 사람들이기도 하다. 농민들은 이 나라에서 자급자족률이 가장 높은 계층으로 거의 모든 것을 직접 만들고 생산한다. 그러나 환금작물이나 직물, 또는 공업원료 시장과 밀접하게 통합됨에 따라 수입이 늘고 직접 만든 제품을 대신하는 다양한 상품을 접하는 농민도 많다.

도시상인들은 확실히 자급자족하는 비율이 낮다. 상인들은 먹을거리와 그 밖의 생필품을 시장에서 얻고, 수돗물의 공급도 막부의 관리에 맡기고 있다. 돈을 흥청망청 쓸 만큼 부를 얻은 사람들도 다소 있다. 그들은 선망의 대상인 동시에 비난의 대상이기도 하다.

부를 축적해 신분 상승하려는 마음이 동기를 부여하는 부분도 있어 상인들은 돈을 아낀다. 그런 점에서 절약은 가계에 유익하다. 상인들은 모든 면에서 편리함을 중요하게 생각하고 사람들과 협력하며 즐기는 방식을 선호해왔다.

무사의 생활방식에서는 도시로 이주해 온 과거 농촌영주의 모습을 엿볼 수 있었다. 농민보다는 시장 의존율이 높지만 상인보다는 자급자족 비율이 높다. 자신이 먹을 식재료를 직접 재배하고 옷감을 짜는 등 가능하면 시장에 의존하지 않고 직접 해결한다. 무사는 저택에 큰 정원도 있고 도시상인보다 평온한 생활을 한다. 반면에 신분이 거의 고정되어 있는 만큼 수입이 늘어날 전망이 없기 때문에 삶은 검소하고 단조롭다.

이번 여행에서 만난 많은 사람들의 생활이 여러모로 어떠한 테두리 안에 갇혀 있는 것처럼 보였다. 그건 이 나라 자체가 바로 해안과 암벽, 그리고 허허바다로 둘러싸여 다른 세상과 고립되어 있다는 점이 크다는 것이기도 하다. 이를테면 항해중인 배는 식량이 떨어지면 다시 항구에 들러 구해야 하지만 에도시대의 일본은 그럴 만한 여건이 부족한 배와 같다. 필요한 것은 모두 배 위에서 재배하거나 만들어야 한다. 더욱이 그 모든 것이 영속적으로 이루어지게 해야 한다.

언덕에 오르자 연보라색과 금색으로 물든 해질녘 하늘을 배경으로 저 멀리 후지산의 실루엣이 드러났다. 그 모습을 바라보며 이 나라의 생활방식은 지구라는 이름의 배 위에서 인간이 어떻게 살아가야 하는지 가르쳐주는 훌륭한 본보기라는 생각이 들었다.

■ 새로운 윤리적 기준을 마련하자

예나 지금이나 지위나 경제력을 이용해 음식과 에너지, 그리고 물과 건축 자재를 필요 이상으로 소비하는 사람들이 많다. 순전히 자신들의 지위나 능력 과시용이다. 에도시대의 최상급 무사나 오늘날의 기업계 거물들이 누리는 화려한 생활방식이 겉으로는 아름답게 보일지 모르나, 그 아름다움의 저변에는 늘 기괴함이 깔려있다. 머지않아 사람들의 윤리적 가치관이 달라져 과대망상적 과소비와 낭비를 부끄러워하게 될 때가 올 것이다.

■ 지역 내 자급자족을 목표로 하자

에도의 지배층을 지탱한 검소함의 근간은 쌀의 장거리 운송이었다. 쌀 운송 과정에서 착취와 낭비가 발생했지만, 이 때문에 사람들은 주곡(쌀)을 절약해야 하는 소중한 산물로 여겼다. 도시에 건축목재를 공급할 때 드는 만만치 않은 거리와 운송비도 목재 낭비를 막는 데 큰 역할을 했다. 쌀과 목재를 제외하면 먼 곳에서 들여오는 필수품은 거의 없었다. 채소와 생선 같은 식재료는 가까운 지역에서 쉽게 얻었고, 대부분의 일용품도 마찬가지였다.

모순되게도 많은 무사들은 지배층의 일부였지만 호화로운 생활을 누릴 형편이 아니었고, 실제로 검소하고 절제된 생활을 끊임없이 강요당했다. 따라서 무사들은 외딴 지역의 특별한 식재료, 직물,

도자기, 세간 같은 것들을 들여오는 좀 더 규모 있는 경제에 부분적으로만 참여했다. 그들은 필요한 것이 있으면 대부분 현지에서 조달하며 살았다. 같은 지역 안에서 두 가지 이상의 경제가 겹쳐지는 이러한 양상은(그 중 하나는 지역적이고 비공식적이며 환경에 미치는 악영향이 적은 반면, 나머지는 훨씬 더 큰 에너지 소모에 의존한다) 오늘날 경제격차가 심각한 지역에서 곧잘 발견된다. 높은 수준의 지역 내 자급자족과 에너지 자립을 이루는 것은 최하층을 모방하는 것을 의미할지도 모른다.

■ 더 좋은 서비스를 낳는 미시경제

에도의 무사는 그들의 집 앞까지 물건과 서비스가 배달되는 대규모 지원 경제에 의존해 생활했다. 요즘 말로 하면 이런 미시경제는 공급자와 소비자의 긴밀한 협조와 정보 공유, 그리고 단거리가 주를 이루는 '저스트 인 타임(Just-in-time)' 배송으로 이루어져 있다고 할 수 있다. 공급자(에도의 경우 행상인)에게 이득이 되었던 건 최종 사용자와 긴밀한 관계를 맺었던 것이다. 즉 시장조사를 하는 동시에 고객과 오랫동안 거래를 지속한다는 이점이 있었다. 이 시스템은 또한 새로운 공급자나 새로운 상품과 서비스의 도입을 위한 기회이기도 했다.

■ 집을 보면 그 주인을 알 수 있다

무사저택의 안채 현관과 방 배치, 그리고 정원으로 표현되는 그들의 문화에서 우리는 많은 것을 읽어낼 수 있다. 지금은 사회적으로 옛 이야기가 되어버렸지만, 무사주택의 모든 세부양식에는 의미와 암시, 그리고 거주자의 내력과 사회적 지위가 담겨 있다. 이런 집들을 보면 집주인의 교육과 문화적 배경, 그리고 독특한 취향과 개성을 읽을 수 있다. 이처럼 하나의 집은 방의 배치를 통해 요구되는 역할과 관계, 사회규범, 그리고 충성심의 법도를 보여준다. 집의 설계는 긴 세월에 걸쳐 이루어진 사회통념을 바탕으로 하고 규정에 따라 제한되기도 하지만 매우 자유롭다. 무사저택을 처음 방문한 사람은 마치 한 권의 귀중한 책을 펼쳐 읽는 듯한 경험을 한다. 게다가 매우 실용적으로 지어졌다는 점에 더욱 놀라게 된다. 그러나 지금은 사생활과 안전을 보호하려는 강한 의식 때문에 어떤 사람이 살고 있는지 알 만한 정보가 집에 드러나는 것을 꺼려하는 사람들이 많다. 유행과 사회규범에는 따르면서도 정작 의미 있는 표현은 하지 않는다. 지나친 자유를 추구한 결과, 어쩌면 우리는 뿌리를 잃어가고 있는지도 모른다.

■ 집이 갖는 '자연스러운 극적효과'

　무사들의 삶은 의례로 가득했고 다른 사람에게 어떻게 보여질지 의식하지 않을 수 없었다. 그런 의미에서 집은 거주자인 무사로 하여금 약간의 자의식을 갖게 하고 의례적인 감각을 제공하며, 분명하지만 조심스러운 방식으로 타인에게 자신을 보여주게 했다. 이 것은 분리된 격식 있는 공간이 반드시 필요하다기보다 현관에서 가족들의 생활공간이나 그 집의 사적인 공간으로 이동하는 과정에서 이루어지는 행동과 주로 관련이 있다. 우리는 이것을 '집의 자연스러운 극적효과'라고 할 수 있을 것이다.

■ 다실풍(茶室風) 건축양식

일본에서 집을 새로 지을 때 전통식 방이 하나쯤은 있길 바라는 사람들이 많다. 이때 전통식 방이란 다다미를 깔고 창호지를 바른 미닫이문, 장식을 위한 벽감과 선반이 있는 다실 건축양식의 전통 다다미방을 의미한다. 이런 방을 집주인이 실제로 사용하기보다는 주로 서재나 손님방으로 사용하며 창고로 쓰일 때도 있다. 그러나 전통식 방이 있다는 것만으로도 문화적 동경이 채워진다.

요즘은 의장에 공을 들여 만든 자시키와 저렴한 비용으로 만든 자시키의 차이점을 말할 만한 사람이 많지 않다. 그래서인지 저렴한 비용으로 적당히 많든 자시키가 많다. 하지만 정교한 다실건축 양식 설계로 만들어지기도 한다. 여기에는 오늘날 구하기 힘든 양질의 자재와 높은 보수를 요하는 기술자가 필요하다. 때문에 오직 부유층만이 소유하는 가장 고급스러운 건축방식의 하나이다. 또한 전통과 자연을 살린 현대적 방식이 반반씩 섞인 뛰어나고 새로운 다실건축양식도 있다. 거기에는 전통적이면서 현대적인 감성이 위화감 없이 녹아 있고 쾌적함을 선사해준다.

이 분야의 진정한 주역은 대학에서 다실건축양식을 교육받은 건축가도 있지만, 그 분야에서 전통을 이어온 숙련된 다실양식 목수이다. 사회 전반에 훌륭한 전통건축 의장에 대한 이해와 심미안이 쇠퇴해 가는 것이 아쉽다.

■ 정원 정자에 대한 오랜 갈망을 이용하자

정원의 정자와 초원 위의 작은 집, 그리고 숲 속 한가운데 자리한 분위기 있는 집이 주택으로서 이상적이라고 꼽히는 이유는 뭘까? 문화적인 여운도 분명 한몫하겠지만, 유전적이거나 생리학적인 원인도 있을 것이고, 인간이 초원과 숲에서 살면서 진화해온 것과도 연관이 있을 것이다. 정원에 둘러싸인 집은 휴식과 안락함, 그리고 풍요로운 감각을 주는 것은 물론, 자연환경의 일부가 된 느낌도 들게 한다. 무사들은 정원 공간을 형편에 맞게 구상하고 자원을 적절히 활용해 아주 이상적으로 이용했다. 하지만 인구가 밀집한 도시에 사는 현대인들은 집의 공간을 더 경제적으로 활용해 숲에 둘러싸인 느낌을 살려야 한다. 다행히도 일본인은 작은 정원을 설계하는 능력도 뛰어나고, 실제로는 아무것도 없는 공간에 깊고 넓은 녹음이 우거진 듯한 착각을 불러일으키게 하는 명인이다. 우리는 그들의 여러 해결책들을 활용할 수 있을 것이다.

■ 시적인 정취가 감도는 집을 갖자

최고의 전통가옥은 어느 곳에서나 빛을 비롯해 색채, 감촉, 질감, 공기, 향기를 통해 오감을 자극한다. 집의 구성요소인 벽과 바닥, 그리고 문과 가구가 시각적인 존재감과 정체성을 지녀야 하는 것은 물론, 고유의 향기가 나며, 손끝으로 만졌을 때 심금을 울리는 낭만적인 감촉이 동반되어야 한다. 현대인은 집 안에서 특유의 향이 나는 것을 싫어하고, 감각적 풍요로움도 역사도 없는 평범한 소재에 둘러싸인 공간에서 지내는 것에 익숙해졌다. 선조들의 기준이나 사고방식으로 보면 오늘날의 집은 도저히 집이라 할 수 없는 수준이다.

■ 좋은 채광이란 무엇인가

빛에 대해서는 아무리 말해도 부족하다. 집에 좋은 빛이 들어야 한다는 데는 많은 사람들이 망설임 없이 동의하지만, 좋은 빛이란 과연 무엇인지 설명할 수 있는 사람은 드물다. '모든 곳을 밝게 비추는 것'이 좋은 빛이라고 착각할 때가 많은데, 사실 좋은 빛은 밝음과 어둠까지를 포함하는 흥미로운 연속체를 의미한다. 그로 인해 더 밝은 장소는 특별한 존재감과 아름다움을 띠게 된다. 또한 좋은 빛은 하루 동안 그리고 계절에 따라 자연광이 어떻게 변하는지를 이용해 집을 설계하고 생활공간(앉아 있거나 누워서 쉬는 구체적인 공간까지 포함하여)의 위치를 정하게 한다. 빛이 변하면 집의 색도 달라진다. 그 효과는 극적이거나 미묘하지만 가장 아름다운 건 극적임과 미묘함이 동시에 나타날 때이다.

빛은 질감과 무늬를 시각적으로 부각시킨다. 돌출된 부분에 빛이 닿으면 그 부분이 더 선명하게 두드러져 고유의 특징이 드러나고 굴곡진 표면에는 깊이 있는 음영과 입체감이 생긴다. 공간에 입체감을 주는 요소는 빛이다. 일본의 전통가옥처럼 현대식 집에서도 햇빛을 중요한 에너지원으로 여기고 주거공간에 온기가 돌도록 최대한 활용해야 한다. 동시에 무사의 집에서 그늘을 만들기 위해 깊은 처마를 현명하게 이용하고 나무를 공들여 심은 것처럼, 불필요한 빛은 최대한 집 안에 들어오지 않도록 신경을 써야 한다. 그렇게 해서 빛과 그늘이 서로를 보완하고 두드러지게 하는 연속체를 완성시킬 수 있다.

■ 영감을 주는 집을 짓자

집이 거주자와 방문객에게 영감을 주어야 한다는 것은 지나친 요구일까? 집이 시적이어야 한다는 말이 '수준 높은 설계'여야 한다든가 하물며 '정교'해야 한다는 뜻은 아니다. 또한 집이 항상 깔끔하게 정돈돼 있어야 한다는 뜻도 아니다. 집에 시적인 정취를 더해주는 것은 우리의 삶이다. 만약 우리의 삶에 미의식이 없다면 집 자체만으로는 시적인 정취를 자아낼 수 없다. 시적인 정취는 정신처럼 무심코 지나쳐 버린 곳이나 너무나도 친숙한 곳에 있을 때가 많다. 많은 사람들은 내가 누구이며 어디에 다녀왔는지, 그리고 어떻게 달라졌는지 등을 떠올리게 하는 사물에 둘러싸여 있다. 사진을 비롯해 기념품, 선물, 자녀의 그림, 꽃병, 좋아하는 음악 등이 바로 그런 것들이다. 편안한 의자와 마음에 드는 풍경이 있으면 우리는 그곳에 앉고 싶고 그것들은 우리의 일부가 된다. 무사저택은 처음부터 소중한 미의식과 개인적인 물품을 부각시키고, 글을 쓰고 그림을 그리며 시를 짓는 공간과 아름다운 경치를 조망하면서 이 모든 것들을 공유하려는 의도로 설계되었다. 이때의 공유는 사적인 사색만큼 중요하다.

■ 도시를 뒤덮는 녹음의 이점을 재검토하자

에도에서는 수목이 왕성하게 자라 녹음이 도시를 드넓게 뒤덮고 있었다. 인구 밀도가 높은 도시에 이처럼 녹음이 우거진 경우는 전무후무하다. 녹음이 가져다주는 이점은 아주 많다. 뛰어난 미관은 물론이고 여름에는 그늘을 만들어주고(다 자란 나무 주변은 기온이 5도나 내려간다) 겨울에는 바람을 막아준다. 또한 아주 넓게 우거진 녹음은 주변 생태계와도 하나가 되어, 다양한 식물을 자라게 하고 새를 비롯한 여러 동물에게 먹이와 서식지를 제공한다. 나무와 그 뿌리는 물이 건전하게 순환하도록 돕고, 떨어진 잎은 자연퇴비나 작물을 덮어 보호하는 데 쓰인다. 인간에게 식재료를 제공해주는 나무도 많다.

에도가 이러한 혜택을 거두게 된 건 뛰어난 계획과 지역적 관리, 그리고 가능한 자연에 맡기는 방식, 이 세 가지가 잘 결합되었기 때문이다. 그 중 가장 직접적인 혜택을 누린 사람은 수목이 무성한 지역에 사는 무사계급이었지만, 수많은 사찰과 신사 지역에도 나무가 울창해 최하층계급도 혜택을 누렸다.

나무가 도시의 건전성을 유지하고 온도를 조절하며 물의 유출을 억제하는 데 꼭 필요하다고 생각한 건 최근의 일이다. 전 세계의 도시에서는 오래 전 개발이라는 명목 아래 베어낸 나무를 대체하려고 다시 나무를 심기 시작했다. 나무가 도시의 열섬효과를 완화시키는 역할을 한다고 알려지면서 십 년 전만해도 생각지 못했던 옥상정원 등이 급증했다. 이러한 노력들은 높이 평가할 만하며 그 혜택은 오랫동안 지속될 것이다. 예전의 우거진 녹음이 그대로 남아 있었다면 얼마나 좋았을까!

■ 유연성이 풍부한 에도 양식의 정원 설계

일본이 이상적으로 여기는 집의 이미지는 근대 이후 상당히 달라졌다. 현대 주택은 에도시대 주택과 놀라울 정도로 크게 다르다. 하지만 이상적인 정원의 설계는 거의 바뀌지 않았다. 비록 영국식 정원 같은 스타일과 바닥에 벽돌을 까는 것 같은 새로운 특징이 인기를 얻고 있지만, 완성도 높은 에도양식의 정원은 여전히 따라야 할 본보기로 여긴다. 그 이유 중 하나는 일본정원이 크기나 배치에 상관없이 유연하게 대응할 수 있다는 데 있다. 필요하다면 매우 좁은 땅이나 경사지에도 만들 수 있고 모퉁이에 둥글게 만들 수도 있다. 또한 일본정원이 자아내는 일종의 아름다움과 환경을 또 하나의 이유로 들 수 있다. 물론 이상적인 정원의 일부는 집이거나, 적어도 정원을 향해 열린 방이다. 이런 전통적인 일체감은 서원 건축양식의 자시키를 조화롭게 구성하는 미닫이문과 다다미 같은 특징적인 장치를 이용해 현대에도 최대한 재현하고 있다. 그러므로 비록 외관은 많이 다르지만, 에도의 전통은 수백만에 달하는 사유 정원에 살아 숨 쉬고 있다.

■ 풍부한 생태계를 키우는 도시정원

에도에 있던 무사저택의 정원은 현재 거의 남아있지 않다. 따라서 엄청난 상상력을 동원해야 정원이 가득했던 그때의 도시 모습을 그려볼 수 있다. 정원은 담장으로 둘러싸인 폐쇄된 공간이고 각 거주자의 취향에 맞게 설계된 소우주이며 놀라울 만큼 다양했다. 만약 하늘에서 에도의 무사거주지역을 내려다 봤다면 거의 숲처럼 보였을 것이다. 원래 있던 숲은 가능한 자연 상태로 둔 채 수많은 나무를 옮겨 심었다. 정원에 필요한 만큼 물을 공급하는 수로도 정비되어 있었다. 하지만 에도의 토양은 대부분 질이 좋지 않았기 때문에 수레와 배를 이용해 근교의 비옥한 흙을 들여왔다. 그래서 정원용 흙을 파는 큰 시장이 존재했다.

수백 년 동안 품을 들여 에도의 표층토를 새롭게 바꾸었고 지속적으로 퇴비를 뿌린 결과 도시 전체가 생태계의 건전성이 크게 개선되었다. 에도의 토양 질 개선 작업은 지원이 뒷받침된 집중적이고 장기적인 사회기반시설 정비계획이었다. 주민들도 이를 경제적 자원을 적절하게 이용하는 방법으로 받아들였다. 정원 기반시설은 도시계획에 추가되는 '임의의 선택지'가 아니라 계획의 초기 단계부터 고려되어야 한다.

에도의 무사저택 정원은 성공적인 도시정원으로써 가장 중요한 특징을 모두 갖추었다. 정원에는 자연적으로 자란 것과 옮겨 심은 것 등 다양한 나무가 있었다. 그리고 나무는 과실나무, 꽃나무, 정자나무, 건강과 치료에 쓰는 나무 등 특징에 따라 선택했다. 또한 화초와 관목 같은 키가 작은 식물에 최적의 조건을 제공하며 다른 식물에게 양호한 토양을 만들어주는지 등 다른 종과의 상호작용도 고려했다. 각각의 정원에 있는 나무는 서로 연결되어 더 넓게 녹음을 이루었다.

무사저택의 정원에는 연못과 작은 습지가 있었다. 그곳은 물의 순환을 돕고 새와 곤충 그리고 개구리와 물고기의 서식지가 되었다. 무사들은 큰 연못을 만들 공간이 없으면 직경 1미터의 연못이라도 만들고 대야나 독을 이용하기도 했다. 인근 정원에도 비슷한 연못이 있었기 때문에 이처럼 작은 연못이라도 나름 큰 의미가 있었다. 일본인들은 달팽이와 올챙이를 활용해 수초의 발생을 억제했기 때문에 수생정원의 경치는 매우 아름다웠다.

도시의 정원을 계획할 때 사전에 조금만 신경을 쓰면 새와 포유류, 그리고 이로운 곤충 같은 생물에게 매력적인 서식지를 제공한다. 정원에는 수평적이면서 수직적인 공간이 생기기 때문에 다양한 야생생물을 불러들이는 자연구역이 만들어진다. 무사저택의 정원에는 새들을 위해 마련해놓은 먹이통과 둥지, 그리고 물웅덩이가 있고 속이 빈 나무와 쓰러진 나무, 그리고 그루터기도 일부러 남겨놓았다. 이는 많은 새와 그 밖의 야생생물이 선호하는 보금자리가 되었다.

에도의 무사는 각자 정원의 토양을 개량하는 데 힘썼다. 이는 결과적으로 도시 전체의 토양이 개량되는 일로 이어졌다. 원래 에도의 토양은 점토질에 양분도 부족해서 외부에서 비옥한 토양을 들여올 때도 있었지만, 무엇보다 좋은 방법은 정원의 흙에 퇴비를 뿌려 토양을 기름지게 하는 것이었다. 에도의 무사가 그랬던 것처럼, 도시 전체의 수천 가구가 한두 세대에 걸쳐 이 같은 노력을 한다면 토양은 현저하게 개량되고 그 혜택은 주변지역으로까지 널리 확대될 것이다.

■ 도시농업을 위한 부지를 확보하자

부동산 거품 시대에 재개발이라는 명목으로 기존의 집과 소규모 점포가 철거되었지만 거품이 빠지면서 텅 빈 상태로 방치돼 엉망이 되어 버린 지역들이 많다. 그런 부지는 대부분 무인 유료 주차장으로 바뀌고 그도 아니면 잡초로 뒤덮인 상태로 방치되고 있다. 기후현 세키시 같은 지자체에서는 자원봉사자들의 도움을 받아 빈 땅을 농지로 바꾸기 시작했다. 지자체는 이런 농지를 비상식량 공급원의 일부로 여긴다. 사실 가나자와 같은 일부 도시와 마을에는 옛날부터 시내에 논밭이 많았다. 그것은 개발이 서서히 진행되다 보니 수백 년이 지나도 논밭이 남아있는 지역이 있었던 것이다. 그런 농지는 도시의 경관에도 매우 좋은 영향을 미친다. 도시 안에서도 강둑이나 산골짜기, 또는 가파른 경사지 등 집을 짓기 힘든 장소를 농지로 사용한다. 지속가능한 농업에 대한 교훈이 사회에 조금씩 스며들자 인구밀집 지역에서도 텃밭을 흔히 보게 되었다. 인구밀집 지역에서는 빈 땅이 부족하기 때문에 경사진 벽면이나 옥상 이용이 성황을 이루고 있다. 도쿄에서 에도 규모의 도시농업이 부활하는 일은 결코 없을 것이다. 하지만 도시농업이 사회적으로 빠르게 받아들여지고 있고, 법령과 조례가 만들어져 지자체도 더 쉽게 대응할 수 있게 되었다.

■ 도시농업의 가능성

에도의 도시농업은 계획적으로 시작한 것이 아니다. 경제와 농업 상황이 악화되면서 자연스럽게 생겨났다. 기록에 따르면 에도시대 후기에는 도시에 사는 많은 무사들이 텃밭을 가꾸었다고 한다. 또한 시간이 흐르면서 원래 관상용이었던 정원의 상당 부분을 텃밭이 차지했다고도 한다. 이는 에도가 드넓은 도시농업 지역이었다고 해도 과언이 아니라는 것을 보여준다.

도시농업은 식재료를 운송할 때 나오는 배기가스를 줄이고 수질을 정화하는 대안이기도 하다. 도시의 열섬효과를 완화하며 지역과의 연대를 부활시킨다는 점에서 오늘날 우리에게 반드시 필요하다. 최근 선진국과 개발도상국에서 도시농업이 점점 늘어나고 있다는 보고가 있다. 에너지 가격이 올라 식재료 운송에 영향을 미치면 도시농업은 더욱 늘어날 것이다.

베트남의 하노이와 중국의 상하이 같은 도시에서는 식재료 수요의 상당 부분을 시내나 근교에서 조달하고 있다. 한 보고에 따르면 런던에 사는 8백만 명 중 자신이 먹는 식재료의 일부를 재배하는 사람은 14퍼센트에 달하고, 벤쿠버에서는 전체 가정의 절반 정도가 그렇게 하고 있다고 한다. 특히 미국은 시카고에만 7만여 곳의 공터가 있고 전국적으로는 수십만에 달하는 등 도시농업을 위한 막대한 잠재력을 지니고 있다. 농업은 도시의 황폐한 땅을 풍성한 수확의 땅으로 바꿔놓을 수 있다. 그 효과는 농지는 말할 것도 없고 자연 전체에 미친다. 또한 다른 방법으로는 얻지 못할 자급률을 제공하며 수량화할 수 없는 심리적, 사회적 충족감을 가져다준다. 만약 터무니없이 연료비가 급증하여 도시농업이 확대된다면, 이는 어떤 의미에서는 인간의 생존을 위협하는 상황이 매우 긍정적인 방향으로 전환될 수도 있음을 보여주는 것이다.

감사의 말

이 책을 집필하는 데 많은 분들이 크고 작은 도움을 주셨다. 그 수가 너무 많아 일일이 언급하기는 어렵지만 이 자리를 빌려 특별히 감사를 전하고 싶은 분들이 있다. 먼저 고단샤 인터내셔널 편집자인 그레고리 스타 씨에게 감사를 전한다. 그는 이 책을 기획할 때부터 완성할 때까지 오랜 기간 남다른 열정을 가지고 이끌어주었을 뿐만 아니라 때로는 기탄없는 비평도 해주었다. 가나자와공업대학교 미래디자인연구소(2005년에 내가 도쿄에 설립한 싱크탱크)의 큐레이터이자 연구원인 다케시타 미야코는 일본어 자료에 관해 귀중한 도움을 주었다. 특정 분야의 전문가를 찾아내거나 방대한 양의 취재조사를 해주었다. 이전 저서를 펴낼 때 신세를 졌던 편집자 다다이 노부코 씨는 지속가능성에 관한 일본의 최신연구를 수집하고 분석하는 데 도움을 주었다. 그 당시 기바에 있던 목재 저장소 그림을 찾아주었다. 책 디자이너인 미키 가즈히코 씨는 삽화와 삽화 설명문에 대한 나의 이례적인 요구를 수용하며 엄청난 유용성과 상상력을 보여주었다.

가나자와공업대학교의 동료인 마스다 다쓰오 교수는 일본의 전통건축, 특히 가나자와 지역의 상가나 무사저택에 관한 전문지식을 아낌없이 가르쳐 주었다. 그 중에서도 하급무사의 검소한 실생활과 그것이 그들의 주거설계에 미친 영향에 관한 견식에 특히 감사를 드린다. 그는 또한 가나자와 교외에 있는 <햐쿠만고쿠(百万石) 문화

원 에도마을>에서 무사저택의 보존을 관리하는 전문가를 소개해 주었고, 그 덕분에 무사저택에 자유롭게 드나들 수 있었다. 뷰티사이언스학회 이사장인 다카하시 마사오 씨는 에도시대의 생활과 설계, 그리고 기술에 관한 나의 집요한 질문 공세에도 자세히 대답해 주었고 유용한 인쇄물을 다수 보내주었다. 또한 에도시대의 풍속이나 관습을 설명해놓은 『모리사다만코(守貞謾稿)』를 면밀히 분석해준 데도 매우 감사드린다.

그리고 여러 훌륭한 박물관을 이용함으로써 훨씬 수월하게 작업할 수 있었다. 특히 <일본민가원>의 큐레이터 도야마 아키히코 씨에게 감사를 전하고 싶다. 그는 그곳에 보존되어 있는 민가에 특별히 출입할 수 있도록 편의를 봐 주었다. 일본 민가의 역사와 건축에 관련된 상당량의 세부사항이 기록된 복원보고서도 복사해 주었다. <에도 도쿄박물관>의 수장품과 도서실 자료는 매우 귀중한 자료였다. <후카가와 에도자료관>과 <도쿄 수도역사관>도 마찬가지이다. 그리고 <에도 도쿄건축원>에서는 옛날 목욕탕 같은 다양한 유형의 건물을 관찰할 수 있었다. 다른 곳에서는 거의 볼 수 없는 것들이었다. 또한 도쿄에 있는 <국제교류기금 도서관>과 <국립국회도서관>의 직원들에게도 감사를 전하는 바이다. 그곳에 소장되어 있는 자료는 매우 유용했다.

또한 실제로 만난 적은 없지만 도움을 준 분들도 있다. 특히 몇 명의 작가와 연구자의 연구방법과 성과에 힘입은 바가 크다. 콘라드 토트만 씨는 에도시대의 산림관리와 역사에 관한 획기적인 연구를 해왔다. 수잔 B. 핸리 씨는 물질문화의 자세한 검증을 통해 에도시대 사람들의 일상생활을 명백히 밝혔다. 분뇨에 관한 앤 월트 홀의 연구는 그 주제에 대한 중요한 통찰력을 제공했다. 존 휘트니 홀이 편집한 『케임브리지 일본사 제4권-일본의 근대』는 에도시대에 관한 중요한 자료로, 일본과 해외의 선구적인 연구자들이 쓴 뛰어난 논문이 수록되어 있다. 그 밖에도 마땅히 감사드려야 할 전문가가 많기에 가능한 한 그들 대부분을 참고문헌에 실어 감사의 뜻을 표하고자 했다.

2008년 여름 뉴올리언스에 있는 아름다운 저택에서 몇 주나 머무르게 해준 존 포체 씨와 그의 가족에게도 감사를 전하고 싶다. 그들 덕분에 누구의 방해도 받지 않고 집필에 전념해 원고를 완성할 수 있었다.

그리고 마지막으로 나의 오랜 부재에도 너그럽게 이해해주고, 가족이 아닌 이 책에 몰두하고 있을 때도 불평 없이 기다려준 아내 마유미와 아들 맥스에게 진심으로 감사의 말을 전한다.

참고문헌

Akazawa, Takeru. "Regional Variation in Procurement Systems of Jomon Hunter-Gatherers," in Bulletin No. 27, *Prehistoric Hunter-Gatherers in Japan*, The University of Tokyo, (1986), http://www.um.u-tokyo.ac.jp/publish_db/Bulletin/no27/no27006.html (accessed August 18, 2007).

Alexander, Christopher, and Sara Ishikawa, Murray Silverstein. *A Pattern Language: Towns, Buildings*, Construction. Oxford: Oxford University Press, 1977.

Ando, Kunihiro. *Warabuki no minzokugaku* ("Ethnic Studies of Thatched Roofs"). Tokyo: Haru Shobo, 2005.
―――and Naohiko Inui, Koichi Yamashita. *Sumai no dentogijutsu* ("The Art of Traditional Housing"). Tokyo: Kenchiku Shiryo kenkyusha, 1995.

Asano, Nobuko and Kiyoshi Hirai. "Scale and formation of samurai house in the *castle town Ueda at the end of Edo period." Journal of Architecture, Planning and Environmental Engineering* No. 537 (2000), 249-255.

Befu, Harumi. "Ecology, Residence and Authority: The Corporate Household in Central Japan." *Ethnology*, Vol. 7, No. 1 (January 1968), 25-42.

Berstein, Gail Lee. *Isami's House: Three Centuries of a Japanese Family*. Berkeley: University of California Press, 2005.

Bestor, Theodore. *Tsukiji: The Fish Market at the Center of the World*. Berkeley: University of California Press, 2004.

Brown, Lester R. *Plan B. 3.0: Mobilizing to Save Civilization*. New York: W. W. Norton & Co., 2008. Also available online at http://www.earthpolicy.org/Books/PB3/index.htm.

Bushi Seikatsu Kenkyukai. *Bushi seikatsu shi nyumon* ("Introduction to the Life of Bushi"). Tokyo: Kashiwa Shobo, 1991.
――― *Bushi no seikatsu* ("The Life of Bushi"). Tokyo: Kashiwa Shobo, 2004.

Carson, Rachel. *Silent Spring*. New York: Houghton Mifflin, 1962.

Carver, Norman F. *Japanese Folkhouses*. Kalamazoo, MI: Documen Press, 1984.

Chamberlain, Basil Hall. *Japanese Things: Being Notes on Various Subjects*

Connected with Japan, for the Use of Travelers and Others. Rutland, VT: Tuttle, 1971.

Coaldrake, William Howard. *Architecture and Authority in Japan*. London: Routledge, 1996.
——— *Way of the Carpenter Tools and Japanese Architecture*. New York: Weatherhill, 1990.

Cornell, Laurel L. "Infanticide in Early Modern Japan: Demography, Culture and Population Growth." *The Journal of Asian Studies*, Vol. 55, No.1 (February 1996), 22-50.

Diamond, Jared M. *Guns, Germs, and Steel: the Fates of Human Societies*. New York: Norton, 1999.

Engel, Heino. *Measure and Construction of the Japanese House*. Rutland, VT: C.E. Tuttle Co., 1985.
——— *The Japanese House: A Tradition for Modern Architecture*. Tokyo: C. E. Tuttle, 1988.

Fujii, Yukiko and Koichi Amano. "The excursion in the amusement area of Edo. From the diary of Gesshin Saito." *Proceedings of Infrastructure Planning*, No. 22 (1999), 31-34.

Fujimori, Terunobu and Hiroshi Aramata, Yutaka Harui. *Tokyo rojo hakubutsushi* ("The Natural History of Tokyo's Roads"). Tokyo: Kashima Shuppan, 1987.

Fujio, Shin'ichiro. "The Beginning of Rice Cultivation and Paddy Field Cultivation with Irrigation in Japan," in *The 3rd Rekihaku International Symposium: The Formation of Agricultural societies and Civilization in East Asia*, (2000), http://www.rekihaku.ac.jp/kenkyuu/shinpo/fujio.html (accessed December 26, 2007).

Fukagawa Edo Museum. *Fukagawa Edo myujiamu katarogu* ("Fukagawa Edo Museum Catalog"). Tokyo: Fukagawa Edo Museum, 1987.

Furusawa, Koyo. *A Consideration on Sustainable Development and Civilization: Socio-cultural Ecological Perspective from Japanese Experience*. Tokyo: Kogakuin University, 2004. http://kuin.jp/fur/e-furusawa2.htm. (accessed December 26, 2007).

Fuse, T., and E. Shimizu. *Visualizing the Landscape of Old-Time Tokyo (Edo City)*. Tokyo: University of Tokyo (2005), www.photogrammetry.ethz.ch/pitsa-nulok_workshop/papers/21.pdf (accessed February 19, 2009).

Gensosha Editorial Dept. *Edo no daidokoro* ("Edo's Kitchen"). Tokyo: Jinbu sha, 2006.

Gerstle, C. Andrew. *18th Century Japan Culture and Society* (Feh/Asaa East Asia Series). Detroit: Harry Ransom Humanities Research Center, 1991.

Goto, Kazuo, and Itsuya Matsumoto. *Yomigaeru bakumatsu* ("The Return of the End of the Edo Period"). Tokyo: Asahi Shuppan, 1987.

Haga, Toru and Masayuki Okabe. *Shashin de miru Edo Tokyo* ("Photos of Edo Tokyo"). Tokyo: Shinchosha, 1992.

Hall, John W. (ed.) *Cambridge History of Japan: Vol. 4*. Cambridge: Cambridge University Press, 1991.

Hall, Robert Burnett. "The Road in Old Japan," in *Studies in the History of Culture: The Disciplines of the Humanities, American Council of Learned Societies Conference of the Secretaries of Constituent Societies*, ed. Waldo Gifford Leland. Ayer Publishing, 1969.

Hanley, Susan B. *Everyday Things in Premodern Japan: The Hidden Legacy of Material Culture*. Berkeley: University of California Press, 1997.

Harada, Nobuo. *Edo no ryori to shokuseikatsu* ("Edo-period Cooking and Dietary Habits"). Tokyo: Shogakukan, n.d.

Hatate, Isao. *Irrigation Water Rights Disputes in Japan, as seen in the Azusa River system*. Tokyo: United Nations University, 1979.

Hayami, Akira. "Population Changes," in *Japan in Transition: from Tokugawa to Meiji*, ed. M.B. Jansen and G. Rozman. Princeton University (1986), 280–317.
——— and Satomi Kurosu. "Regional Diversity in Demographic and Family Patterns in Preindustrial Japan." *Journal of Japanese Studies*, Vol. 27, No. 2 (Summer 2001), 295–321.
———nd Matao Miyamoto. *Keizai shakai no seiritsu 17–18c* ("The Formation of the Economic Society of the 17th and 18th centuries"). Tokyo: Iwanami Shoten, 1988.

Hayashi, Hideo, and Michio Aoki. *Jiten shiraberu Edo-jidai* ("Encyclopedic Research of the Edo-period"). Tokyo: Kashiwa Shobo, 2001.

Heineken, Ty. *Tansu Traditional Japanese Cabinetry*. New York: Weatherhill, 2004.

Higuchi, Kiyoyuki. *Edo jijo, seikatsu hen* ("Life in Edo"). Tokyo: Yuzankaku Shuppan, 1991.

HIH Crown Prince Naruhito. "Edo and Water Transport," (address at 4th World Water Forum, December 2007). http://portal.worldwaterforum5.org/wwf5/en-us/ForumKnowledgeBase/4th%20World%20Water%20Forum/Programme%20 of%20the%20Forum/Keynotes%20Speeches/Prince_Naruhito.pdf

Hirai, Kiyoshi. *Daimyo to hatamoto no kurashi* ("The Life of Daimyo and the Direct Retainers of the Shogun"). Tokyo: Gakken, 2000.

Hokusai, Katsushika. *Jitsubutsu manga*. Tokyo: Iwasaki Bijutsusha, 1969.

Ichikawa, Hiroaki, and Hidekazu Ishiyama. *Edo no Manabi* ("Learning from Edo"). Tokyo: Kawade Shobo Shinsha, 2006.

Ishiguro, Keisho and Yoshikichi Furui, Suehiro Tanemura, Koji Kata. *Natsukashii Tokyo* ("Nostalgic Tokyo"). Tokyo: Kodansha, 1992.

Ishikawa, Eisuke. *O-edo eneruji jijo* ("Energy Use in Edo"). Tokyo: Kodansha, 1993.
——— *O-edo tekunoroji jijo* ("Technology in Edo"). Tokyo: Kodansha, 1995.
——— *O-edo risaikuru jijo* ("Recycling in Edo"). Tokyo: Kodansha, 1997.
——— *O-edo seikatsu jijo* ("Life in Edo"). Tokyo: Kodansha, 1997.
——— *O-edo ekoroji jijo* ("Ecology in Edo"). Tokyo: Kodansha, 2000. Translation available online at http://www.japanfs.org/en_/column/ishikawa01.html.

Isoda, Michifumi. *Bushi no kakeibo* ("The House-hold Accounts of a Samurai"). Tokyo: Shinchosha, 2003.

Itonaga, Koji, and Kiyokazu Shidara, Moriyuki Konuki. "Permaculture In Japan: Suitable For The Natural And Cultural Conditions Of Japan," in *Proceedings of the Sixth International Permaculture Conference & Convergence* IPC-VI, (1996). http://permaculturewest.org.au/ipc6/ch07/itonaga/index.html. (Accessed December 26, 2007).

Ito, Teiji. *Traditional Domestic Architecture of Japan.* Tokyo: Heibonsha, 1972.

Iwai, Hiromi (ed.) and Kazuyoshi Kudo (ed.), Keiji Nakabayashi (illus). *Mingu no jiten* ("The Encyclopedia of Folk Tools"). Tokyo: Kawade Shobo, 2008.

Jackson, David and Dane Owen. *Japanese Cabinetry the Art and Craft of Tansu.* Layton, UT: Gibbs Smith, 2002.

Jippensha, Ikku, and Sadakazu Shigeta. *Shank's Mare: Being a Translation of the Tokaido Vlumes of Hizakurige, Japan's Great Comic Novel of Travel and Ribaldry.* Tokyo: Tuttle Classics, 1960.

Kanazawa, the city of. *Kanazawa no rekishiteki kenchiku* ("Historical Architecture of Kanazawa"). Ishikawa: Kanazawa-shi, 1986.

Kanazawa shi Kyoiku Iinkai. *Kanazawa no rekishiteki kenchiku to machinami* ("Historical Architecture and the Cityscape of Kanazawa"). Ishikawa: Kanazawa shi kyoiku iinkai, 1992.

Kanko Shigen Hogo Zaidan. *Shokitsukuri no machinami to yonezawa kaido* ("The Unique Housing Structures and Cityscape of the Yonezawa Road"). Tokyo: Nippon National Trust, 1988.

Kanno, Shunsuke. *Edo no Ekoseikatsu* ("Eco Life in Edo"). Tokyo: Seishun Shuppansha, 2008.

Kawasaki shi. *Juyobunkazai Sasaki-ke ichikukoji hokokusho* ("Report on the Relocation of the Cultural property—he Sasaki House"). Kanagawa: Kawasaki-shi, 1969.

Kawashima, Chuji. *Minka: Traditional Houses of Rural Japan.* Tokyo: Kodansha International, 1986.

Kazuya, Inaba,, and Shigenobu Nakayama. *Japanese Homes and Lifestyles: An Illustrated Journey Through History.* Tokyo: Kodansha International (JPN), 2000.

Kerr, Alex. *Dogs and Demons: Tales from the Dark Side of Japan.* New York: Hill and Wang, 2001.

Kikuchi, Toshihiko. *Zufu Edo jidai no gijutsu* ("The Illustrated Guide to Edo-period Technology"). Tokyo: Kowa Shuppan, 1988.

King, F. H. *Farmers of Forty Centuries: Or Permanent Agriculture in China, Korea and Japan.* New York: Dover Publications, 2004.

Kinoshita, Futoshi. "Household Size, Household Structure, and Developmental Cycle of a Japanese Village: Eighteenth to Nineteenth Centuries." *Journal of Family History,* Vol. 20, No. 3. (1995), 239–260.

Kiple, Kenneth F. (ed.), and Kriemhild Conee Ornelas (ed.). *The Cambridge World History of Food, Cambridge:* Cambridge University Press, 2000.

Koizumi, Kazuko. *Traditional Japanese Furniture.* Tokyo: Kodansha International, 1986.

Kokichi, Katsu and Teruko Craig. *Musui's Story the Autobiography of a Tokugawa Samurai.* Tucson: University of Arizona Press, 1991.

Kurita, Akira. *Edo no gesuido* ("The Sewers of Edo"). Tokyo: Seiabo, 1997.

Maemura, Matsuo and Shunpei Matsuo, Takashi Akiyama, Toshio Kitami. *Nomin seikatsushi jiten* ("The Encyclopedia of Farmers' Life"). Tokyo: Kashiwa Shobo, 1991.

Masai, Yasuo. *Atlas Tokyo.* Tokyo: Heibonsha, 1986.

Maruyama, Masao and Mikiso Hane. *Studies in the Intellectual History of Tokugawa Japan* (East Asian Studies). Princeton: Princeton Univ Pr,1989.

Masuta, Tatsuo. *Kanazawa-shi no bushi jutaku.* ("Samurai housing in Kanazawa") Ishikawa: Kanazawa-shi, 1998.

Matsumoto, Zenjiro. *Edo Tokyo Kiba no konjaku* ("Edo, Tokyo, Kiba Now and Then"). Tokyo: Nihonringyo chosakai, 1986.

McClain, James L. "Castle Towns and Daimyo Authority: Kanazawa in the Years 1583–1630." *Journal of Japanese Studies,* Vol. 6, No. 2 (Summer, 1980), 267–299.

McDonough, William, and Michael Braungart. *Cradle to Cradle: Remaking the Way We Make Things.* New York: North Point P, 2002.
——— *The Hannover Principles: Design for Sustainability.* William McDonough and Partners, 1992. www.mcdonough.com/principles.pdf

Miyawaki, Akira, and Elgene Owen Box. *The Healing Power of Forests: The Philosophy Behind Restoring Earth's Balance With Native Trees*. Boston: Kosei Company, 2007.

Miyazawa, Satoshi. *Shirakawago gasshozukuri Q&A* ("Questions and Answers about the Thatched-roof Houses of Shirakawago"). Tokyo: Tomo Shobo, 2005.
——— *Nihon no minka* ("Japan's Folk Houses"). Tokyo: Gakushukenkyusha, 1980.

Mollison, Bill, and David Holmgren. *Permaculture One*. Bath: Eco-logic Books, 1990.

Morris-Suzuki, Tessa. "Concepts of Nature and Technology in Pre-Industrial Japan." *East Asian History*, 1 (June 1991), 81-7.
——— "Sericulture and the Origins of Japanese Industrialization." *Technology and Culture*, Vol. 33, No. 1 (January 1992), 101-121.

Murota, Takeshi. *Mawaru maware mizuguruma* ("The Turning Waterwheel"). Tokyo: Inax, 1986.

Nagata, Mary Louise. "Brotherhoods and Stock Societies: Guilds in Premodern Japan," in *International Review of Social History* (2008), 121-142, www.iisg.nl/hpw/papers/guilds-nagata.pdf (accessed August 20,2007).

Naito, Akira, and Kazuo Hozumi (illus.). *Edo, the City that Became Tokyo: An Illustrated History*. Tokyo: Kodansha International, 2003.

Nakaya, Renjiro. *Kiba meishozukan* ("Illustrated Guide to Famous Kiba Places"), Tokyo: 1927.
——— *Kiba no omokage* ("Relics of Kiba"), Tokyo: 1938.

Nishi, Kazuo. *What is Japanese Architecture?* Tokyo: Kodansha International, 1985.
——— and Kazuo Hozumi. *Nihon kenchiku no katachi* ("The Style of Japanese Architecture"). Tokyo: Shokokusha, 1983.

Nishiyama, Matsunosuke. *Edo Culture Daily Life and Diversions in Urban Japan, 1600-1868*. Honolulu: University of Hawai'i Press, 1997.
——— Masakatsu Gunji, Hiroshi Minami, and others. *Edo gaku jiten* ("The Encyclopedia of Edo Studies"). Tokyo: Kobundo, 1984.

Nitschke, Gunter. *Japanese Gardens.* Los Angeles: Taschen, 2007.

Seidensticker, Edward. *Low City, High City: Tokyo from Edo to the Earthquake.* Boston: C.E. Tuttle, 1984.

Nitto, Kazuhiko. *Hokuriku no sumai* ("Housing in the Hokuriku Region"). Tokyo: Inax Shuppan, 1996.

Nosan gyoson bunka kyokai. *Nihon nogyo zensho* ("All About Japanese Agriculture"). Tokyo: Nosan gyoson bunka kyokai, 1983.

Ochiai, Ichiro. "Japan in The Edo Period: Global Impliations of a Model of Sustainability." In *Asia Pacific Journal: Japan Focus.* (2007). http://www.japan focus.org/-Ei-ichiro-OCHIAI/2346 (accessed August 13, 2007).

Oishi, Shinsaburo, and Chie Nakane, Saburo Okita, Conrad Totman. *Tokugawa Japan: The social and economic antecedents of modern Japan.* Tokyo: Columbia University Press, 1992.

Ooka, Ryozo. "Field Study on Sustainable Indoor Climate Design of a Japanese Traditional Folk House in Cold Climate Area." In *Building and Environment 37-3* (March 2002): 319-329.

Rinoie, Masafumi. *Kawaya mandara* ("Outhouse Mandara"). Tokyo: Inaseito, 1984.
Roberts, Luke S. "A Case Study of the Restoration of a Samurai House in Shikoku," in *Abstracts of the 1999 AAS Annual Meeting,* (March 1999).

Saito, Osamu. "Land, labour and market forces in Tokugawa Japan," in *Discussion Paper Series* No.135; Hitotsubashi University Research Unit for Statistical Analysis in Social Sciences, Institute of Economic Research, Hitotsubashi University, (January 2006), http://hi-stat.ier.hit-u.ac.jp/ (accessed August 20, 2007).
——— "Population and the Peasant Family Economy in Proto-Industrial Japan," in *Journal of Family History,* (Spring 1983), 30-54.

Sasama, Yoshihiko. *O-edo fukugen zukan, shomin-hen* ("Edo Restoration Atlas, Townspeople Edition"). Tokyo. Yushikan, 2003.
——— *O-edo fukugen zukan, bushi-hen* ("Edo Restoration Atlas, Samurai Edition"). Tokyo: Yushikan, 2004.

Schumacher, E. F. *Small is Beautiful: a study of economics as if people mattered.* New York: Blond & Briggs, 1973.

Shimizu, E. and T. Fuse. "Rubber-sheeting of historical maps in GIS and its application to landscape visualization of old-time cities: focusing on Tokyo of the past," in *Proceedings of the 8th International Conference on Computers in Urban Planning and Urban Management.*(2003)CD-ROM.

Sloane, Eric. *Eric Sloane's America.* Chicago: Bbs Budget Book Svs, 1982.

Smith, Thomas C. *Agrarian Origins of Modern Japan.* Stanford, CA: Stanford University Press, 1984.

Smith, Robert J. "Aspects of Mobility in Pre-Industrial Japanese Cities." *Comparative Studies in Society and History,* Vol. 5, No. 4 (July 1963), 416-423.

Takai, Kiyoshi. *Nihon no minka* ("Japan's Folk Houses"). Tokyo: Heibonsha, 2006.
———and Teiji Ito, Hidetaro Sugimoto. *Nihon meikenchiku shashin senshu* ("A Photographic Guide to Famous Japanese Architecture"). Tokyo: Shinchosha, 1993.

Takahashi, Masao. *Morisada Manko zuhan shusei* ("Collection of Illustrations by Morisada Manko"). Tokyo: Yuzankaku, 2002.

Takayanagi, Kaneyoshi. *Edo no kakyu bushi* ("Edo's Lower-class Samurai"). Tokyo: Kashiwa Shobo, 1980.

Takeuchi, Makoto (ed.) and Kenichiro Yoshihara (ed.), Hiroaki Tachikawa (illus.). *Edo no machinami keikan fukugenzu* ("Illustrated Reconstruction of Edo Scenery"). Tokyo: Naigai Chizu, 2003.

Takishita, Yoshihiro. *Japanese Country Style: Putting New Life into Old Houses.* Tokyo: Kodansha International, 2002.

Tanahashi, Masahiro and Yuji Murata. *Edo* no *kurashi fuzoku daijiten* ("Encyclopedia of Daily Manners in Edo"). Tokyo: Kashiwa Shobo, 2004.

Tanaka, Yuko. "The Cyclical Sensibility of Edo-Period Japan," in Japan Echo, Vol. 25, No. 2, (April 1998) http://www.lian.com/TANAKA/englishpapers/cyclical.htm (accessed December 16, 2007).

Tani, Naoki and Atsuko Enshu. *Benjo no hanashi* ("All about Toilets"). Tokyo: Kashima Shuppan kai, 1986.

Todd, Nancy J., and John Todd. *Bioshelters, Ocean Arks, City Farming.* New York: Random House, 1984.

Tokoro, Mitsuo. *Kinsei ringyoshi no kenkyu* ("Modern Forestry Industry Research"). Tokyo: Hirokawa Kobunkan, 1980.

Tokyo, the city of. *Edo fukugenzu* ("Illustrated Reconstruction of Edo"). Tokyo: Tokyo-to, 1989.

Totman, Conrad. *The Green Archipelago: Forestry in Preindustrial Japan.* Berkeley: University of California Press, 1989.
――― *Early Modern Japan.* Berkeley: University of California Press, 1995.
――― *The Lumber Industry In Early Modern Japan.* Honolulu: University of Hawaii, 1995.

Traganou, Jilly. *The Tokaido Road: Traveling and Representation in Edo and Meiji Japan.* Oxford: Taylor and Francis, 2004.

Tsukamoto, Manabu. *Edo jidai hito to dobutsu* ("People and Animals of the Edo Period"). Tokyo: Nihon Edita Sukuru Shuppanbu, 1995.
――― *Shorui o meguru seiji: Genroku no fokuroa* ("Folklore of the Genroku era"). Tokyo: Heibon sha, 1993.

Tsuya, N. O. and K. Hamano. "Mortality responses to rice price fluctuations and household factors in a farming village in central Tokugawa Japan." *The History of the Family*, Vol. 6, No. 1 (April 2001), 1-31.

Turnbull, Stephen R. *Samurai Armies*, 1550-1615. London: Osprey, 1979.

Uchida, Hoshimi. *Short History of the Japanese Technology.* Mitaka: The History of Technology Library, 1995. http://www.ied.co.jp/isan/sangyo-isan/JS7-history.htm (accessed August 20, 2007).

Vaporis, Constantine N. "Samurai and Merchant in Mid-Tokugawa Japan: Tani Tannai's Record of Daily Necessities (1748-54)." *Harvard Journal of Asiatic Studies*, Vol. 60, No. 1 (June 2000), 205-227.
――― "Caveat Viator. Advice to Travelers in the Edo Period," in *Monumenta Nipponica*, Vol. 44, No. 4 (Winter, 1989), 461-483.

Waley, Paul. *Tokyo: City of Stories.* New York: Weatherhill, 1991.

———— *Japanese Capitals in Historical Perspective: Place, Power and Memory in Kyoto, Edo and Tokyo*. Oxford: RoutledgeCurzon, 2003.

Walthall, Anne. *Peasant Uprisings in Japan: A Critical Anthology of Peasant Histories*. Chicago: The University of Chicago Press, 1991.

Watanabe, Kazuji. *Ikiteiru suiro* ("Living Waterways"). Tokyo: Tokyo University Press.

World Commission on Environment and Development. *Our Common Future*. Oxford: Oxford University Press, 1987.

Yamakawa, Kikue. *Women of the Mito Domain: Recollections of Samurai Family Life*. Stanford University Press, 2001.

Yamamura, Kozo. "Toward a Reexamination of the Economic History of Tokugawa Japan, 16000–1867." *The Journal of Economic History*, Vol. 33, No. 3 (September 1973), 509–546.

Yonemoto, Marcia. *Mapping Early Modern Japan: Space, Place, and Culture in the Tokugawa Period, 16030–1868*. London: University of California Press, 2003.

만족을 알다

녹색삶을 실천한 일본 에도시대로 떠나는 시간여행

애즈비 브라운 지음 | 정보희 옮김
초판 1쇄 발행 2017년 12월 9일
펴낸이 김영조 펴낸곳 달팽이출판
등록 2002년 2월 28일 제 406-2011-000065호
주소 경기도 파주시 탄현면 사슴벌레로 45번지 206-205
전화 031-946-4409 팩스 031-946-8005
이메일 ecohills@hanmail.net
ISBN 978-89-90706-42-3 03910

이 도서의 국립중앙도서관 출판예정도서목록(CIP)은
서지정보유통지원시스템 홈페이지(http://seoji.nl.go.kr)와
국가자료공동목록시스템(http://www.nl.go.kr/kolisnet)에서 이용하실 수 있습니다.
(CIP제어번호: CIP2017030283)

이 책은 한국출판문화산업진흥원의 출판 콘텐츠 창작자금을 지원받아 제작되었습니다.